U0643094

LED显示屏

安装调试与故障检修实例

周志敏　纪爱华　编著

LED XIANSHIPING

ANZHUANG TIAOSHI YU GUZHANG JIANXIU SHILI

中国电力出版社
CHINA ELECTRIC POWER PRESS

内 容 提 要

本书结合国内 LED 显示屏安装调试、使用维护及维修技术现状，系统、全面地讲解了 LED 显示屏安装调试、使用维护、维修必备的基础知识和操作技能。

全书共 5 章，在概述 LED 显示屏基础知识的基础上，系统地介绍了 LED 显示屏安装及辅助设计、LED 显示屏配置及系统调试、LED 显示屏故障检测及诊断、LED 显示屏维护及故障处理等内容，并在附录列出通用 LED 显示屏安装合同、LED 显示屏工程竣工验收报告范本，并简述了 LED 显示屏安装维修常用工具仪表的操作技能，以供从事 LED 显示屏安装、验收、维护的工程技术人员查阅。

本书题材新颖实用，内容丰富，深入浅出，文字通俗，具有很高的实用价值，是刚从事 LED 显示屏安装调试、维修人员的必备读物，也可作为职业技术学院电器维修专业、LED 显示屏安装调试、维修培训班学员和教师的参考图书。

图书在版编目（CIP）数据

LED 显示屏安装调试与故障检修实例 / 周志敏，纪爱华编著. —北京：中国电力出版社，2018.8
ISBN 978-7-5198-2179-1

Ⅰ. ①L… Ⅱ. ①周… ②纪… Ⅲ. ①LED 显示器–设备安装②LED 显示器–调试方法③LED 显示器–故障检测④LED 显示器–故障修复 Ⅳ. ①TN141

中国版本图书馆 CIP 数据核字（2018）第 142512 号

出版发行：中国电力出版社
地　　址：北京市东城区北京站西街 19 号（邮政编码 100005）
网　　址：http://www.cepp.sgcc.com.cn
责任编辑：杨　扬（y-y@sgcc.com.cn）
责任校对：黄　蓓　王小鹏
装帧设计：赵姗姗
责任印制：杨晓东

印　　刷：北京天宇星印刷厂
版　　次：2018 年 8 月第一版
印　　次：2018 年 8 月北京第一次印刷
开　　本：787 毫米×1092 毫米　16 开本
印　　张：13
字　　数：278 千字
印　　数：0001—2000 册
定　　价：45.00 元

版 权 专 有　侵 权 必 究

本书如有印装质量问题，我社发行部负责退换

前　言

　　LED 是一种可将电能转变为光能的半导体发光器件，属于固态光源。LED 优点众多，除了寿命长、耗能低，而且控制极为方便，属于典型的绿色照明光源。随着 LED 技术的不断创新和发展，LED 显示屏广泛应用于各种公共场合显示文字、图形、图像、动画、视频图像等信息，具有较强的广告渲染力和震撼力。

　　LED 显示技术现已成为具有发展前景和影响力的一项高新技术产业。本书结合国内 LED 显示屏安装调试、使用和维修中存在的问题，为满足刚从事 LED 显示屏安装调试、维修人员的需求，系统的讲解了 LED 显示屏安装调试、维修必备的基础知识，基本方法和操作技能，书中阐述的 LED 显示屏施工方案和维修实例具有普遍性和实用性，对 LED 显示屏的安装调试、故障诊断方法、检修实例的讲解深入浅出，注重细节和方法，具有较强的实用性和可操作性。该书集 LED 显示屏安装调试、使用维护维修方法、故障实例、LED 显示屏安装工程技术文件范本及 LED 显示屏安装维修常用工具仪表操作技能于一体，读者可以以此为"桥梁"，系统、全面地了解和掌握 LED 显示屏的安装调试、维修操作技能。

　　本书在写作过程中无论从资料的收集和技术信息交流上，都得到了国内外的专业学者和 LED 显示屏制造商、系统集成商的大力支持，在此表示衷心的感谢。

　　由于时间仓促，水平有限，错误之处在所难免，敬请广大读者批评指正。

编者

目　录

前言

第1章　LED 显示屏基础知识 ·· 1

1.1　LED 显示技术及 LED 显示屏特点 ··· 1

1.1.1　LED 显示技术及 LED 显示屏构成 ··· 1

1.1.2　LED 显示屏特点 ··· 4

1.2　LED 显示屏分类及评价参数 ··· 5

1.2.1　LED 显示屏分类 ··· 5

1.2.2　评价 LED 显示屏的参数 ·· 12

1.3　决定 LED 显示屏质量的因素及应用领域 ·· 13

1.3.1　决定 LED 显示屏质量的因素 ··· 13

1.3.2　LED 显示屏的应用领域 ·· 18

1.4　LED 显示屏通用电子器件 ··· 19

1.4.1　LED 器件、模组及单元板 ·· 19

1.4.2　LED 显示屏专用芯片性能参数及性能比较 ··· 23

1.4.3　LED 显示屏常用集成电路（IC） ·· 25

1.4.4　LED 显示屏驱动芯片比较 ··· 31

1.5　LED 显示屏的数据接口及扫描方式 ·· 33

1.5.1　LED 显示屏的数据接口 ·· 33

1.5.2　LED 单元板扫描方式与控制信号 ·· 35

第2章　LED 显示屏安装及辅助设计 ·· 42

2.1　LED 显示屏箱体及安装方式 ·· 42

2.1.1　LED 显示屏箱体 ··· 42

2.1.2　LED 显示屏安装方式及注意事项 ·· 43

2.2　LED 显示屏辅助设计 ··· 49

2.2.1　LED 显示屏环境防护 ··· 49

2.2.2　LED 显示屏的配电系统设计 ·· 52

2.2.3　LED 显示屏的信息传输线缆 ·· 55

2.2.4　LED 显示屏的防雷设计 ·· 58

2.2.5　LED 显示屏的静电放电（ESD）防护 ································ 63

2.3　LED 显示屏安装 ·· 69

2.3.1　LED 显示屏箱体计算方式 ·· 69

2.3.2　LED 显示屏拼装步骤 ·· 71

2.3.3　LED 显示屏外框、配件制作 ·· 73

2.3.4　LED 显示屏铝材间夹板安装及电源线连接 ······················ 75

2.3.5　信息线缆安装连接 ··· 79

2.3.6　LED 显示屏安装注意事项及上电前检查 ··························· 84

2.3.7　LED 显示屏对计算机的要求及软硬件安装操作 ··············· 85

第 3 章　LED 显示屏配置及系统调试 ··· 88

3.1　LED 显示屏调试条件及硬件和软件使用环境 ······················ 88

3.1.1　LED 显示屏调试条件及检查项目 ··· 88

3.1.2　LED 显示屏硬件和软件使用环境 ··· 89

3.1.3　常用显卡的设置 ·· 89

3.2　LED 显示屏配置及发送卡、接收卡设置 ······························ 94

3.2.1　LED 显示屏配置 ·· 94

3.2.2　灵星雨控制系统发送卡、接收卡（九代卡）设置 ············· 96

3.3　LED 显示屏系统调试及播放软件应用 ································· 110

3.3.1　LED 显示屏系统调试 ·· 110

3.3.2　LED 显示屏播放软件应用 ··· 115

第 4 章　LED 显示屏故障检测及诊断 ·· 119

4.1　LED 显示屏故障分类与维修流程 ·· 119

4.1.1　LED 显示屏故障分类 ·· 119

4.1.2　LED 显示屏维修流程 ·· 122

4.2　LED 显示屏故障诊断技术与检查方法 ································· 126

4.2.1　LED 显示屏故障诊断技术与维修原则 ································ 126

4.2.2　LED 显示屏故障检查方法 ··· 131

第 5 章　LED 显示屏维护及故障处理 ·· 141

5.1　LED 显示屏寿命及维护 ··· 141

5.1.1　影响 LED 显示屏寿命的因素及使用注意事项 ················ 141

5.1.2　LED 显示屏保养及日常维护 ·· 143

5.2　LED 显示屏故障检查及诊断处理实例 ································· 145

5.2.1　LED 显示屏故障检查 ·· 145

5.2.2　LED 显示屏故障诊断处理实例 ··· 146

附录 A LED 电子显示屏安装合同 ………………………………… 172

附录 B LED 显示屏工程竣工验收报告 ………………………… 174

附录 C LED 显示屏安装维修常用工具仪表操作技能 ………… 181

参考文献 ……………………………………………………………… 202

第1章 LED 显示屏基础知识

1.1 LED 显示技术及 LED 显示屏特点

1.1.1 LED 显示技术及 LED 显示屏构成

1. LED 显示技术及 LED 显示屏发展阶段

（1）LED 显示技术。LED 显示屏（LEDpanel）由多个 LED 组成，LED 显示屏是靠 LED 的亮灭来显示文字、图形、图像、动画、行情、视频、录像信号等各种信息。LED 的发光颜色和发光效率与制作 LED 的材料和工艺有关，目前广泛使用的有红、绿、蓝三种。由于 LED 工作电压低（1.5～3V），能主动发光且有一定亮度，亮度又能用电流调节，本身又耐冲击、抗振动、寿命长（10 万 h），所以在大型显示设备中得以广泛应用。

把红色和绿色的 LED 放在一起作为一个像素制作的 LED 显示屏称为双色屏或彩色屏；把红、绿、蓝三种 LED 放在一起作为一个像素的 LED 显示屏称为三色屏或全彩屏。室内 LED 显示屏的像素尺寸一般为 2～10mm，室外 LED 显示屏的像素尺寸多为 12～26mm，每个像素由若干个各种单色 LED 组成，常见的成品称像素筒，双色像素筒一般由 3 红、2 绿组成，三色像素筒用 2 红、1 绿、1 蓝组成。

无论是单色、双色或三色的 LED 显示屏，欲显示图像需要构成像素的每个 LED 的发光亮度都必须能够调节，其调节的精细程度就是 LED 显示屏的灰度等级。灰度等级越高，显示的图像就越细腻，色彩也越丰富，相应的显示控制系统也越复杂。一般 256 级灰度的图像，颜色过渡已十分柔和，而 16 级灰度的彩色图像，颜色过渡界线十分明显。所以，彩色 LED 显示屏都要求做成 256 级灰度的。应用于 LED 显示屏的 LED 有以下几种形式。

1）LED（或称单灯）。一般由单个 LED 晶片、反光碗、金属阳极、金属阴极构成，外包具有透光、聚光能力的环氧树脂外壳。可用一个或多个（不同颜色的）单灯构成一个基本像素，由于亮度高，多用于室外 LED 显示屏。

2）LED 点阵模块。由若干 LED 晶片构成发光矩阵，用环氧树脂封装于塑料壳内。适合行列扫描驱动，容易构成高密度的 LED 显示屏，多用于室内 LED 显示屏。

3）贴片式 LED（或称 SMDLED）。LED 采用贴焊式封装，可用于室内全彩色 LED

显示屏，可实现单点维护，可有效克服马赛克现象。

LED 显示屏中每一 LED 都有与之对应的亮度控制电路，该电路在计算机的控制下，可对 LED 显示屏中每一 LED 的亮度进行调节，以实现在 LED 显示屏上显示所期望的图像或文字。

LED 显示屏是 20 世纪 80 年代后期在全球迅速发展起来的新型显示设备，以可靠性高、亮度高、使用寿命长、环境适应能力强、性价比高、功耗小、耐冲击、性能稳定等特点，迅速成长为平板显示的主流产品。我国 LED 显示屏产业起步于 20 世纪 90 年代初，发展迅速；进入 21 世纪以来，LED 显示屏产业面临良好的市场发展机遇；一方面，需求不断扩大，电子政务、政务公开、公众信息展示等需求旺盛；另一方面，技术的进步为 LED 显示屏市场扩展和开创新的应用领域提供了创新技术支持。

LED 显示屏的最大特点是其制造不受面积限制，可达几十甚至几百平方米以上，可应用于室内、室外的各种公共场合显示文字、图形、图像、动画、视频图像等各种信息，具有较强的广告渲染力和震撼力。其高亮度、全彩化、便捷快速的错误检测及 LED 亮度的自由调节是市场的发展趋势。

（2）LED 显示屏发展阶段。随着电子工业的快速发展，在 20 世纪 60 年代，显示技术得到迅速发展，人们研究出 pdp 激光显示等离子显示板、LCD 液晶显示器、LED 等多种显示技术。由于半导体的制作和加工工艺逐步成熟和完善，LED 已日趋在固体显示器中占主导地位。LED 之所以受到广泛重视并得到迅速发展，是因为它本身有很多优点。例如：亮度高、工作电压低、功耗小、易于集成、驱动简单、寿命长、耐冲击且性能稳定，其发展前景极为广阔。目前正朝着更高亮度、更高耐气候性和发光密度、发光均匀性、全色化发展。

LED 显示屏是 20 世纪 80 年代后期在全球迅速发展起来的新型信息显示媒体，它利用 LED 构成的点阵模块或像素单元组成 LED 显示屏幕，以可靠性高、使用寿命长、环境适应能力强、性价比高、使用成本低等特点，在短短的十来年中，迅速成长为平板显示的主流产品，在信息显示领域得到了广泛的应用。LED 显示屏发展经历了三个阶段。

1）1990 年以前为 LED 显示屏的成长形成时期。一方面，受 LED 材料器件的限制，LED 显示屏的应用领域没有广泛展开，另一方面，LED 显示屏控制技术基本上是通信控制方式，客观上影响了显示效果。这一时期的 LED 显示屏在国外应用较广，国内很少，产品以红、绿双基色为主，控制方式为通信控制，灰度等级为单点 4 级调灰，产品的成本比较高。

2）1990～1995 年，这一阶段是 LED 显示屏迅速发展的时期。进入 20 世纪 90 年代，全球信息产业高速增长，信息技术各个领域不断突破，LED 显示屏在 LED 材料和控制技术方面也不断出现新的成果。蓝色 LED 晶片研制成功，全彩色 LED 显示屏进入市场；随着电子计算机及微电子领域的技术发展，在 LED 显示屏控制技术领域出现了视频控制技术，LED 显示屏灰度等级实现 16 级灰度和 64 级灰度，LED 显示屏的动态显示效果大大提高。这一阶段，LED 显示屏在我国发展速度非常迅速，从初期的几家企业、年产值几千万元发展到几十家企业、年产值几亿元，产品应用领域涉及金融证券、体育、机场、铁路、车站、公路交通、商业广告、邮政、电信等诸多领域，特别是 1993 年证券股票业的发展更引发了 LED 显示屏市场的大幅增长。LED 显示屏在平板显示领域的主流产品局面基本形成，LED 显示屏产业成为新兴的高科技产业。

3）1995 年以来，LED 显示屏的发展进入一个总体稳步提高、产业格局调整完善时期。在此期间 LED 显示屏产业内部竞争加剧，产品价格大幅回落，应用领域更为广阔，产品在质量、标准化等方面出现了一系列新的问题，有关部门对 LED 显示屏的发展予以重视并进行了适当的规范和引导，目前这方面的工作正在逐步深化。

（3）大屏幕 LED 显示屏发展阶段。

1）第一代单色 LED 显示屏。以单红色为基色，显示文字及简单图案为主，主要用于通知、通告及客流引导系统。

2）第二代双基色多灰度 LED 显示屏。以红色及黄绿色为基色，因没有蓝色，只能称其为伪彩色，可以显示多灰度图像及视频，目前在国内广泛应用于电信、银行、税务、医院、政府机构等场合，主要显示标语、公益广告及形象宣传信息。

3）第三代全彩色多灰度 LED 显示屏。以红色、蓝色及黄绿色为基色，可以显示较为真实的图像，目前正在逐渐替代上一代产品。

4）第四代真彩色多灰度 LED 显示屏。以红色、蓝色及纯绿色为基色，可以真实再现自然界的一切色彩（在色坐标上甚至超过了自然色彩范围）。可以显示各种视频图像及彩色广告，其艳丽的色彩，鲜亮的高亮度，细腻的对比度，应用于宣传广告领域具有极好的视觉震撼力。

真彩色 5mm 户内大屏幕属于上述第四代产品，它具有高亮度，不受环境亮度影响，厚度薄，占用场地小，色彩鲜艳丰富，视角宽，可以在宽敞的厅堂环境应用，没有拼接图像损失。

2. LED 显示屏构成

LED 显示屏是由若干个可组合拼接的显示单元（单元显示板或单元显示箱体）构成屏体，再加上一套适当的控制器（主控板或控制系统）。所以基于多种规格的显示板（或单元箱体)配合不同控制技术的控制器就可以组成许多种 LED 显示屏，以满足不同环境、不同显示要求的需要。仔细分解一个 LED 显示屏，它由以下部分构成（以较为复杂的同步视频屏为例）。

（1）屏体。室内屏体一般由铝合金（角铝或铝方管）构成内框架，搭载显示板等各种电路板以及开关电源，外边框采用铝合金方管，或铝合金包不锈钢，或钣金一体化制成。室外屏框架根据屏体大小及承重能力一般为角钢或工字钢构成，外框可采用铝塑板进行装饰。

（2）显示单元。显示单元是 LED 显示屏的主体部分，由发光材料及驱动电路构成。室内屏为各种规格的单元显示板，室外屏为单元箱体。

（3）主控制器。主控制器将输入的 RGB 数字视频信号缓冲、灰度变换、重新组织，并产生各种控制信号。

（4）扫描控制板。扫描控制板的功能是数据缓冲，产生各种扫描信号以及占空比灰度控制信号。

（5）开关电源。将 220V 交流电变换为各种直流电提供给 LED 显示屏的各种电路。

（6）传输电缆（双绞线传输电缆和光纤）。主控制器产生的显示数据及各种控制信号由双绞线电缆传输至屏体（主要用在单双基色 LED 显示屏），全彩屏一般都用单模光纤传输。

（7）专用显示卡及多媒体卡（视频卡）。LED 全彩屏专用显示卡除了具有计算机显示卡的基本功能外，还同时输出数字 RGB 信号及行、场、消隐等信号给主控制器。多媒体卡除了以上功能外还可将输入的模拟信号变为数字 RGB 信号（即视频采集）。

（8）计算机及其外设。

（9）其他信号源及其外接装置。包括计算机、电视机、DVD、VCD、摄录像机等。

1.1.2　LED 显示屏特点

1. LED 图文显示屏特点

LED 显示屏具有以下特点。

（1）亮度高。色彩丰富鲜艳，户外 LED 显示屏的亮度大于 8000mcd/m^2，是目前唯一能够在户外全天候使用的大型显示设备。

（2）寿命长。LED 寿命长达 100 000h（十年）以上。

（3）视角大。室内 LED 显示屏的视角可大于 160°，户外 LED 显示屏的视角可大于 120°。

（4）结构模块化。LED 显示屏的屏幕面积可大可小，小至不到一平方米，大则可达几百、上千平方米；易与计算机接口，支持软件丰富，操作方便灵活，画面清晰稳定。

（5）LED 显示屏联网。利用一台联网的计算机，可以同时控制多个 LED 显示屏显示不同的内容。

（6）LED 显示屏也可脱机工作，LED 显示屏既可以显示文字又可以显示图形图像，字体字型变化丰富。

2. LED 视频显示屏特点

（1）画面清晰。根据人的视觉特点和 LED 显示特性，采用先进的非线性扫描技术（γ校正），使 LED 视频显示屏显示画面的各个层次得到完整的反映，细微变化可清晰呈现，极大提高画面质量，对于像素较少的 LED 视频显示屏，该项技术尤其重要。LED 视频显示屏基于非线性级差显示技术（即在低亮度区级差小，增加级数，逐步到高亮度区时增大级差）造成视觉效果上的"级差一致性"，这样便具有更佳的视觉效果。

（2）兼容性好。LED 视频显示屏能兼容计算机中 SVGA 模式，可连接多种视频设备。

（3）计算机图像同屏显示，屏幕映射位置可调，用专业控制软件。

（4）高灰度技术。LED 视频显示屏的灰度等级高、画面细腻。

（5）恒流降噪声技术。LED 视频显示屏的驱动芯片采用先进的 5902 系统，该系统基于恒流降噪声技术将电源等其他噪声源给 LED 视频显示屏造成的影响降低到最低程度。

（6）亮度调整技术。为了适应不同环境，让 LED 视频显示屏达到最佳的显示效果，LED 视频显示屏专门设计了亮度 32 级自动、手动调节装置。保证整个 LED 视频显示屏在各种环境下都能达到最佳的显示效果。

（7）强对流式排热系统。LED 视频显示屏工作时屏体发出的热量较高，为了保证 LED 视频显示屏在稳定的状态下运行，考虑到所有的流动气流，采用强对流的排热系统，使系统更加稳定可靠。

（8）媒体网络化。信息时代的到来，基于媒体网络化的系统解决方案把 LED 视频显示屏作为网络的终端形成标准化的接口，可以对标准视频信号、音频信号、网络其他设备进行直接接入，兼容性强。

（9）完善的配电系统。配电系统具有远程控制功能，具有过流、短路、断电等多种保护功能，可自动处理各种应急情况。具有定时自动开关屏功能，可实现无人留守，具有多路输出和延时上电功能。智能化电源可实现风扇的自动开启和关闭，过热自动保护，并能自动恢复，无须人维护。

1.2　LED 显示屏分类及评价参数

1.2.1　LED 显示屏分类

1. LED 显示屏按使用环境分类

LED 显示屏按使用环境可分为如下几种。

（1）室内 LED 显示屏。主要用于室内，由于室内的观看距离较近，所以要求单位面积内的像素密集，即发光点较小。室内 LED 显示屏面积一般从不到 1 平方米到十几平方米，在非阳光直射或灯光照明环境使用，观看距离在几米以外，屏体不具备密封防水能力。在制作工艺上首先是把发光晶粒做成点阵模块（或数码管），再由模块拼接为一定尺寸的显示单元板，根据应用要求，以显示单元板为基本单元拼接成应用所需要的尺寸。根据像素点的大小，室内 LED 显示屏按采用的 LED 单点直径可分为 $\phi3$、$\phi3.75$、$\phi5$、$\phi8$、和 $\phi10$ 等规格。

（2）半室外 LED 显示屏。一般应用于门头，用于信息传播，适合用于商业店面的广告媒体。像素点大小介于室内和室外 LED 显示屏之间；常用于银行、商场或医院等门楣上。半室外 LED 显示屏具有较高的发光亮度，可在非阳光直射室外下使用，屏体有一定的密封，一般安装在屋檐下或橱窗内。

（3）室外 LED 显示屏。主要用于室外，室外 LED 显示屏的观看距离较远，并且室外的亮度高，所以要求 LED 显示屏的发光点大、像素间距大，点密度较稀（多为 1000～

4000 点/m²），发光亮度在 3000～6000cd/m²（朝向不同，亮度要求不同），可在阳光直射条件下使用，观看距离在几十米以外，屏体具有防热、防风、防水、防雷等保护功能。在制作工艺上首先是把发光晶粒封装成单个 LED，称为 LED 单灯，用于制作室外屏的 LED 单灯一般都采用具有聚光作用的反光杯来提高亮度；再由多只 LED 单灯封装成单只像素管或像素模组，而由像素管或像素模组构成点阵式的显示单元箱体，根据用户需要及显示应用场所，以一个显示单元箱体为基本单元组成所需要的尺寸。箱体在设计上应密封，以达到防水防雾的目的，使之适应室外环境。根据像素点的密度，室外 LED 显示屏分为 4096 点、2500 点、2066 点、1600 点、1024 点等规格。基于采用的像素直径可分为 φ19、φ22 和 φ26 等规格的 LED 显示屏，室外 LED 显示屏面积一般几十平方米至几百平方米。

2. LED 显示屏按像素点距分类

LED 显示屏按像素点距可分为如下几种。

（1）以 φ 命名（φ 表示发光点的直径）的室内单双基色 LED 显示屏。室内可分为：φ3、φ3.75、φ4.8、φ5、φ8.5 等，φ3.75 的 LED 显示屏如图 1-1 所示。

图 1-1　φ3.75 的 LED 显示屏

（2）以 P 命名（P 表示两发光点之间的距离，单位为 mm）的半室外单双色、室内外、半室外全彩 LED 显示屏。室外 LED 显示屏可分为：P10、P12、P16、P20、P25、P30 等，P10、P16 LED 显示屏如图 1-2 所示。

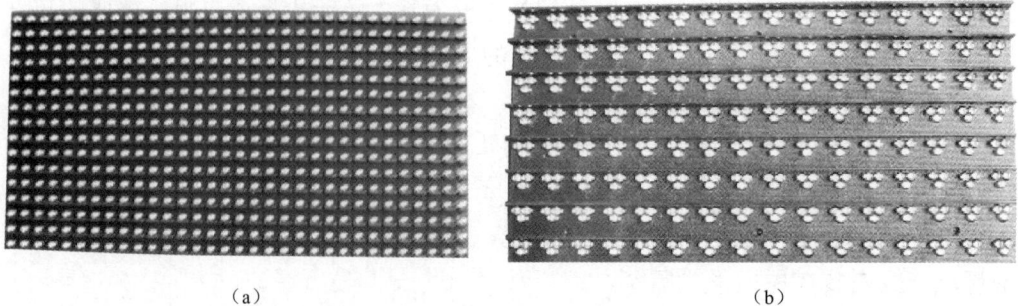

(a)　　　　　　　　　　　(b)

图 1-2　P10、P16 LED 显示屏
(a) P10；(b) P16

在 LED 显示屏中，每一个可被单独控制的 LED 发光单元（点）称为像素（或像元），像素（PIXEL）是画面上可以被独立控制的最小单元，在三基色 LED 显示屏幕上，像素由红、绿、蓝 LED 模组构成，每一 LED 模组可由一个或几个 LED 组成，理论上，分别调节红、绿、蓝 LED 的亮度，可以表现出任意颜色。由 2 个红、2 个绿 LED 组成的 1 个显示像素点如图 1-3 所示。

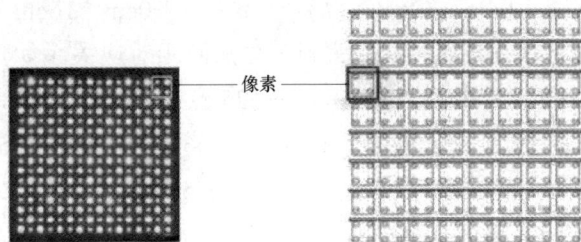

图 1-3　由 2 红 2 绿组成 1 个显示像素点

（3）像素直径。LED 显示屏中每一像素的直径用 ϕ，单位是 mm。对于室内 LED 显示屏，一般一个像素为单个 LED，外形为圆形。采用的 LED 点阵模块的像素直径划分为：ϕ3.0；60 000 像素/m²；ϕ3.75；44 000 像素/m²；ϕ5.0；17 000 像素/m² 等，其中以 ϕ3.75 和 ϕ5.0 应用最多。

在室外 LED 显示屏中，为提高亮度，增加视距，一个像素含有两只以上集束 LED。由于两只以上集束 LED 一般不为圆形，故室外 LED 显示屏像素直径一般用两像素的平均间距表示：10、11.5、16、22、25mm。目前，室外 LED 显示屏的像素直径及像素间距没有统一的标准，按每平方米像素数量有：1024 点、1600 点、2000 点、2500 点、4096 点等多种规格。

（4）LED 像素模块。将 LED 排列成矩阵或笔段，预制成标准大小的模块，称为 LED 像素模块。室内 LED 显示屏常用的有：8×8 像素模块、8 字 7 段数码模块。室外 LED 显示屏常用的有：4×4、8×8、8×16 像素模块等规格。室外 LED 显示屏用的像素模块因为其每一像素由两只以上集束 LED 组成，故又称其为集束 LED 模块。

（5）像素点距。像素点距即每个像素点到每一个相邻像素点之间的中心距离，点间距的大小，决定了单位面积内像素的多与少，如点间距为 7.62mm 时，17 222 个像素/m²；点间距为 10mm 时，10 000 个像素/m²；点间距为 16mm 时，3906.25 个像素/m²；点间距为 18.5mm 时，2921.84 个像素/m²；点间距为 20mm 时，2500 个像素/m²。点间距越小，图像分辨率越高，图像越清晰，像素密度越高，信息容量越多，适合观看的距离越近。点间距越大，像素密度越低，信息容量越少，适合观看的距离越远。

点距、像素密度（单位面积内像素的数量）、信息容量（单位面积内所含显示内容的数量），这三者本质是描述同一概念：点间距是从两两像素间的距离来反映像素密度，点间距和像素密度是 LED 显示屏的物理属性；信息容量则是像素密度的信息承载能力的数量单位。

LED 显示屏的每个像素点可以是一颗 LED［如：PH10（1R）］、两颗 LED［如：PH16（2R）］、三颗 LED［如：PH16（2R1G1B）］，P16 的点间距为：16mm；P20 的点间距为：20mm；P12 的点间距为：12mm。LED 显示屏长度和高度计算方法如下

$$点间距×点数=长/高$$

如：PH16 长度 = 16 点 × 1.6cm = 25.6cm；高度 = 8 点 × 1.6cm = 12.8cm。

PH10 长度 = 32 点 × 1.0cm = 32cm；高度 = 16 点 × 1.0cm = 16cm。

在 LED 显示屏行业中，点数（即像素点）与点间距对应关系如下：PH4 = 62 500 点；PH4.7 = 44 300 点；PH6 = 27 800 点；PH8 = 15 625 点；PH10 = 10 000 点；PH11.5 = 7500 点；PH12 = 6400 点；PH12.5 = 6400 点；PH16 = 3906 点；PH20 = 2500 点；PH25 = 1600 点；PH31.25 = 1024 点；PH37.5 = 711 点；PH40 = 625 点；PH45 = 495 点；P50 = 400 点。

3. LED 显示屏按显示颜色分类

LED 显示屏按显示颜色可分为如下几种。

（1）单基色 LED 显示屏（单一颜色如：红色、绿色、黄色、白色、蓝色等）。即指 LED 显示屏只有一种颜色的 LED，每个像素点只有一种颜色，多数用红色 LED，因为红色 LED 的发光效率较高，可以获得较高的亮度，也可以用绿色 LED，还可以是混色，即一部分用红色 LED，一部分用绿色 LED，一部分用黄色 LED。

（2）两基色 LED 显示屏。两基色 LED 显示屏的每个像素点有红、绿两种基色，可以叠加出黄色，在有灰度控制的情况下，通过红绿不同灰度的变化，可以组合出最多 65 535 种颜色，两基色 LED 显示屏多为 256 级灰度或 512 级灰度。

（3）全彩 LED 显示屏也称三基色 LED 显示屏。全彩 LED 显示屏的每个像素点有红、绿、蓝三种基色，在有灰度控制的情况下，通过红、绿、蓝不同灰度的变化，可以很好地还原自然界的色彩，组合出 16 777 216 种颜色。

4. LED 显示屏按控制方式分类

LED 显示屏按控制方式可分为如下几种。

（1）同步控制方式是指 LED 显示屏的工作方式基本等同于计算机的监视器，它以至少 30 场/s 的更新速率实时地对应映射计算机监视器上的图像，通常具有多灰度的颜色显示能力，可达到多媒体的宣传广告效果。同步控制可将 PC 机显示卡的信号实时传送到 LED 显示屏上，LED 显示屏和计算机显示器是同步显示的（所见即所得）。

同步屏系统比较复杂，系统可大可小，一般由计算机、DVI 显卡、数据发送卡、同步数据接收卡、HUB 板、网线、LED 显示屏等组成。系统始终需要联机工作，将计算机上的图像文字显示在 LED 显示屏上。

同步控制具有播放动画、图像功能，灰度等级输出可达到 256 级，对于单色屏就是 256 种颜色，对于双色屏就是可显示红 256 色 × 绿 256 = 65 536 种颜色，DVI 显示卡 + 256 级灰度控制卡，控制点数为 1280 × 512 点，控制范围 ϕ5：长 9.76m，高 3.9m；ϕ3.75：长 6.1m，高 2.448m。

可控范围及可控范围内 LED 显示屏的面积可按下式计算

$$可控制长度＝控制卡点数（长）×点间距$$
$$可控制宽度＝控制卡点数（宽）×点间距$$
$$可控制范围＝可控制长度×可控制宽度$$

（2）异步方式是指 LED 显示屏具有存储及自动播放的能力，异步控制可接收并存储由 PC 机上编辑好的文字和没有灰度的图形（PC 机通过串口发送数据给异步控制卡），再通过异步控制卡控制 LED 显示屏上的显示内容，LED 显示屏断电后，所要显示的内容存储在控制卡上存储器里面，LED 显示屏上电后，异步控制卡上的 CPU 从卡上的内存读取内容再控制 LED 显示屏上的显示内容。

在 PC 机上编辑好的文字及无灰度图形通过串口或其他网络接口输入 LED 显示屏，然后由 LED 显示屏脱机自动播放，一般没有多灰度显示能力，主要用于显示文字信息，可以多屏联网。异步屏一般由显示单元板（模组）、条屏卡、开关电源、HUB 板（可选）组成。通过串口线与计算机连接，进行显示文字的更改，之后可以脱开计算机工作。

异步控制的优点有：因具有存储信息的功能，可实现脱机工作，PC 机只起到修改 LED 显示屏内容的功能，显示的功能由异步控制实现，这样的好处是一台 PC 机可以控制多个 LED 显示屏，所以可以实现多屏联网使用。

异步控制的缺点是：不具有播放动画、图像功能，而且控制卡存储的内容受控制卡内存的限制，只能存储几十幅内容，另外异步控制卡控制的屏面积有限，$\phi 5$：控制范围在 $7m^2$ 以内，$\phi 3.75$：控制范围在 $2.8m^2$ 以内，超过控制范围的只能采用同步控制。

5. LED 显示屏按扫描方式分类

LED 显示屏的扫描定义为：在 LED 显示屏一定的显示区域内，同时点亮的行数与整个区域行数的比例，LED 显示屏按扫描方式可分为如下几种。

（1）静态扫描。显示内容时，全屏的亮点同时点亮（室外全彩屏一般都是此种扫描方式），静态扫描又分为静态实像素和静态虚拟。静态扫描的优点有：亮度高、稳定性高；缺点：成本高、耗能。

（2）动态扫描。显示内容时，利用人眼的视觉暂留特性，在很短的周期内将 LED 显示屏的各行分别点亮（分为 1/2、1/4、1/8、1/16 扫描；例如 1/4 扫描就是以四行为一组合，每次点亮一行），动态扫描也分为动态实像和动态虚拟。动态扫描的优点有：驱动芯片用量少、节能；缺点：亮度低、稳定性低。

室内单双色屏一般采用 1/16 扫描，室内全彩屏一般采用 1/8 扫描，室外单双色屏一般采用 1/4 扫描，室外全彩屏一般采用静态扫描。常用的扫描驱动器件有：国产 HC595、中国台湾 MBI5026、日本东芝 TB62726，一般有 1/2 扫、1/4 扫、1/8 扫、1/16 扫。

举例说明：一个常用的全彩模组像素为 16×8（2R1G1B），如果选用 MBI5026 驱动，总共使用的模组数是：16×8×（2＋1＋1）＝512，MBI5026 为 16 位芯片，使用的驱动器件数是：512/16＝32。

（1）如果用 32 个 MBI5026 芯片，是静态虚拟。

（2）如果用 16 个 MBI5026 芯片，是动态 1/2 扫虚拟。

（3）如果用 8 个 MBI5026 芯片，是动态 1/4 扫虚拟。

（4）如果用 24 个 MBI5026 芯片，是静态实像素。

（5）如果用 12 个 MBI5026 芯片，是动态 1/2 扫实像素。

（6）如果用 6 个 MBI5026 芯片，是动态 1/4 扫实像素。

区分 LED 显示屏扫描方式的一个最简单的办法就是，数一下单元板上 LED 的数目和 74HC595 的数量。计算方法如下

$$LED 的数目 \div 74HC595 的数目 \div 8 = 几分之一扫描$$

实像素与虚拟是相对应的，实像素屏就是指构成 LED 显示屏的红、绿、蓝三种 LED 中的每一种 LED 最终只参与一个像素的成像中，以获得足够的亮度。

虚拟像素是利用软件算法控制每种颜色的 LED 最终参与到多个相邻像素的成像当中，从而实现用较少的 LED 实现较大的分辨率，能够使显示分辨率提高。

6. LED 显示屏按像素单元分类

LED 显示屏按组成像素单元可分为如下几种。

（1）LED 数码显示屏。LED 数码显示屏的显示像素为 7 段数码管，广泛用于证券交易所股票行情显示、银行汇率、利率显示、各种价目表等。多数情况下，在数码屏上加装条屏来显示欢迎词、通知、广告等，LED 数码显示屏支持遥控器输入。

（2）LED 图文显示屏。LED 图文显示屏的显示像素为点阵模块，适用于播放文字、图像信息；LED 图文显示屏主要用于显示文字和图形，一般无灰度控制。它通过与计算机通信输入信息。与条屏相比，图文屏的优点是显示的字体字型丰富，并可显示图形，与视频屏相比，图文屏最大的优点是一台计算机可以控制多块屏，且可以脱机显示。

（3）LED 视频显示屏。LED 视频显示屏的显示像素由许多 LED 组成，可以播放视频、动画等各种视频文件。LED 视频显示屏的像素与控制计算机监视器像素点呈一对一的映射关系，有 256 级灰度控制，所以其表现力极为丰富，配置多媒体卡，视频屏还可以播放视频信号。视频屏开放性好，对操作系统没有限制，软件也没有限制，能实时反映计算机监视器的显示。

7. LED 显示屏按单元板 LED 结构分类

LED 显示屏按单元板 LED 结构可分为如下几种。

（1）点阵模块式 LED 显示屏。点阵模块式 LED 显示屏为最早的设计方案，由室内伪彩点阵屏发展而来，多应用于室内单双色 LED 显示屏。其优点有：原材料成本低，生产加工工艺简单，工艺成熟、质量稳定。缺点：色彩一致性差，马赛克现象较严重，显示效果较差。点阵模块单元板如图 1-4 所示。

（2）直插灯式 LED 显示屏。直插灯式 LED 显示屏是为解决点阵屏色彩问题，借鉴室外 LED 显示屏技术的一种方案，同时将室外的像素复用技术（又叫像素共享技术，虚拟像素技术）移植到了室内 LED 显示屏。室外一般用椭圆形结构直插灯，左右方向的视角比较大、亮度高。其优点有：色彩一致性容易控制，间距大小可根据需要自由调整；色彩一致性比点阵模块方式的好。缺点：混色效果不佳，视角不大，水平方向左右观看

有色差。加工较复杂，抗静电要求高。实际像素分辨率做到 10 000 点以上较难。角度一致性不好控制，平整度不好控制，直插灯单元板如图 1-5 所示。

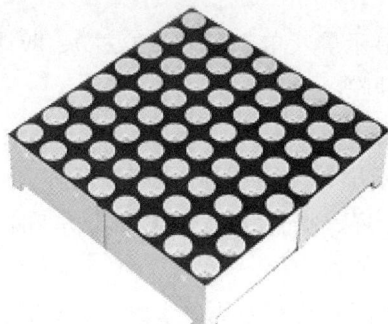

图 1-4　点阵模块单元板

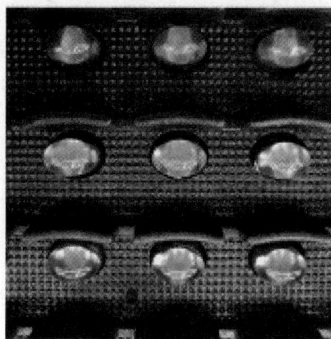

图 1-5　直插灯单元板

（3）贴片式 LED 显示屏。即采用贴片式 LED 显示元件的显示屏，贴片式 LED 显示元件有三合一、三并一两种封装方式，前者成本高、混色效果好。其优点有：色彩一致性，角度一致性好；视角等重要显示指标是现有方案里最好的一种。缺点有：包装、加工成本高；加工工艺麻烦。贴片单元板如图 1-6 所示。

（4）亚贴片式 LED 显示屏。亚贴片式 LED 显示屏实际上是单灯方案的一种改进，现在还在完善之中。在显示色彩一致性，视角等首要指标和贴片式 LED 显示屏的差别不大了，但成本较低，显示效果好，分辨率理论上可以做到 17 200 以上。缺点：加工还是较复杂，抗静电要求高。

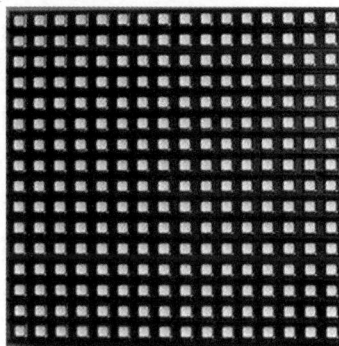

图 1-6　贴片单元板

8. LED 显示屏按灰度级分类

LED 显示屏按灰度级又可分为：16、32、64、128、256 级灰度 LED 显示屏，现在用的大部分都是 256 级灰度屏，即全彩 LED 显示屏可以显示 256×256×256 种颜色。

9. LED 显示屏按发光点直径或点间距分类

LED 显示屏按发光点直径或点间距分为：$\phi 3.0$、$\phi 3.7$、$\phi 4.8$、$\phi 5.0$、$\phi 8.0$、PH8、PH10、PH16、PH20、$\phi 3.0$、$\phi 3.75$、$\phi 4.8$、$\phi 5.0$、$\phi 8.0$、$\phi 15$、$\phi 19$、$\phi 26$ 等。

在非行情 LED 显示屏中，室内 LED 显示屏按采用的 LED 单点直径可分为 $\phi 3$、$\phi 3.75$、$\phi 5$、$\phi 8$ 和 $\phi 10$ 等规格；室外 LED 示屏按采用的像素直径分为 $\phi 19$、$\phi 22$ 和 $\phi 26$ 等规格。

在行情类 LED 显示屏中按采用的数码管尺寸分为 2.0cm（0.8in）、2.5cm（1.0in）、3.0cm（1.2in）、4.6cm（1.8in）、5.8cm（2.3in）、7.6cm（3in）等规格。

10. LED 显示屏按像素密度分类

LED 显示屏按像素密度分为 2500 点、3906 点、5102 点、6944 点、10 000 点、虚拟

$3906 \times 4 = 12\,384$ 点、15 625 点、17 199 点、17 772 点、27 778 点、44 321 点、62 500 点等规格。

11. LED 显示屏按安装方式分类

LED 显示屏按安装方式分为：立柱式 LED 显示屏（单立柱和双立柱）、壁挂式 LED 显示屏、吊装式 LED 显示屏、嵌入式 LED 显示屏等。

12. LED 显示屏按用途分类

LED 显示屏按用途分为：信息发布 LED 显示屏、交通诱导 LED 显示屏、广告发布 LED 显示屏、车载 LED 显示屏、球场 LED 显示屏、舞台租赁 LED 显示屏和楼梯 LED 显示屏等。

就交通诱导 LED 显示屏而言，交通诱导信息面向公众发布，实时性、准确性和可靠性要求较高。为了保证交通诱导 LED 显示屏工作的稳定性和可靠性，在显示屏控制系统、软件、LED 像素管、集成电路等的选择和质量要求方面应以稳定可靠为主。同时，交通诱导 LED 显示屏一般在网络环境下工作，进行公共信息发布，对安全性也有较高的要求。在设计交通诱导室外 LED 显示屏时，要综合考虑安放位置、显示屏类型、技术参数、系统控制、产品结构、配套工程等多个方面的因素。

13. LED 显示屏按功能分类

根据 LED 显示屏屏幕所具有的功能，可将 LED 显示屏分为条屏、图文屏、视频屏。

（1）条屏。这类 LED 显示屏主要用于显示文字，它本身自带 16×16 或 24×24 点阵字库，可独立工作，可用遥控器输入汉字，也可以与计算机联机使用，通过计算机发送信息，可以脱机工作。因为这类屏幕多做成条形，故称为条屏。

（2）图文屏。这类 LED 显示屏主要用于显示文字和图形，一般无灰度控制，它通过与计算机通信输入信息。与条屏相比，图文屏的优点是显示的字体字型丰富，并可显示图形，与视频屏相比，图文屏最大的优点是一台计算机可以控制多块屏，且可以脱机显示。

（3）视频屏。这类 LED 显示屏的屏幕像元与控制计算机监视器像元呈一对一的映射关系，有灰度控制，所以其表现力极为丰富，配置多媒体卡，视频屏还可以播放视频信号。视频屏开放性好，可实时反映计算机监视器的显示内容。

14. LED 显示屏按形状分类

LED 显示屏按形状分为：常规 LED 显示屏和异型 LED 显示屏。

1.2.2　评价 LED 显示屏的参数

（1）平整度。LED 显示屏的表面平整度要在 ±1mm 以内，以保证显示图像不发生扭曲，局部凸起或凹进会导致 LED 显示屏的可视角度出现死角。平整度的好坏主要由生产工艺决定。

（2）亮度。室内全彩 LED 显示屏的亮度要在 800cd/m² 以上，室外全彩 LED 显示屏的亮度要在 1500cd/m² 以上，才能保证 LED 显示屏正常工作，否则会因为亮度太低而看不清所显示的图像。亮度主要由 LED 芯片的质量决定。

（3）可视角度的大小直接决定的 LED 显示屏观看人数的多少，可视角度越大越好，可视角度主要由 LED 芯片的封装方式来决定。

（4）白平衡效果。白平衡效果是 LED 显示屏最重要的指标之一，在色彩学上当红、绿、蓝三原色的比例为 1:4.6:0.16 时，才会显示出纯正的白色，如果实际比例有一点偏差则会出现白平衡偏差，一般要注意白色是否有偏蓝色，偏黄绿色现象。白平衡的好坏主要由 LED 显示屏的控制系统来决定。

（5）色彩的还原性。色彩的还原性是指 LED 显示屏显示的色彩要与播放源的色彩保持高度一致，这样才能保证图像的真实感，LED 芯片对色彩的还原性有影响。

（6）有无马赛克。马赛克是指 LED 显示屏上出现的常亮或常黑的小四方块，既模组坏死现象，导致模组坏死的主要原因是 LED 显示屏所采用的接插件质量不过关。

（7）死点。死点是指 LED 显示屏上出现的常亮或常黑的单个点，死点的多少主要由 LED 芯片的质量来决定。

（8）有无色块。色块是指相邻模组之间存在较明显的色差，颜色的过渡以模块为单位，引起色块现象主要是由控制系统较差，灰度等级不高，扫描频率较低造成的。

1.3　决定 LED 显示屏质量的因素及应用领域

1.3.1　决定 LED 显示屏质量的因素

1. 亮度与视角

LED 显示屏亮度主要取决于 LED 的发光强度和 LED 密度，近几年 LED 在衬底、外延、芯片及封装等方面的新技术层出不穷，尤其是氧化铟锡（ITO）电流扩展层技术及工艺的稳定与成熟，使 LED 的发光强度有了大幅提高。目前，国际一流品牌小功率 LED 在水平视角为 110°、垂直视角为 50°的情况下，绿管的发光强度已高达 4000mcd，红管达 1500mcd，蓝管达 1000mcd。在像素间距为 20mm 时，LED 显示屏亮度可达到 10 000nit 以上，LED 显示屏可在任何环境下全天候工作。

对于同一块 LED 显示屏，当人们正对着它观看时，亮度最亮，当人们走到它的两个侧面观看时，亮度会逐渐降低，在两侧当亮度降低到正面的 1/2 时，在这两个侧面位置处的观看方向与 LED 显示屏中心点法线方向的夹角就是该 LED 显示屏的视角。LED 显示屏的视角反映的是从侧面观看的效果是否好，视角大，侧面观看效果好。反之，侧面观看效果就差，LED 显示屏的视角一般分水平视角和垂直视角。一般室内屏水平视角在 150°以上为宜，一般室外屏水平视角在 100°以上为宜。

2. 均匀性与清晰度

LED 各项性能参数不一致是影响均匀性的主要原因，制约 LED 显示屏清晰度改善的主要原因是均匀性而不是像素间距。LED 显示屏技术发展到今天，均匀性已成为衡量

LED 显示屏优劣的最重要指标。人们常说 LED 显示屏"点点灿烂，片片辉煌"，就是对像素之间和模块之间严重不均匀的一种形象比喻。专业一点的说法是"灰尘效应"和"马赛克现象"。造成不均匀现象的根源主要有如下几种。

（1）LED 各项性能参数的不一致。

（2）LED 显示屏在生产、安装过程中组装精度的不足。

（3）其他电子元器件的电参数一致性不够；模块、PCB 设计的不规范等。

其中"LED 各项性能参数的不一致"是主因。LED 各项性能参数的不一致主要包括：光强不一致、光轴不一致、色坐标不一致、各基色光强分布曲线不一致以及衰减特性不一致等。如何解决 LED 性能参数的不一致现象，目前业内主要有两种技术途径。

（1）通过对 LED 规格参数的进一步细分，提高 LED 各项性能的一致性。

（2）通过后续校正的方式来改善 LED 显示屏均匀性，后续校正也从早期的模组校正、模块校正，发展到今天的逐点校正。校正技术则从单纯的光强校正，发展到光强＋色坐标校正。

通过后续校正的方式来改善 LED 显示屏均匀性并不是能完全改善的，其中，光轴不一致、光强分布曲线不一致、衰减特性不一致、拼装精度差以及设计的不规范等是无法通过后续校正来消除的，甚至这种后续校正会使光轴、衰减、拼装精度方面的不一致更加恶化。因此，后续校正仅是治表，而 LED 参数细分才是治本，才是 LED 显示产业未来发展的主流。

就 LED 显示屏均匀性与清晰度的关系而言，业界则常存在一个认识上的误区，即以分辨率替代清晰度。其实 LED 显示屏清晰度是人眼对 LED 显示屏分辨率、均匀性（信噪比）、亮度、对比度等多项因素综合的主观感受。单纯缩小像素间距提高分辨率，而忽视均匀性，对提高清晰度是毫无疑义的。一个存在严重"灰尘效应"和"马赛克现象"的 LED 显示屏，即使它的像素间距再小，分辨率再高，也不可能得到一个良好的图像清晰度。因此，从某种意义上讲，目前制约 LED 显示屏清晰度改善的主因是"均匀性"而不是"像素间距"。

3. LED 显示屏像素失控率

像素失控率是指 LED 显示屏的最小成像单元（像素）工作不正常（失控）所占的比例，而像素失控有两种模式。

（1）盲点，也就是瞎点，在需要亮的时候它不亮，称之为瞎点。

（2）常亮点，在需要不亮的时候它反而一直在亮着，称之为常亮点。

LED 像素的组成通常有 2R1G1B（2 颗红 LED、1 颗绿 LED 和 1 颗蓝 LED）、1R1G1B（1 颗红 LED、1 颗绿 LED 和 1 颗蓝 LED）、2R1G（2 颗红 LED、1 颗蓝 LED）、3R6G（3 颗红 LED、6 颗蓝 LED）等，而失控一般不会是同一个像素里的红、绿、蓝 LED 同时全部失控，但只要其中一颗 LED 失控，即认为此像素失控。为简单起见，按 LED 显示屏的各基色（即红、绿、蓝）分别进行失控像素的统计和计算，取其中的最大值作为 LED 显示屏的像素失控率。

失控的像素数占全屏像素总数之比，称之为"整屏像素失控率"。另外，为避免失控像素集中于某一个区域，提出"区域像素失控率"，也就是在 100×100 像素区域内，失控的像素数与区域像素总数（即 10 000）之比。此指标对《LED 显示屏通用规范》SJ/T 11141—2003 中"失控的像素是呈离散分布"要求进行了量化，方便直观。

目前国内的 LED 显示屏在出厂前均会进行老化，对失控像素的 LED 进行维修或更换，"整屏像素失控率"控制在 $1/10^4$ 之内、"区域像素失控率"控制在 $3/10^4$ 之内，甚至有的个别厂家的企业标准要求出厂前不允许出现失控像素。在不同的应用场合下，像素失控率的实际要求可以有较大的差别，一般来说，LED 显示屏用于视频播放，指标要求控制在 $1/10^4$ 之内是可以接受，也是可以达到的；若用于简单的字符信息发布，指标要求控制在 $12/10^4$ 之内是合理的。

造成 LED 显示屏像素失控的原因很多，其中最主要的原因就是"LED 失效"，静电放电是失效最大诱因。LED 失效的主因又可分为两个方面：一是 LED 自身品质不佳；二是使用方法不当。

很多 LED 的失效通常在 LED 的常规检验测试中是无法发现的，除了在受到静电放电、大电流（造成结温过高）、外部强力等不当使用外，很多 LED 失效是在高温、低温、温度快速变化或其他恶劣条件下，由于 LED 芯片、环氧树脂、支架、内引线、固晶胶、PPA 杯体等材料热膨胀系数的差异，引发其内部应力的不同而产生的，因此，LED 的质量检测是一项十分复杂的工作。

对于 GaN 基 LED 而言，静电放电是其失效的最大诱因。静电放电导致 LED 失效的机理非常复杂，设备、工具、器皿及人体均有可能带有静电并对其放电，这种静电少则几百伏，高则几万伏，放电时间在纳秒级水平。在 LED 显示屏生产、安装、使用过程中出现的蓝、绿 LED 失效，往往就是 LED 的 PN 结被静电放电击穿所至。国际静电协会严格规定了标准静电放电模式，主要分为人体放电模式（HBM）和机器放电模式（MM）。我国将器件对静电放电的敏感度（ESDS）分为三个等级（人体模式）：1 级为 0～1999V；2 级为 2000～3999V；3 级为 4000V 以上。

一般情况下 LED 的静电放电敏感度在人体模式下在几百伏至上万伏，而在机器模式下只有几十伏至 500V。LED 显示屏由于生产过程繁杂，静电放电防不胜防，因此，LED 静电放电敏感度应选择 2 级或以上为宜（人体模式），而静电防护必须贯穿生产、安装、使用全过程。

4. 灰度等级

灰度也称为色阶或灰阶，是指像素发光明暗变化的程度。一种基色的灰度一般有 8 级至 1024 级。例如，若每种基色的灰度为 256 级，对于双基色彩色屏，其显示颜色为 256×256＝64K 色，亦称该屏为 256 色显示屏。对于数字化的显示技术而言，灰度是显示色彩数的决定因素。一般而言灰度越高，显示的色彩越丰富，画面也越细腻，更易表现丰富的细节。

灰度等级主要取决于系统的 A/D 转换位数，当然系统的视频处理芯片、存储器以及传输系统都要提供相应位数的支持才行。目前国内 LED 显示屏主要采用 8 位处理系统，也即 256（2^8）级灰度。简单理解就是从黑到白共有 256 种亮度变化。采用 RGB 三原色即可构成 $256 \times 256 \times 256 = 16\,777\,216$ 种颜色。即通常所说的 16 兆色。国际品牌显示屏主要采用 10 位处理系统，即 1024 级灰度，RGB 三原色可构成 10.7 亿种颜色。

灰度虽然是决定色彩数的决定因素，但并不是说无限制越大越好。因为首先人眼的分辨率是有限的，再者系统处理位数的提高会牵涉系统视频处理、存储、传输、扫描等各个环节的变化，成本剧增，性价比反而下降。一般来说民用或商用级产品可以采用 8 位系统，广播级产品可以采用 10 位系统。

5. 亮度鉴别等级

亮度鉴别等级是指人眼能够分辨的图像从最黑到最白之间的亮度等级。前面提到显示屏的灰度等级有的很高，可以达到 256 级甚至 1024 级。但是由于人眼对亮度的敏感性有限，并不能完全识别这些灰度等级。也就是说可能很多相邻等级的灰度人眼看上去是一样的。而且眼睛分辨能力每人各不相同。对于显示屏，人眼识别的等级自然是越多越好，因为显示的图像毕竟是给人看的。人眼能分辨的亮度等级越多，意味着显示屏的色空间越大，显示丰富色彩的潜力也就越大。亮度鉴别等级可以用专用的软件来测试，一般显示屏能够达 20 级以上就算是比较好的等级了。

6. 灰度非线性变换

灰度非线性变换是指将灰度数据按照经验数据或某种算术非线性关系进行变换再提供给显示屏显示。由于 LED 是线性器件，与传统显示器的非线性显示特性不同。为了让 LED 显示屏的显示效果能够符合传统数据源的同时又不损失灰度等级，一般在 LED 显示系统后级会做灰度数据的非线性变换，变换后的数据位数会增加（保证不丢失灰度数据）。现在国内一些控制系统供应商所谓的 4096 级灰度或 16 384 级灰度或更高都是指经过非线性变换后的灰度等级。4096 级是采用了 8 位源到 12 位空间的非线性变换技术，16 384 级则是采用 8 位到 16 位的非线性变换技术。由 8 位源做非线性变换，转换后空间肯定比 8 位源大。一般至少是 10 位。如同灰度一样，这个参数也不是越大越好，一般 12 位就可以做足够的变换了。

7. 寿命

LED 显示屏的寿命是由多种因素决定的，其他因素造成的寿命终结是可以通过零部件（比如开关电源）的更换来不断地延续 LED 显示屏的寿命。而 LED 则是不可能被大量更换的，因此，一旦 LED 寿命终结，则意味着 LED 显示屏寿命的终止。一定意义上 LED 的寿命决定了 LED 显示屏的寿命，LED 的寿命通常以发光强度衰减到初始值 50% 的时间为寿命期。LED 作为一种半导体材料，人们常说有 10 万小时寿命，但那是在理想条件下的评估。而在实际使用状况下是达不到的。可用一个简单的实验方法和计算公式可以测算 LED 的寿命：将 LED 放置于与实际工作环境相同的条件下工作 1000h，并测得光强的初始值和终值，然后通过公式就可推出 LED 的寿命期。选定某著名品牌蓝光 LED 在环境温度为 50℃、电流为 20mA 的环境下工作 1000h 后测得终值为 0.88 × 初始值，根据公式可计算出该蓝光 LED 在该环境下的寿命为 5422h。

LED 寿命决定 LED 显示屏的寿命，但并不是说 LED 寿命等于 LED 显示屏寿命。由于 LED 显示屏在工作时并不是每只 LED 每时每刻都在满负荷工作，LED 显示屏在正常播放视频节目的情况下，LED 显示屏的寿命期应该是 LED 寿命期的 6～10 倍，当 LED 工作在小电流的状况下寿命可以更长。因此，选用该品牌 LED 的 LED 显示屏寿命期可达 5 万小时左右。

延长 LED 寿命可从器件制造和器件应用两方面着手，从器件制造方面来讲：选择优质的外延材料；加大芯片面积，减小电流密度；均衡电流密度；降低热阻；选择性能优良而抗紫外能力强的封装材料等都可以使 LED 寿命更长。

从器件应用方面讲：将散热作为从模块设计到工程实施甚至将来系统维护的一个中心工作；降低 LED 工作电流；正确配置 LED，使各基色 LED 同步衰减等，都是可以延长 LED 使用寿命的。

8. 能耗与能效

提高 LED 光效，降低 LED 显示屏能耗是发展方向，降低 LED 显示屏能耗是 LED 显示屏技术一个重要的发展方向，它具有如下积极意义。

（1）降低电力增容、动力设备及散热设备的投入。

（2）节能、减排，保护环境，节省电费降低运营成本。

（3）降低 LED 显示屏温升，延缓 LED 衰减速度，延长 LED 显示屏寿命，提高 LED 显示屏系统的可靠性。

（4）减小 LED 显示屏光电参数的温漂，稳定图像效果。

9. LED 质保技术

要生产出高质量的 LED 显示屏，需在以下几方面开展工作。

（1）防静电。在 LED 显示屏装配时，应有良好的防静电措施。专用防静电地、防静电地板、防静电烙铁、防静电台垫、防静电环、防静电衣、湿度控制、设备接地（尤其切脚机）等都是基本要求，并且要用静电仪定期检测。

（2）驱动电路布局布线设计。LED 显示屏驱动电路板上的驱动 IC 布局、布线会影响到 LED 的亮度，由于驱动 IC 输出电流在 PCB 上传输距离过远，会使得传输路径压降过大，而影响 LED 的正常工作电压导致其亮度降低。LED 显示屏四周的 LED 亮度比中间低一些，就是这个原因。要保证 LED 显示屏亮度的一致性，就要优化驱动电路的布局布线设计。

（3）设计电流值。LED 的标称电流为 20mA，一般应使其最大使用电流不超过标称值的 80%，尤其对于点间距很小的 LED 显示屏，由于散热条件不佳，还应降低电流值。根据经验，由于红、绿、蓝 LED 衰减速度的不一致性，有针对性地降低蓝、绿 LED 的电流值，以保持 LED 显示屏长时间使用后白平衡的一致性。

（4）混灯。同一种颜色不同亮度的 LED 需要混灯，或按照离散规律设计的插灯图进行插灯，以保证整屏每种颜色亮度的一致性。此工序如果出现问题，会出现 LED 显示屏局部亮度不一致的现象，直接影响 LED 显示屏的显示效果。

（5）控制好 LED 的垂直度。对于直插式 LED 来说，在波峰焊时要有足够的工艺技术保证 LED 垂直于 PCB。任何偏差都会影响已经设置好的 LED 亮度一致性，出现亮度不一致的色块。

（6）波峰焊温度及时间须严格控制。波锋焊的预热温度为 100℃±5℃，最高不超过 120℃，且预热温度上升要求平稳，焊接温度为 245℃±5℃，焊接时间应不超过 3s，波峰焊接后切忌振动或冲击 LED，直到恢复常温状态。波峰焊机的温度参数要定期检测，这是由 LED 的特性决定的，过热或波动的温度会直接损坏 LED 或造成 LED 质量隐患，尤其对于小尺寸的 3mm 的圆形和椭圆形 LED。

（7）虚焊控制。LED 显示屏在出现 LED 不亮时，往往有超过 50%概率为各种类型的虚焊引起的，如 LED 管脚虚焊、IC 管脚虚焊、排针排母虚焊等。这些问题的改善需要严格地改善工艺并加强质量检验来解决，对此，出厂前的振动测试是一种好的检验方法。

（8）散热设计。LED 工作时会发热，温度过高会影响 LED 的衰减速度和稳定性，故 PCB 的散热设计、箱体的通风散热设计都会影响 LED 的寿命。

1.3.2　LED 显示屏的应用领域

LED 显示屏的主要应用领域如下。

（1）证券交易、金融信息显示。前几年用于证券交易、金融信息显示的 LED 显示屏占到了国内 LED 显示屏需求量的 50%以上，目前仍为 LED 显示屏的主要需求行业。

（2）机场、车站动态信息显示。机场、车站对信息显示的要求非常明确，目前，LED 显示屏是机场、车站动态信息显示系统的首选产品。

（3）港口、车站旅客引导信息显示。以 LED 显示屏为主体的信息系统和广播系统、列车、船舶到发揭示系统、票务信息系统等共同构成客运枢纽的自动化系统。

（4）体育场馆信息显示。LED 显示屏已取代了传统的白炽灯及 CRTLED 显示屏，国内重要体育场馆都采用了 LED 显示屏作为信息显示的主要手段。

（5）道路交通信息显示。在城市交通、高速公路等领域，LED 显示屏作为可变情报板、限速标志等。

（6）调度指挥中心信息显示。电力调度、车辆动态跟踪、车辆调度管理等，也在逐步采用高密度的 LED 显示屏。

（7）邮政、电信、商场购物中心等服务领域的业务宣传及信息显示。遍布全国的服务领域均有 LED 显示屏在信息显示方面发挥作用。

（8）广告产品发布除以单一大型户内、户外 LED 显示屏作为广告媒体外，国内城市出现了集群 LED 显示屏广告系统；商业大厦 LED 显示屏广告发布系统已在全国中大城市主要地方得到采用并正在推广。

（9）演出和集会大型 LED 显示屏越来越普遍地用于公共和政治目的视频直播，这些中大型 LED 显示屏增加了政治及艺术影响力。

（10）展览和租赁。在许多大型展览会上，大型 LED 显示屏是展览组织者提供的重要服务内容之一，向参展商提供有偿服务，国外还有大型 LED 显示屏的专业性租赁公司，也有一些规模较大的制造商提供租赁服务。

（11）学校和医院。在高等院校应用 LED 显示屏作为对学生通知和科学宣传的工具，在医院主要用来宣传药品、医疗和康健知识。

1.4　LED 显示屏通用电子器件

1.4.1　LED 器件、模组及单元板

1. LED 器件

LED 的发光颜色和发光效率与制作 LED 的材料和工艺有关，目前广泛使用的有红、绿、蓝（R、G、B）三种 LED。由于 LED 工作电压低（仅 1.5～3V），能主动发光且有一定亮度，亮度又能用电压或电流调节，本身又耐冲击、抗振动、寿命长（10 万小时），所以在大型的显示设备中，目前尚无其他的显示方式能与 LED 显示屏方式匹敌。

把红色和绿色的 LED 放在一起作为一个像素制作的 LED 显示屏称为双色屏或彩色屏；把红、绿、蓝三种 LED 放在一起作为一个像素的 LED 显示屏称为三色屏或全彩屏。室内 LED 显示屏的像素尺寸一般是 2～10mm，室外 LED 显示屏的像素尺寸多为 12～26mm，每个像素由若干个各种单色 LED 组成，常见的成品称像素筒，双色像素筒一般由 3 红 2 绿组成，三色像素筒由 2 红、1 绿、1 蓝组成。无论用 LED 制作单色、双色或三色屏，欲显示图像需要构成像素的每个 LED 发光的亮度都必须能调节，其调节的精细程度就是 LED 显示屏的灰度等级。灰度等级越高，显示的图像就越细腻，色彩也越丰富，相应的显示控制系统也越复杂。一般 256 级灰度的图像，其颜色过渡已十分柔和，而 16 级灰度的彩色图像，颜色过渡界线十分明显。所以，彩色 LED 显示屏都要求做到 256 级灰度。

决定 LED 质量的主要材质因素是：芯片、支架、胶水（环氧树脂）、金线等，决定 LED 品质的另外一个因素是封装工艺。应用于 LED 显示屏的 LED 有以下几种形式。

（1）LED 发光灯（或称单灯）。一般由单个 LED 晶片、反光碗、金属阳极、金属阴极构成，外包具有透光聚光能力的环氧树脂外壳。可用一个或多个（不同颜色的）单灯构成一个基本像素，由于亮度高，多用于户外 LED 显示屏。

（2）LED 点阵模块。由若干晶片构成发光矩阵，用环氧树脂封装于塑料壳内。适合行列扫描驱动，容易构成高密度的 LED 显示屏，多用于户内 LED 显示屏。

（3）贴片式 LED 发光灯（或称 SMDLED）。贴片式 LED 发光灯采用贴焊形式封装，可用于户内全彩色 LED 显示屏，可实现单点维护，有效克服马赛克现象。

2. LED 管芯的技术参数

（1）管芯尺寸。通常全彩显示屏选择 13mil 以上的芯片，单双色显示屏选择 9mil 以上的芯片，芯片的尺寸会直接影响芯片的发热和寿命（晶片布局的长度单位，称为毫英寸，1mil＝千分之一英寸。对于 LED 晶片，9mil 或 13mil 指的是晶片的长宽尺寸）。

（2）管芯亮度。管芯亮度将直接影响 LED 显示屏的亮度。如果选择管芯时亮度不够，在制作 LED 显示屏时靠提高电流再提高亮度，则直接影响 LED 显示屏寿命。所以在制作 LED 显示屏时，应选择亮度高于 LED 显示屏要求亮度的管芯。

（3）管芯波长。波长参数将直接影响 LED 显示屏显示的颜色。管芯正波长为：红色 640nm，绿色 525nm，蓝色 470nm。制作全彩色 LED 显示屏时，通常选择正波长，以达到色彩绚丽丰富的效果。而对于单双色显示屏，可以选择偏 5nm 的 LED，不会影响文字显示效果。

（4）管芯均匀性。管芯均匀性直接影响 LED 显示屏的均匀性，均匀性包括亮度均匀性和波长均匀性。一般选择管芯时，波长偏差 2.5nm，亮度偏差 10%以内不会影响 LED 显示屏的显示效果，超出此范围则会影响 LED 显示屏的显示效果。

3. LED 显示屏模组

（1）插灯模组。插灯模组是指将采用 DIP 封装的 LED 灯的灯脚穿过 PCB，通过锡焊将 LED 灯的灯脚与 PCB 的焊盘连接，由这种工艺做成的模组就是插灯模组；优点是视角大，亮度高，散热好；缺点是像素密度小。

（2）表贴模组。表贴也称为 SMT，将采用 SMT 封装的 LED 灯通过焊接工艺焊接在 PCB 的表面上，LED 灯的灯脚不用穿过 PCB，由这种工艺做成的模组叫作表贴模组；优点是：视角大、显示图像柔和，像素密度大，适合室内屏；缺点是亮度不够高，LED 灯自身散热不够好。

（3）亚表贴模组。亚表贴模组是介于 DIP 和 SMT 之间的一种产品，其 LED 的封装表面和 SMT 一样，但是它的正负极引脚和 DIP 的一样，生产时也是穿过 PCB 来焊接的，其优点是：亮度高，显示效果好，缺点是：工艺复杂，维修困难。

4. LED 显示屏的三合一与三并一表贴模组的本质的区别

（1）三合一表贴模组。三合一表贴模组是指将 R、G、B 三种不同颜色的 LED 晶片封装在同一个封装内，由于三个 LED 封装为一体，所以近看是一点，而分立就是一条线。三合一表贴模组的优点是：生产简单，显示效果好，缺点是：分光分色难，成本高。

（2）三并一表贴模组（分离表贴）。三并一表贴模组（分离表贴）是指红、绿、蓝三个发光点是分开封装的，将 R、G、B 三种独立 SMT 封装的 LED 灯按照一定的间距垂直并列在一起，封装后又和亚表贴的一样排列成一个像素点。这样不但具有三合一表贴模组的所有优点，还能解决三合一表贴模组的所有缺点。

采用三合一表贴模组与三并一表贴模组构成的全彩 LED 显示屏的区别如下。

（1）三并一表贴模组是分离表贴，三只 LED 分开供电。与三合一表贴模组相比具有功耗低、散热好、有效延长 LED 显示屏的寿命，可靠性较高。

（2）相比之下，三并一表贴模组比三合一表贴模组维修成本要低，因为三并一表贴模组的LED可以实现单灯维修。

（3）三并一表贴模组的表面可以做漫反射光处理，与三合一表贴模组的显示效果相比，匀色性较好，没有颗粒状感觉。另外，采用三并一表贴模组的LED显示屏的整屏视角要比采用三合一模组的LED显示屏大些。

（4）通常，采用三并一表贴模组的全彩LED显示屏分光、分色比采用三合一表贴模组的LED全彩屏要容易，而且颜色饱和度高。

（5）一般来说，三并一表贴模组的封装成本及生产成本比三合一表贴模组的要低很多。

（6）采用三并一表贴模组的LED显示屏在整体的颜色上要比采用三合一表贴模组的LED显示屏均匀，因为三并一表贴模组是用整个面来发光，而三合一表贴模组只局限于点发光。

（7）三并一表贴模组的驱动芯片的工作温度比三合一表贴模组的要低，从而提高了LED显示屏的整体寿命。

（8）从焊接工艺上来说，三并一表贴模组的封装方式很成熟，要优于三合一表贴模组。

（9）由于三合一表贴模组的生产工艺步骤复杂，工期较长。

（10）通常三并一表贴模组有面罩保护，能达到防尘、防晒，并能达到保护发光晶片的效果，而三合一表贴模组是发光晶片直接裸露在外，没有任何面罩保护。

由于三合一表贴模组的价格较高，主要用于对外出口。但随着LED芯片加工成本的下降，三并一表贴模组将以其极高的性价比很好地满足用户的需求，而亚表贴则将在不久的时间内，退出市场。

5. 单元板/模组

室内LED显示屏、室外LED显示屏、全彩LED显示屏的显示原理都是一样的，而最大的区别就在于显示板的不同，以下是针对室内LED显示屏、室外LED显示屏、全彩LED显示屏采用的显示单元板/模组介绍。

（1）室内单元板。室内单元板如图1-7所示，64×32点阵室内单元板可显示二行，每行4个16×16点阵汉字，或显示一行，2个32×32点阵汉字。

图1-7 室内单元板

（2）半户外模组。半户外模组如图 1-8 所示，64×32 点阵半户外单色（红）模组可显示两行，每行 4 个 16×16 点阵汉字，或显示一行，2 个 32×32 点阵汉字。

图 1-8　半户外模组

（3）全户外模组。32×16 点阵单色（红）全户外模组如图 1-9（a）所示，32×16 点阵单色（红）全户外模组可显示一行，每行 2 个 16×16 点阵汉字，或显示半行，1 个 32×32 点阵汉字。16×8 点阵单色（2R）全户外模组如图 1-9（b）所示，16×8 点阵单色（2R）全户外模组可显示半行半个 16×16 点阵汉字，或显示 1/4 行 1/8 个 32×32 点阵汉字。16×6 点阵双色全户外模组如图 1-9（c）所示。

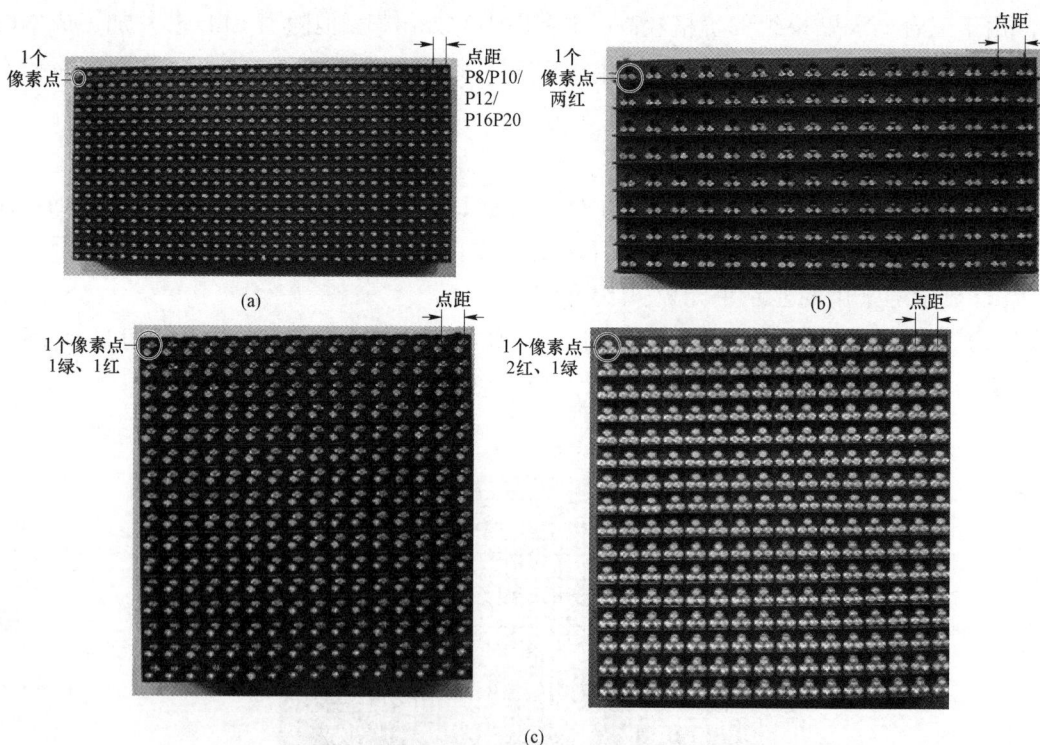

图 1-9　全户外模组
（a）32×16 点阵单色（红）；（b）16×8 点阵单色（2R）；（c）16×6 点阵双色

1.4.2　LED 显示屏专用芯片性能参数及性能比较

1. LED 显示屏专用芯片性能参数

LED 显示屏主要是由 LED 及其驱动芯片组成的显示单元拼接而成的大尺寸平面显示器，驱动芯片性能的好坏对 LED 显示屏的显示质量起着至关重要的作用。近年来，随着 LED 市场的发展，日本的东芝（TOSHIBA）、索尼（SONY）、美国的德州仪器（T1）、中国台湾的聚积（MBl）和点晶科技（SITl）等厂商都开始生产 LED 专用驱动芯片。LED 驱动芯片可分为通用芯片和专用芯片两种。

通用芯片本身并非专门为驱动 LED 而设计，而是一些具有 LED 显示屏部分逻辑功能的逻辑芯片（如串—并移位寄存器）。通用芯片一般用于低档 LED 显示屏，如户内的单色屏、双色屏等。最常用的通用芯片是 74HC595。74HC595 具有 8 位锁存、串—并移位寄存器和三态输出。每路最大可输出 35mA 的电流（非恒流）。一般的 IC 厂家都可生产此类芯片。LED 显示屏行业中常用 Motorola（Onsemi）、Philips 及 ST 等厂家的产品，其中 Motorola 的产品性能较好。

专用芯片是指按照 LED 发光特性而设计专门用于 LED 显示屏的驱动芯片，LED 是电流特性器件，即在饱和导通的前提下，其亮度随着电流的变化而变化，而不是调节其两端的电压。因此专用芯片一个最大的特点就是提供恒流源。恒流源可以保证稳定驱动 LED，消除 LED 的闪烁现象，是 LED 显示屏显示高品质画面的前提。有些专用芯片还针对不同行业的要求增加了一些特殊的功能，如亮度调节、错误检测等。专用芯片具有输出电流大、恒流等特点，应用于电流大，画质要求高的场合，如户外全彩 LED 显示屏、室内全彩 LED 显示屏等。专用芯片的关键性能参数有最大输出电流、恒流源输出路数、电流输出误差（bit – bit，chip – chip）和数据移位时钟等。

（1）最大输出电流。目前主流恒流源芯片的最大输出电流多定义为单路最大输出电流，一般在 90mA 左右。恒流是专用芯片的最根本特性，也是 LED 显示屏得到高画质的基础。而每个通道同时输出恒定电流的最大值（即最大恒定输出电流）对 LED 显示屏更有意义，因为在白平衡状态下，要求每一路都同时输出恒流电流，一般最大恒流输出电流小于允许最大输出电流。

（2）恒流源输出路数。恒流源输出路数主要有 8（8 位源）和 16（16 位源）两种规格，现在 16 位源芯片占主流：如 TLC5921、TB62706/TB62726、MBl5026/MBl5016 等。16 位源芯片主要优势在于减少了芯片尺寸，便于 LED 驱动板（PCB）布线，特别是对于点间距较小的 PCB 布局布线更是有利。

（3）电流输出误差。电流输出误差分为两种，一种是位间电流误差，即同一个芯片每路输出之间的误差；另一种是片间电流误差，即不同芯片之间输出电流的误差。电流输出误差是个很关键的参数，对 LED 显示屏的均匀性影响很大。误差越大，LED 显示屏的均匀性越差，很难使屏体达到白平衡。目前主流恒流源芯片的位间电流误差一般小于 ±6%，片间电流误差小于 ±15%。

（4）数据移位时钟。在 LED 专用驱动芯片的基本功能中，都包含串行移位寄存器功能，以便于实现显示数据的级联与传输，构建大尺寸多显示点的 LED 显示屏。数据移位时钟决定了显示数据的传输速度，对 LED 显示屏显示数据的更新速率起到至关重要的作用。作为大尺寸显示器件，显示刷新率应该在 85Hz 以上，才能保证稳定的画面（无扫描闪烁感）。较高的数据移位时钟是 LED 显示屏获取高刷新率画面的基础，目前主流恒流源芯片移位时钟频率一般都在 15MHz 以上。

2. LED 专用芯片的性能比较

专用 LED 驱动芯片生产厂家主要有 TOSHIBA（东芝）、TI（德州仪器）、SONY（索尼）、MBI（聚积科技）、SITI（点晶科技）等。在国内 LED 显示屏行业，这几家的芯片都有应用。

TOSHIBA 的产品性价比较高，其主要产品有 TB62705、TB62706、TB62725、TB62726、TB62718、TB62719、TB62727 等。其中 TB62705、TB62725 是 8 位源芯片，TB62706、TB62726 是 16 位源芯片。TB62725、TB62726 分别是 TB62705、TB62706 的升级芯片。这些产品在电流输出误差（包括位间和片间误差）、数据移位时钟、供电电压以及芯片功耗上均有改善。作为中档芯片，目前 TB62725、TB62726 已经逐渐替代了 TB62705 和 TB62706。另外，TB62726 还有一种窄体封装的 TB62726AFNA 芯片，其宽度只有 6.3mm（TB62706 的贴片封装芯片宽度为 8.2mm），这种窄体封装比较适合在点间距较小的 LED 显示屏上使用。需要注意的是，AFNA 封装与普通封装的引脚定义不一样（逆时针旋转了 90°）。

TB62718、TB62719 是 TOSHIBA 针对高端市场推出的驱动芯片，除具有普通恒流源芯片的功能外，还增加了 256 级灰度产生机制（8 位 PWM）、内部电流调节、温度过热保护（TSD）及输出开路检测（LOD）等功能，此类芯片适用于高端的全彩 LED 显示屏。TB62727 为 TOSHIBA 的新产品，主要是在 TB62726 基础上增加了电流调节、温度报警及输出开路检测等功能，其市场定位介于 TB62719（718）与 TB62726 之间。

TI 的产品性价比高，其主要产品有 TLC5921、TLC5930 和 TLC5911 等。TLC5921 是具有 TSD、LOD 功能的高精度 16 位源驱动芯片，其位间电流误差只有 ±4%。TLC5930 为具有 1024 级灰度（10 位 PWM）的 12 位源芯片，具有 64 级亮度可调功能。TLC5911 是定位于高端市场的驱动芯片，具有 1024 级灰度、64 级亮度可调、TSD、LOD 等功能的 16 位源芯片。在 TLC5921 和 TLC5930 芯片下方有金属散热片，实际应用时要注意避开 LED 脚，否则会因漏电造成 LED 变暗。

SONY 产品一向定位于高端市场，其主要产品有 CXA3281N 和 CXR3596R。CXA3281N 是 8 位源芯片，具有 4096 级灰度机制（12 位 PWM）、256 级亮度调节、1024 级输出电流调节、TSD、LOD 和 LSD（输出短路检测）等功能。CXA3281N 主要是针对静态驱动方式设计的，其最大输出电流为 40mA。CXA3596R 是 16 位源芯片，功能上继承了 CXA3281N 的所有特点，主要是提高了输出电流（由 40mA 增加到 80mA）及恒流源输出路数（由 8 路增加到 16 路）。

MBI（聚积科技）的产品基本上与 TOSHIBA 的中档产品相对应，引脚及功能也完全兼容，除了恒流源外部设定电阻阻值稍有不同外，基本上都可直接代换使用。MBI 的 MB15001 和 MB15016 分别与 TB62705 和 TB62706 对应，MB15168 与 MB15026 对应，TB62725 与 TB62726 对应。另外，还有具有 LOD 功能的新产品：MB15169（8 位源）、MB15027（16 位源）、64 级亮度调节功能的 MB15170（8 位源）和 MB15028（16 位源）。带有 LOD 及亮度调节功能的芯片采用 MBI 公司的 Share－I－OTM 技术，其芯片引脚完全与不带有这些功能的芯片，如 MB15168 和 MB15026 兼容。这样，可以在不变更驱动板设计的情况下就可升级到新的功能。

SITI（点晶科技）是一家专业研发生产 LED 驱动芯片的公司，其产品性能稳定，其主要产品有 ST2221A、ST2221C、DM134、DM135、DM136，DM133 和 ST2226A 等。除了 ST2221A 为 8 位源外，其余都是 16 位源芯片。DM134、DM135 和 DM136 是 ST2221C 的升级产品，这三款芯片之间的区别只是输出电流不同，DM134 的输出电流为 40～90mA，DM135 的输出电流为 10～50mA，DM136 的输出电流为 3～15mA。DM133 具有 64 级亮度可调、LOD 及 TSD 功能。ST2226A 具有 1024 级灰度机制（10 位 PWM），属于高端芯片。

从以上 LED 驱动芯片主要制造商的产品结构来看，目前 LED 恒流芯片主要分为三个档次。

第一档是具有灰度机制的芯片，这类芯片内部具有 PWM 功能，可以根据输入的数据产生灰度，更易形成深层次灰度，达到高品质画面。

第二档是具有 LOD、TSD、亮度调节功能的芯片，这些芯片由于有了附加功能而更适用于特定场合，如用于可变情报板，具有检测 LED 错误功能。

第三档为不带任何附加功能的恒流源芯片，此类芯片只为 LED 提供高精度的恒流源，保证屏体显示画面的质量良好。

1.4.3 LED 显示屏常用集成电路（IC）

1. 74HC245

74HC245 为 8 位双向移位寄存器，在 P10 模组中的作用是信号功率放大、整形。74HC245 引脚排列如图 1－10 所示。74HC245 引脚功能如下。

第 1 脚 DIR。为输入输出端口转换用，DIR＝"1"高电平时，信号由"A"端输入；"B"端输出，DIR＝"0"低电平时，信号由"B"端输入；"A"端输出。在 P10 单色模组中该脚接高电平，也就是说信号始终是由 A 端输入；B 端输出。

第 2～9 脚"A"信号输入输出端。A0＝B0，…，A8＝B8，A1 与 B1 是一组，如果 DIR＝"1"、G＝"0"，则 A1 输入

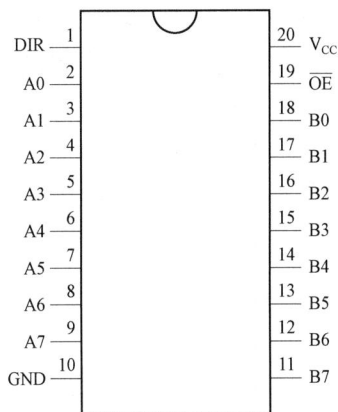

图 1－10 74HC245 引脚排列

B1 输出, 其他类同。如果 DIR = "0"、G = "0", 则 B1 输入 A1 输出, 其他类同。

第 11~18 脚 "B" 信号输入输出端, 功能与 "A" 端一样, 不再描述。

第 19 脚 $\overline{OE}$, 使能端, 低电平有效, 若该脚为 "1", A/B 端的信号将不导通, 只有为 "0" 时, A/B 端才被启用, 该脚起到开关的作用。在 P10 单色模组中该脚接低电平, 也就是说信号始终是通的。

第 10 脚 GND, 电源地。

第 20 脚 V_{CC}, 电源正极。

74HC245 真值表见表 1-1。

表 1-1　　　　　　　　　　　　　74HC245 真值表

控制输入	运行	备注
G	DIR	
L	L	B 数据到 A 总线
L	H	A 数据到 B 总线

注　H = 高电平, L = 低电平。

74HC245 的绝对最大额定值如下。

(1) 电源电压 (U_{CC}): $-0.5 \sim -7.0V$。

(2) 直流输入电压 (DIR 与 GND 间电压): $-1.5 \sim U_{CC} - 1.5V$。

(3) 直流输入/输出电压: $-0.5 \sim U_{CC} - 0.5V$。

(4) 钳位二极管电流 (I_{CD}): ±20mA。

(5) 直流输出电流, 每个引脚 (输出) 电流: ±35mA。

2. 74HC04

74HC04 为 6 位反相器, 所谓反相就是说输入与输出刚好是相反的电平, 如果输入高电平, 输出就是低电平, A 为输入端, $\overline{Y}$ 为输出端。74HC04 引脚排列如图 1-11 所示, 74HC04 引脚功能如下。

1、2 脚为一组, 3、4 脚为一组, 5、6 脚为一组, 8、9 脚为一组, 10、11 脚为一组, 12、13 脚为一组, 各组之间相互独立。在 P10 模组中只对 $\overline{OE}$ 信号进行反相。

第 7 脚 GND, 电源地。

第 14 脚 V_{CC}, 电源正极。

信号由 A 端输入, $\overline{Y}$ 端反相输出, A0 与 $\overline{Y0}$ 为一组, 其他类推。例: A1 = "1" 则 $\overline{Y1}$ = "0"、A1 = "0" 则 $\overline{Y1}$ = "1", 其他组功能一样。

3. 74HC138

74HC138 为八位二进制译十进制译码器, 74HC138 的作用是用来选择显示行, 一个 74HC138 可以选择 8 行中的一行, 所以单元板/模块上有 2 块 74HC138, 这样就

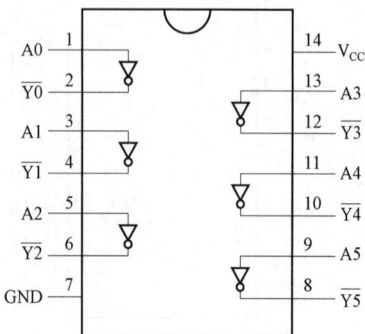

图 1-11　74HC04 引脚排列

可以在 16 行中选择 1 行显示。74HC138 引脚排列如图 1–12 所示。74HC138 引脚功能如下。

第 1～3 脚 A0、A1、A2 为二进制输入脚，在 P10 模组中只使用 A0 和 A1，A2 脚接地。

第 4～6 脚为片选信号控制，只有在 4、5 脚为 "0"，6 脚为 "1" 时，才会被选通，输出受 A0、A1、A2 信号控制。其他任何组合方式将不被选通，且 Y1/$\overline{Y1}$～Y7/$\overline{Y7}$ 输出全为"1"。在 P10 模组中 4 脚接地，5 脚连接 IC74HC04 的 2 脚，6 脚接电源正，说明选通始终有效，输出只受 $\overline{OE}$ 信号控制。

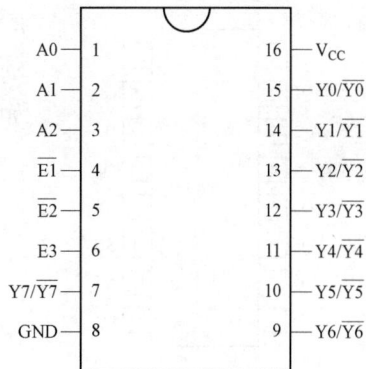

图 1–12　74HC138 引脚排列

第 9～15 及第 7 脚为输出端，无选通时且 Y1/$\overline{Y1}$～Y7/$\overline{Y7}$ 输出全为 "1"。

第 8 脚 GND，电源地。

第 15 脚 V_{CC}，电源正极。

74HC138 译码器可接受 3 位二进制加权地址输入（A0、A1 和 A2），并当使能时，提供 8 个互斥的低有效输出（Y1/$\overline{Y1}$～Y7/$\overline{Y7}$）。74HC138 特有 3 个使能输入端：两个低有效（$\overline{E1}$ 和 $\overline{E2}$）和一个高有效（E3）。除非 $\overline{E1}$ 和 $\overline{E2}$ 置低且 E3 置高，否则 74HC138 将保持所有输出为高。利用这种复合使能特性，仅需 4 片 74HC138 芯片和 1 个反相器，即可实现并行扩展，组合成为一个 1–32（5 线到 32 线）译码器。任选一个低有效使能输入端作为数据输入，而把其余的使能输入端作为选通端，则 74HC138 亦可充当一个 8 输出多路分配器，未使用的使能输入端必须保持绑定在各自合适的高有效或低有效状态。

74HC138 常用于高性能的存储译码或要求传输延迟时间短的数据传输系统，在高性能存储器系统中，用这种译码器可以提高译码系统的效率。将快速赋能电路用于高速存储器时，译码器的延迟时间和存储器的赋能时间通常小于存储器的典型存取时间，这就是说由肖特基钳位的系统译码器所引起的有效系统延迟可以忽略不计。74HC138 按照三位二进制输入码和赋能输入条件，从 8 个输出端中译出一个低电平输出。两个低电平有效的赋能输入端和一个高电平有效的赋能输入端减少了扩展所需要的外接门或倒相器，扩展成 24 线译码器不需外接门，扩展成 32 线译码器只需要外接一个倒相器。在解调器应用中，赋能输入端可用作数据输入端。

74HC138 技术参数如下。

（1）电压：2.0～6.0V。

（2）驱动电流：±5.2mA。

（3）传输延迟：12ns/5V。

（4）逻辑电平：CMOS。

（5）封装形式：SO16、SSOP16、DIP16、TSSOP16。

4. 74HC595

74HC595 为 8 位移位锁存器，具有一个 8 位串行输入并行输出的移位寄存器和一个

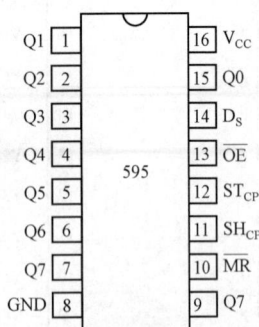

图 1-13 74HC595 引脚排列

8 位输出锁存器，用于驱动显示列，每片 74HC595 可以驱动 8 列，多片 74HC595 可串接在一起。74HC595 引脚排列如图 1-13 所示。74HC595 引脚功能如下。

第 1～7 脚 Q1～Q7，位并行数据输出。

第 15 脚 Q0，位并行数据输出。

第 8 脚 GND，电源地。

第 9 脚 Q7′串行数据输出。

第 10 脚 $\overline{MR}$，复位口，只要有复位信号，寄存器内移入的数据将清空，LED 显示屏不用该脚，一般接 V_{CC}。

第 11 脚 SH_{CP}，时钟口，每一个时钟信号将移入一位数据到寄存器。

第 12 脚 ST_{CP}，锁存口，当输入的数据在传入寄存器后，只有供给一个锁存信号才能将移入的数据送 Q0～Q7 口输出。

第 13 脚 $\overline{OE}$，使能口，当该引脚上为"1"时 Q0～Q7 口全部为"1"，为"0"时 Q0～Q7 的输出由输入的数据控制。

第 14 脚 D_S，串行数据输入口，显示数据由此进入，必须有时钟信号的配合才能移入。

74HC595 是硅结构的 CMOS 器件，兼容低电压 TTL 电路，遵守 JEDEC 标准。74HC595 是具有 8 位移位寄存器和一个存储器，三态输出功能，移位寄存器和存储器是分别的时钟。数据在 SHcp 的上升沿输入到移位寄存器中，在 STcp 的上升沿输入到存储寄存器中去。如果两个时钟连在一起，则移位寄存器总是比存储寄存器早一个脉冲。移位寄存器有一个串行移位输入（Ds）和一个串行输出（Q7′）和一个异步的低电平复位，存储寄存器有一个并行 8 位的具备三态的总线输出，当使能 $\overline{OE}$ 时（为低电平），存储寄存器的数据输出到总线。

8 位串行输入/输出或者并行输出移位寄存器将串行输入的 8 位数字转变为并行输出的 8 位数字，例如控制一个 8 位数码管，将不会有闪烁。74HC595 技术特点如下。

（1）8 位串行输入/8 位串行或并行输出存储状态寄存器，三种状态。

（2）输出寄存器（三态输出：就是具有高电平、低电平和高阻抗三种输出状态的门电路。）可以直接清除 100MHz 的移位频率。

（3）并行输出，总线驱动；串行输出。

5. LT4953

LT4953 为行驱动管，LED 显示屏每一显示行需要的电流是比较大的，要使用行驱动管，每片 LT4953 可以驱动 2 个显示行，LT4953 引脚排列如图 1-14 所示。LT4953 引脚功能如下：

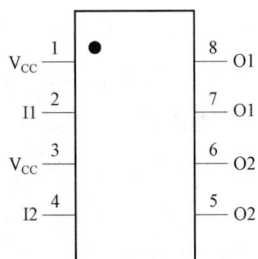

图 1-14 LT4953 引脚排列

LT4953 内部是两个相互独立的 CMOS 管，1、3 脚接 V_{CC}，2、4 脚为控制脚，2 脚控制 7、8 脚的输出，4 脚控制 5、6 脚的输出，只当 2 脚为"0"时，7、8 才会输出，当 4 脚为"0"时，5、6 才会输出，否则输出为高阻状态。

6. MBI5026

MBI5026 为 16 位移位锁存器，MBI5026 引脚排列如图 1－15 所示。MBI5026 引脚功能如下。

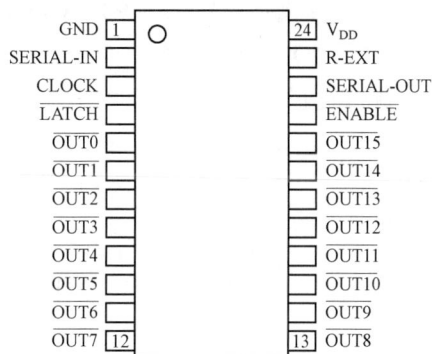

第 1 脚 GND，电源地。

第 24 脚 V_{DD}，电源正极。

第 2 脚 SDI，串行数据输入。

第 3 脚 CLK，时钟信号输入。

第 4 脚 LE，锁存信号输入。

第 23 脚 R－EXT 输出电流调整端，接调整电阻。

第 22 脚 SDO，串行数据输出。

第 21 脚 $\overline{OE}$，使能输入。

第 5～20 脚 $\overline{OUT0}$ ～ $\overline{OUT15}$ 电流输出端。

MBI5026 的其他功能与 74HC595 相似，只是 MBI5026 是 16 位移位锁存器，并带输出电流调整功能，但在并行输出口上不会出现高电平，只有高阻状态和低电平状态。MBI5026 与 TB62726 的引脚功能一样，结构相似，可以互换。

7. TB62726

TB62726 为 16 位移位锁存器，有些单元板/模组使用 TB62726 代替 74HC595，一片 TB62726 可以驱动 16 列，TB62726 引脚排列如图 1－16 所示。TB62726 引脚功能如下。

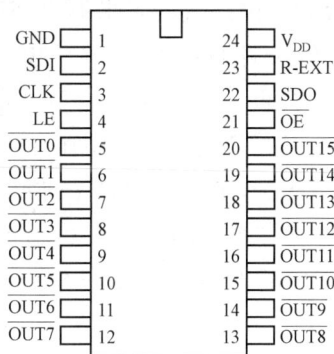

图 1－15　MBI5026 引脚排列　　　　图 1－16　TB62726 引脚排列

第 1 脚 GND，电源地。

第 24 脚 V_{DD}，电源正极。

第 2 脚 SERIAL－IN，串行数据输入。

第 3 脚 CLOCK，时钟输入。

第 4 脚 $\overline{LATCH}$，锁存输入。

第 23 脚 R－EXT，输出电流调整端，接调整电阻。

第 22 脚 SERIAL－OUT，串行数据输出。

第 21 脚 $\overline{ENABLE}$，使能输入。

第 5～20 脚 $\overline{OUT0}$ ～ $\overline{OUT15}$ 电流输出端。

TB62726 的其他功能与 74HC595 相似，只是 TB62726 是 16 位移位锁存器，并带输出电流调整功能，但在并行输出口上不会出现高电平，只有高阻状态和低电平状态。TB62726 与 MBI5026 的引脚功能一样，结构相似。TB62726 的每路输出电流为 5～90mA。TB62726 技术特性如下。

（1）输出电流能力及通道数：90mA × 16。

（2）恒流范围：2～80mA。

（3）输出电压：0.7V（输出电流为 2～80mA）；0.4V（输出电流为 2～40mA）。

（4）工作电压范围：3.0～5.5V。

（5）适用于共阳极 LED。

（6）输入信号电压：3.3VCMOS 电压。

（7）最大输出终端电压：17V。

（8）连续传输率：20MHz（级联的极限值）。

（9）工作温度范围：−40～85℃。

（10）封装形式：SDIP24 − P − 300 − 1.78，SSOP24 − P − 300 − 1.00B。

8. SMT5026

SMT5026 是 16 路恒流 LED 驱动集成电路，专为 LED 显示屏设计，内建 CMOS 移位寄存器与锁存功能，可以将串行的输入数据转换成并行的输出数据。可提供 16 路输出电流源，在每个输出端口提供 5～90mA 恒定电流，电流大小由外接电阻来调整。SMT5026 采用先进的 BiCMOS 工艺生产，采用专有的高精确恒流 16 路输出 LED 驱动技术，确保精确的 16 路恒流输出电流值匹配度。电流输出值可以通过外接电阻调节（I_{out} = 5～

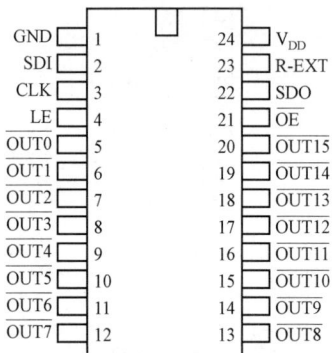

图 1 − 17　SMT5026 引脚排列

90mA），以控制 LED 的发光亮度。输出耐压 18V，其每路输出端可串接多个 LED。SMT5026 内置 16 位移位寄存器、16 位锁存器、1.2V 基准源、16 路高精度恒流驱动器等。SMT5026 引脚排列如图 1 − 17 所示。SMT5026 产品的主要特性如下。

（1）16 路恒流源输出通道、电流输出大小不因输出端负载电压变化而变化。

（2）恒流输出电流范围值：5～90mA。

（3）精确的恒流输出电流值匹配度：通道间最大误差：＜±1.5%，芯片间最大误差：＜±3.0%。

（4）通过调节外部电阻，可设定恒流输出电流值（I_{out} = 5～90mA）。

（5）高达 25MHz 数据传输时钟频率、具有的 Schmitttrigger 输入装置，强化抗噪声功能。

（6）快速的输出电流响应，$\overline{OE}$（最小值）：≤200ns。

（7）工作电压：3.0～5.5 V。

（8）符合 RoHS 标准，100%无铅封装。

（9）封装形式：SSOP24 – 300 – 1.0，SSOP24 – 150 – 0.635、与市场上主流产品相兼容（PintoPin）。

1.4.4　LED 显示屏驱动芯片比较

1. TLC5941 驱动芯片

TLC5941 芯片是 TI（德州仪器）公司最新推出的，具有点校正、高灰度等级（PWM 控制）等特点。TLC5941 的所有内部数据寄存器、灰度寄存器、点校正寄存器和错误状态信息都通过串行接口存取，最大串行时钟频率 30MHz，片间电流误差一般在±6%以内，位间电流误差一般在±4%以内，每通道最大输出电流 80mA。

TLC5941 的每个通道可用 PWM 方式根据内部灰度寄存器的值进行 4096 级灰度控制，该寄存器是 12 位的，每个通道的 LED 驱动电路由 6 位点校正寄存器的值进行 64 级控制，且驱动电流的最大值可通过片外电阻设定。64 级电流控制提供了 LED 点灰度校正能力，4096 级灰度调整保证了即使在较低的灰度等级下，点阵中的每个点也有多达 256 级的灰度，使红、绿、蓝全彩 LED 显示屏有 16M 色的色彩表达能力，这两点对于高质量的彩色大屏幕 LED 显示屏是格外重要的。相对于传统的彩色大屏幕 LED 显示屏，集中产生 PWM 进行灰度控制，可编程逻辑芯片（或高速 CPU）只需要处理缓存管理、灰度和点校正数据的输出，设计复杂度降低，且由于 PWM 的灰度控制与数据串行移出无关，可很方便地获得较高帧频，取得很好的动态显示效果。

为了保障彩色大屏幕 LED 显示屏可靠运行，TLC5941 提供了每一路 LED 开路（LOD）和过温检测（TSD）能力，内置集电极开路输出电路，用于出错时报警。16 个通道中无论哪个通道有错误发生，内置集电极开路输出电路的输出管脚就会被拉到低电平，通过查询芯片的内部状态信息，就可知道哪一路出现故障，系统中所有 TLC5941 内置集电极开路输出电路的输出管脚可接到一起，通过上拉电阻接到高电平，通过监控这个信号，系统可在运行过程中进行自我诊断。TLC5941 适用于工作环境比较恶劣，同时对显示效果要求很高以及对安全性能要求很高的场合，比如高速公路的 LED 信息指示牌，大型的露天 LED 电视等。

2. MBI5028 驱动芯片

MBI5028 是聚积科技公司推出的一款有可编程电流增益功能的 LED 显示屏驱动芯片，它内置串并移位寄存器和输出锁存器，且采用 PrecisionDrive 技术以得到更优良的电气特性。MBI5028 的最大串行时钟频率为 25MHz，片间电流误差一般在±6%以内，位间电流误差一般在±3%以内，最大输出电流为 90mA。

MBI5028 内建电流增益控制逻辑单元，可编程电流增益功能采用 Share – IO 技术，无须增加额外的管脚，只需在对应的管脚输入一特定的序列信号，就可进入 MBI5028 的特殊功能模式，即电流调整模式。在该模式下，可通过系统微控制器，向电流增益控制逻辑单元写入不同电流增益的数据，锁存这些数据，并通过内建数字与模拟共享转换器，有效控制电流的输出。

由于工作环境的变化和 LED 显示屏老化，LED 显示屏亮度将会降低，如以一个恒定的正向电流驱动 LED，LED 显示屏的亮度偏差就会较小。通过可编程电流增益功能和 PrecisionDrive 技术，可调整电流偏差，补偿 LED 显示屏的亮度，同时获得比较高质量的图像。利用 PrecisionDrive 技术及内建数字与模拟共享的转换器，在相同精确度下，通过改变数字码的方式，从而获得相对的输出电流，进而提高 LED 显示屏的成像质量。

目前的技术可以为 LED 显示屏提供 256 个电流等级，使其达到 1200% 的总动态范围。在电气特性和芯片封装方面，MBI5026 兼容性比较好，使用中不用更改以前为同类型芯片设计的 PCB，就可获得具有 Share-IO 技术的电流增益技术，能大大地降低升级成本。MBI5026 适用于工作环境条件并不苛刻，但要求高质量成像的 LED 显示屏驱动方案，比如室内的大型 LED 显示屏等中低端 LED 显示屏。

3. ST2221C 驱动芯片

ST2221C 是点晶科技公司推出的一款 LED 显示屏驱动芯片，它内置串并移位寄存器单元、输出锁存器单元和电流输出控制单元，电气特性优良。ST2221C 的最大串行时钟频率为 25MHz，片间电流误差一般在 ±10% 以内，位间电流误差一般在 ±6% 以内，最大输出电流为 120mA。ST2221C 包含 16 通道恒流驱动单元，能同时驱动 16 路 LED。它适用于一些低端 LED 显示屏的驱动，比如室内信息屏等低端 LED 显示屏。

上述 3 种 LED 显示屏驱动方案的比较见表 1-2。

表 1-2   3 种 LED 显示屏驱动方案的比较

型号	最大电流/mA	位间误差	片间误差	时钟频率/MHz	优　　点	缺　　点
TLC5941	80	4%	3%	30	速度快，电流误差小，有 LOD，TSD 等功能，工作条件要求低，使用范围大	输出电流最大值小，芯片价格昂贵，工程应用成本高，兼容性差
MB15028	90	3%	6%	25	速度快，输出电流最大值较大，电流误差较小，兼容性较好	芯片功能较少，适应对象范围较小
ST2221C	120	6%	10%	25	速度快，输出电流最大值大，价格便宜，兼容性好	芯片功能较少，适应对象范围较小，输出电流误差大

4. LED 显示屏驱动芯片存在的问题

（1）功耗及发热问题。由于输出电流较大，LED 显示屏驱动芯片的功耗和发热问题一直是阻扰驱动芯片发展的第一因素。在将来可能出现的手持式 LED 显示屏的驱动方式上，这个问题将会变得尤为突出。随着 LED 器件制造工艺水平的进步和驱动电流的减小，问题会逐步得到解决。

（2）应用成本问题。一块主流 16 位稳态电流 LED 显示屏驱动芯片只能驱动 16 路 LED 器件，一块分辨力为 1024×768 的 LED 显示屏就必须使用多块驱动芯片才能获得预期效果，这样就使得材料成本比较高。如果采用的驱动芯片自身采用扫描方式，那么一块主流的驱动芯片就能一次驱动多路 LED 器件，将会使应用成本降低许多。

1.5　LED 显示屏的数据接口及扫描方式

1.5.1　LED 显示屏的数据接口

为了把显示信号输入到模组中，模组常采用 2×8 排针，模组与 LED 显示屏控制卡之间和模组之间采用 16PIN 压线头（FC）连接，各针脚连接的信号排列方式叫接口，通用接口有 08、12、04 等，如图 1-18 所示。LED 显示屏的接口用于连接控制卡和单元板/模组之间连接，已传递控制信号。由于不同的扫描方式，有不同的接口，不同的接口主要是信号线的排列顺序不一样，原理是一样的。当单元板的接口与控制卡不一致时，需要制作转换线。

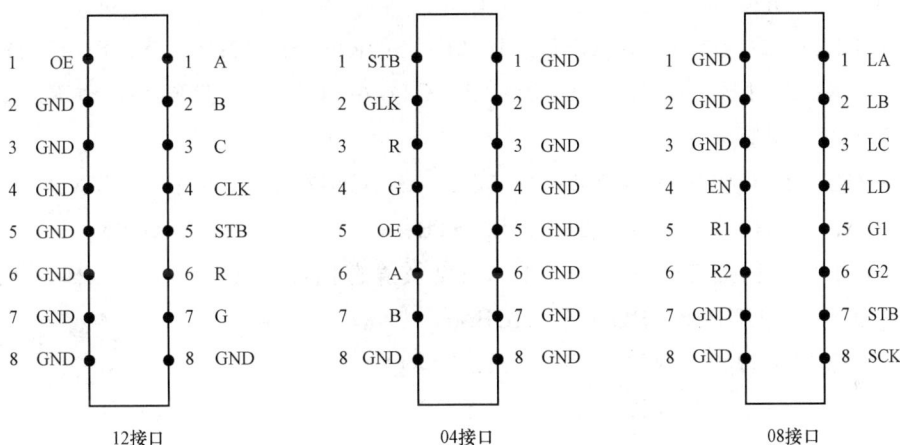

图 1-18　08、12、04 通用接口

室内 LED 显示屏多用 08 接口，室外 LED 显示屏多采用 12 接口，但 12 接口也不是室外 LED 显示屏的唯一接口。选择控制卡和单元板/模组时，应尽量选择接口一致，若接口不一致可以根据原理进行改线，LED 显示屏接口类型见表 1-3。

表 1-3　　　　　　　　　　　　　　　LED 显示屏接口类型

接口类型	08 接口	04 接口	12 接口
排列顺序			

接口类型	08 接口	04 接口	12 接口
图片			
	常见于 1/16、1/8 扫	常见于 1/4 扫	常见于 1/4 扫

HUB08 接口引脚如下。

左 1：GND；2：GND；3：GND；4：0E；5：R1；6：R2；7：N；8：GND

右 1：LA；2：LB；3：LC；4：LD；5：G1；6：G2；7：STB；8：SCK

HUB12 接口引脚如下。

左 1：OE；2：GND；3：GND；4：GND；5：GND；6：GND；7：GND；8：GND

右 1：A；2：B；3：C；4：CKL；5：STB；6：R；7：N；8：GND

LED 显示屏的扫描方式有：1/8、1/4、1/2 及静态扫描，其接口都不一样，常用的有 HUB02、HUB08、HUB18、BUH75、HUB40。

HUB02 接口引脚如下（室内 F3.75 模块全彩）。

左 1：A；2：C；3：CLK；4：LAT；5：R1；6：G1；7：B1；8：D

右 1：B；2：N；3：N；4：N；5：R2；6：G2；7：B2；8：OE

HUB18 接口引脚如下（室内 P7.62 模块全彩 1/8）。

左 1：CLK；2：LAT；3：R1；4：G1；5：OE；6：A；7：B；8：C

右 1：N；2：N；3：G2；4：R2；5：N；6：N；7：N；8：D

HUB75 接口引脚如下（户外 P10 全彩）。

左 1：R1；2：B1；3：R2；4：B2；5：A；6：C；7：CLK；8：OE

右 1：G1；2：N；3：G2；4：N；5：B；6：N；7：LAT；8：N

HUB40 接口引脚如下（户外 P16 全彩）。

左 1：R1；2：B1；3：R2；4：B2；5：CLK；6：ST；7：OE；8：N

右 1：G1；2：N；3：G2；4：N；5：N；6：N；7：N；8：N

HUB39 接口引脚如下（户外 P12 全彩 1/2）。

左 1：S；2：L；3：R1；4：G1；5：OE；6：A；7：OE；8：A；9：B；10：C；11：S；12：B1

右 1：N；2：N；3：R2；4：G2；5：N；6：N；7：N；8：N；9：N；10：N；11：N；12：B2

1.5.2 LED 单元板扫描方式与控制信号

1. LED 单元板扫描方式

（1）LED 单元板扫描方式的区分。区分 LED 单元板扫描方式的一个最简单的办法就是，数一下单元板上 LED 的数目和 74HC595 的数量，再通过公式计算出 LED 单元板的扫描方式，单元板正面及背面图如图 1-19（a）所示，一共有 64×32 个单红的 LED 灯，16 个 74HC595（1 个 6025 相当 2 个 74HC595）。

计算方法：LED 的数目除以 74HC595 的数目再除以 8，64×32/16/8＝16 扫。

观察图 1-19（b）所示的单元板：32×16 个 LED 点，16 个 74HC595。

计算方法：LED 的数目除以 74HC595 的数目再除以 8，32×16/16/8＝4 扫。

如果采用相同的 LED，1/16 扫的亮度要比 1/8 高，户内的 LED 显示屏一般采用 1/16 扫，半户外的 LED 显示屏一般采用 1/16 或者 1/8 及 1/4 扫。对于放置在经常受到猛烈阳光照射环境的 LED 显示屏，最好采用 1/4 扫描。

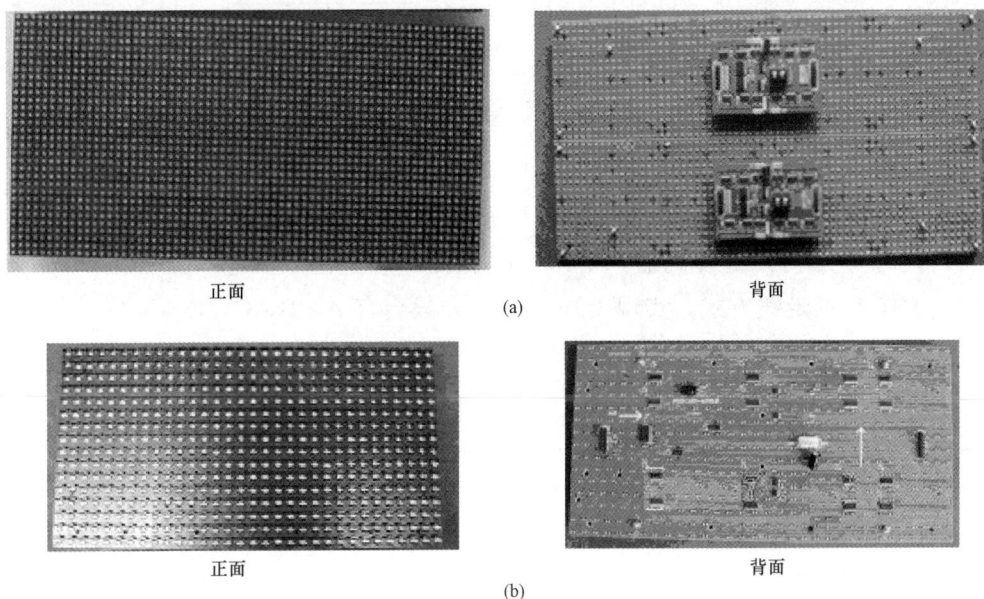

正面 背面
(a)

正面 背面
(b)

图 1-19 单元板正面及背面图
（a）16 扫单元板；（b）4 扫单元板

LED 显示屏行选择电路如图 1-20 所示，行选择电路作用在于选中并驱动相应的行，图中的 4953 芯片起到放大的作用。在图 1-20 所示电路中，从 HC245 芯片输出的 A、B、C、D 信号没有经 3-8 译码器直接连接到 4953 芯片（没有 3-8 译码器），该电路使用 A、B、C、D 共 4 根信号线做行选择。当 A 信号有效时，会选中 4 行。同理可得在 B、C、D 信号有效时，都会选中 4 行。扫描 4 次完成一个周期，因此为 1/4 扫描。换一个角度去理解该电路的扫描方式，电路总共控制 16 行，共用了 4 根信号线做选择，因此 4/16＝1/4，因此为 1/4 扫描电路。

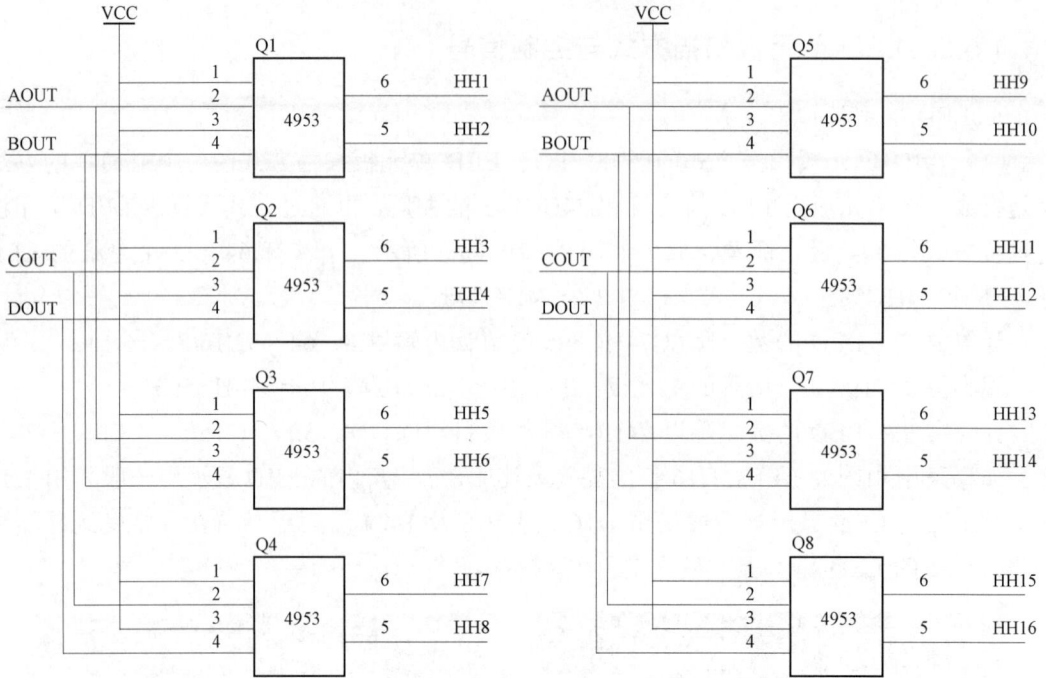

图 1-20　行选择电路

在判断电路的扫描方式时，在看 A、B、C、D 信号的同时，还要看有没有 3-8 译码器。如果有 A、B、C 信号，1 个 3-8 译码器，则为 1/8 扫描方式。如果有 A、B、C、D 信号，同时有 2 个 3-8 译码器，则为 1/16 扫描。

（2）1/16 扫描走线方式。实现 1/16 扫描，一般会有 A、B、C、D 4 路信号。然后可以选择 1 片 4-16 译码器或 2 片 3-8 译码器实现 16 行扫描，1/16 扫描走线方式见表 1-4。

表 1-4　　　　　　　　　　　　　1/16 扫描走线方式

1/16 扫描方式	16.0：直行走线，一路数据带 16 行	

（3）1/8 扫描走线方式。一般情况下电路板上都会有 A、B、C 3 路信号，然后选用 1 片 3-8 译码器即可实现 1/8 扫描。1/8 扫描走线方式见表 1-5。

表 1-5　　　　　　　　　　　　　1/8 扫描走线方式

1/8 扫描走线方式	8.0：直行走线，一路数据带 8 行	

1/8 扫描走线方式	8.1：上蛇走线，一路数据带 16 行，8 行折列	
	8.2：下蛇走线，一路数据带 16 行，8 行折列	

（4）1/4 扫描走线方式。一般情况下电路板上会有 A、B 共 2 路信号，然后选用 2-4 译码器即可。如果不选用译码器，则需要 A、B、C、D 共 4 路信号，即每路信号选中一行。1/4 扫描走线方式见表 1-6。

表 1-6　　　　　　　　　　　1/4 扫描走线方式

1/4 扫描走线方式	4.0：直行走线，一路数据带 4 行	
	4.1：上蛇走线，一路数据带 16 行，8 行折列	
	4.2：下蛇走线，一路数据带 16 行，8 行折列	
	4.3：上蛇走线，一路数据带 8 行，8 行折列	

续表

1/4 扫描走线方式	4.4：下蛇走线，一路数据带 8 行，8 行折列	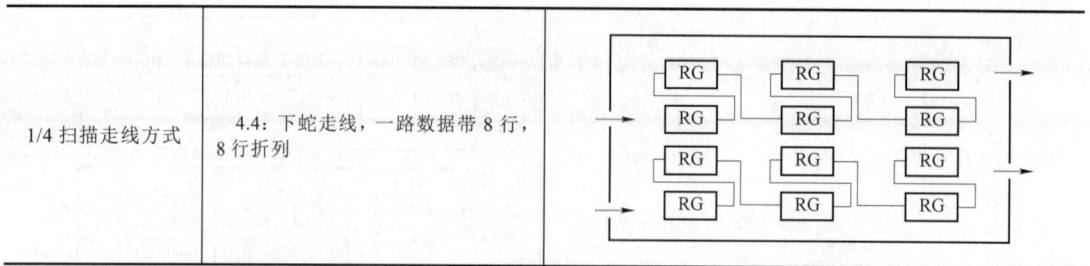

2. LED 显示屏控制信号

（1）LED 显示屏控制卡。LED 显示屏的控制卡是 LED 显示屏的核心部件。LED 显示屏控制卡负责接收来自计算机串行口的画面显示信息，置入帧存储器，按分区驱动方式生成 LED 显示屏所需的串行显示数据和扫描控制时序，分为同步 LED 控制卡和异步 LED 控制卡。

1）同步 LED 控制卡。主要用来实时显示视频、图文、通知等。主要用于室内或户外全彩大屏幕 LED 显示屏。同步 LED 控制卡控制 LED 显示屏的工作方式基本等同于电脑的监视器，它以至少 60 帧/s 更新速率点对点地实时映射电脑监视器上的图像，通常具有多灰度的颜色显示能力，可达到多媒体的宣传广告效果。其主要特点是：实时性、表现力丰富、操作较为复杂、价格高。一套同步 LED 显示屏控制卡一般由发送卡、接收卡、和 DVI 显卡组成。

2）异步 LED 控制卡又称脱机 LED 控制卡或脱机卡。主要用来显示各种文字、符号和图形或动画。画面显示信息由计算机编辑，经 RS232/485 串行口预先置入 LED 显示屏的帧存储器，然后逐屏显示播放，循环往复，显示方式丰富多彩，变化多样。其主要特点是：操作简单、价格低廉、使用范围较广。简易异步 LED 控制卡只可以显示数字时钟、文字、特殊字符。图文异步 LED 控制卡除具有简易控制系统的功能外，最大的特点是可以分区域控制 LED 显示屏幕内容。

（2）控制信号分布。LED 显示屏单元板背面如图 1-21 所示，图中芯片 A（HC245）起到信号放大的作用。其中芯片 A1（HC245）放大单元板上半部分的信号，即第一组 RGB 数据和第二组 RGB 数据。芯片 A2（HC245）放大单元板下半部分的信号，即第三组 RGB 数据和第四组 RGB 数据。芯片 A3（HC245）放大 ABCD 行信号、CLK 信号、SC 锁存信号，OE 控制信号。芯片 A4（HC245）将所有信号放大送至单元板输出接口。

图 1-21 中的芯片 B（TB62726）是 LED 驱动芯片，主要功能是控制单元板上的列显示。第 1 和 4 列芯片 B（TB62726）控制红色 LED，第 2 和 5 列芯片 B（TB62726）控制绿色 LED，第 3 和 6 列芯片 B（TB62726）控制蓝色 LED。1 个 TB62726 控制 16 列，一组有 3 个 TB62726，分别对应红、绿、蓝 3 种 LED。

图 1-21 中芯片 C（4953）的主要功能是控制单元板上的行显示，1 个 4953 控制 2 行，8 个控制 16 行。

图 1-21　单元板背面图

（3）信号走向分析。

1）CLK 信号，SC 锁存信号、$\overline{OE}$ 控制信号走向。输入—同时进入芯片 A3（HC245）、芯片 A4（HC245）—同时进入芯片 A2（HC245）、芯片 A1（HC245）—并联接入每个 TB62726 芯片。

2）ABCD 行信号走向：输入—同时进入红色的芯片 A3（HC245）、芯片 A4（HC245）—芯片 A3（HC245）输出接到 4 个 4953 芯片，芯片 A4（HC245）输出接到 4 个 4953 芯片。

3）RGB 数据信号走向：输入—第一组 RGB 数据和第二组 RGB 数据进入芯片 A1（HC245），第三组 RGB 数据和第四组 RGB 数据进入芯片 A2（HC245）—第一组 RGB 数据中 R1 数据串行进入芯片 B1（TB62726），芯片 B4（TB62726）；G1 数据串行进入芯片 B2（TB62726），芯片 B5（TB62726）。B1 数据串行进入到芯片 B3（TB62726），芯片 B6（TB62726）。其他组的 RGB 数据依次类推。

（4）HUB 转接板信号分布。HUB 转接板作为数据传输的最后一环，是将控制板发出的信号分成若干个支路的卡板，也叫作分线板。在一般情况下，由 LED 显示屏本身模组纵向数量决定的，图 1-22 为 HUB 转接板。

从图 1-22 中可以清楚地看到 LED 显示屏包含的各种信号，信号从 HUB 板出发，通过排线接到单元板或者模组上，完成数据的传输。除了数据信号是串行传输之外，其他信号都是并行传输。

1）CLK 时钟信号。提供给移位寄存器的移位脉冲，每一个脉冲将引起数据移入或移出一位。数据口上的数据必须与时钟信号协调才能正常传送数据，数据信号的频率必须是时钟信号的频率的 1/2 倍。在任何情况下，当时钟信号有异常时，会使整板显示杂乱无章。

图 1-22　HUB 转接板

2）STB 锁存信号。当一路数据传输完毕时，STB 锁存信号有效，将移位寄存器内的数据锁存，并将数据的内容通过驱动电路点亮 LED 显示出来。但由于驱动电路受 EN 使能信号控制，其点亮的前提必须是使能为开启状态。锁存信号也须要与时钟信号协调才能显示出完整的图像。在任何情况下，当锁存信号有异常时，会使整板显示杂乱无章。

3）EN 使能信号。EN 使能信号是整个 LED 显示屏亮度的控制信号，也用于 LED 显示屏消隐。只要调整它的占空比就可以控制亮度的变化。当使能信号出现异常时，整屏将会出现不亮、暗亮或拖尾等现象。

4）颜色数据信号。颜色数据信号提供显示图像所需要的数据，必须与时钟信号协调才能将数据传送到任何一个显示点。通常在 LED 显示屏中，红、绿、蓝的数据信号分开，若某数据信号短路到正极或负极时，则对应的该颜色将会出现全亮或不亮，当数据信号被悬空时对应的颜色显示情况不定。

5）ABCD 行信号。只有在动态扫描显示时才存在，ABCD 其实是二进制数，A 是最低位，如果用二进制表示 ABCD 信号控制最大范围是 16 行（0000－1111）。如果用二进制表示 AB 信号分别是 00、01、10、11 四种状态，控制最大范围是 4 行，通过 IC138D 解码后对应一个输出端，即四选一，所以也叫 1/4 扫描。当行控制信号出现异常时，将会出现显示错位、高亮或图像重叠等现象。

单色 P10 模组的工作过程分析如下。

AB 是行扫描数据信号，A 从输入插针至 IC245 的 2 脚，经放大整形后从 18 脚输出，一路直接接到输出排针 A 引脚上；另一路输入至 IC138 的 1 脚；B 从输入插针至 IC245 的 3 脚，经放大整形后从 17 脚输出，一路直接接到输出排针 B 引脚上，另一路输入至 IC138 的 2 脚。

IC138D 为八位二进制译十进制译码器，P10 模组只有 A 和 B，即只有四种状态分别是 00、01、10、11 对应的输出是分别是 15 脚、14 脚、13 脚、12 脚，也即四选一，因此也叫 1/4 扫描。IC138D 受 $\overline{OE}$ 使能信号的控制，$\overline{OE}$ 连接到 IC138 的第五脚，低电平有效，只有在 $\overline{OE}$ 信号的作用下才会有输出，因此控制 $\overline{OE}$ 信号的作用时间长短（即占空比）即可调节 LED 显示屏的亮度。$\overline{OE}$ 信号是从输入插针至 IC245 的 4 脚，由 IC245 的 16 脚输出，再经 IC74HC04 反相，因此在 LED 显示屏控制系统软件设置中应选择为高电平有效。

IC4953 为行启动 IC，内部是两个相互独立的 CMOS 大功率管，1、2、7、8 脚为第一组，3、4、5、6 脚为第二组，1、3 脚接电源正极，2 脚为第一组的控制信号输入端，4 脚为第二组的控制信号输入端，7、8 脚为第一组的输出端（并联在一起主要是为满足大电流及散热的需要），5、6 脚是第二组的输出端。一个 IC4953 控制两行，四个 IC4953 共控制八行，并且第一行与第五行是同一个启动信号同时执行的，第二行与第六行是同一个启动信号同时执行的，第三行与第七行是同一个启动信号同时执行的，第四行与第八行是同一个启动信号同时执行的，即每四行一个折返（或叫交换），所以在 LED 显示屏控制系统中选择启动方式时应选择对应的启动程序。另外第一和第九行、第二和第十行、第八行和第十六行是相通的。每一行都与电源负极连接一个 100Ω 电阻，起恒压作用。

CLK 为时钟信号，从 IC245 的 5、6 脚输入，分成 CK1 和 CK2，CK1 从 IC245 的 15 脚输出之后直接至输出排针的 CLK；CK2 从 IC245 的 14 脚输出之后连接至每一个 IC595 的 11 脚。

STB 为锁存信号从 IC245 的 7、8 脚输入，分成 ST1 和 ST2，ST1 从 IC245 的 12 脚输出之后直接至输出排针的 STB；ST2 从 IC245 的 13 脚输出之后连接至每一个 IC595 的 12 脚。

R 为红色列数据信号，R 从 IC245 第 9 脚输入，IC245 第 11 脚输出至第一排第一个 IC595 的 14 脚，并从该 IC 的 9 脚输出。再到第一排第二个 IC595 的 14 脚，并一直循环下去，最后在末端 IC595 的 9 脚出至输出插针的引脚上。

第2章 LED显示屏安装及辅助设计

2.1 LED显示屏箱体及安装方式

2.1.1 LED显示屏箱体

1. LED显示屏外框结构及外装饰

LED显示屏的外框结构在设计上是由显示屏的安装要求和显示面积大小以及周围环境颜色而定,在保证有足够的安装强度的前提下,尽量减少显示屏的安装质量。对于室内LED显示屏外框通常有三种做法。

(1)茶色铝合金外框结构简单,外框颜色接近显示屏底色。

(2)铝合金外包不锈钢框架,采用拉丝不锈钢,美观、大方。

(3)钣金一体化结构,其颜色为索尼灰,容易被视觉接收。另外在整体结构方面比较紧凑,没有缝隙。其缺点是对LED显示屏的面积大小有要求。

对于户外LED显示屏为保证有足够的安装强度,其外框均为钢结构,外装饰通常根据现场情况以及用户要求选用,通常采用外包铝塑板,其优点如下。

(1)铝塑板颜色多样、品种丰富,可以根据不同要求选购。

(2)铝塑板表面质量高,粗糙度小。

(3)铝塑板可以实现胶缝拼接,表面可以等距离布置线条,合乎美观要求。

2. LED显示屏箱体分类

LED显示屏箱体按使用方式分为两种:一种是防水型LED显示屏箱体,另一种是简易型LED显示屏箱体。防水型箱体一般用于户外LED显示屏,有防水、防尘、防风功能,这些防护功能都有一定的国际标准IP,现在一般的防护等级为IP65、IP68。简易型箱体一般用于室内或者半户外LED显示屏,没有防水功能。

LED显示屏箱体按材料分为铁箱体(冷轧板,厚度1.0、1.2、1.5mm)、铝箱体(5052,厚度2mm)。

LED显示屏箱体按防护分为户内密封箱体、户外防水箱。

LED显示屏箱体按安装方式分为架装箱体、吊装箱体、嵌入箱体。

LED 显示屏箱体按维护分为后维护箱体、前维护箱体，前维护箱体的最大的特点就是维护更换配件十分方便，维修人员可以直接从户外 LED 显示屏前方将屏体打开，进行维护。

LED 显示屏箱体按结构分为标准箱体、异型箱体。

3. LED 显示屏组装

较小屏幕的 LED 显示屏，是在工厂组装成整屏；屏幕较大时，按单元板发货。由工程人员在现场组装。组装时，先将单元板和电源分别固定在板筋背条上，进而拼装成屏体。在组装箱体结构的 LED 显示屏时，首先将做好的 LED 显示屏模组单元安装在单个箱体上，然后再将单个箱体拼接安装在整个 LED 显示屏钢结构上，组成一整块 LED 显示屏，LED 显示屏单个箱体之间的连接片能够确保 LED 显示屏各箱体单元之间连接牢固。箱体与箱体之间采用定位销定位、锁紧机构拉紧，都能使安装更加精密、准确，保证箱体上下、左右之间的 LED 间距在实际误差要求范围之内，从整体上保证了 LED 显示屏整个屏体的显示效果。

2.1.2　LED 显示屏安装方式及注意事项

1. 简易框架结构显示屏安装方式

LED 显示屏是一个六面体，只有正面是显示屏，不能进行受力连接，其他五个面皆可以进行受力连接。

1）背部：利用背部进行安装的常用方式有壁挂，还有整体固定于墙体上。

2）顶部：利用顶部进行安装的常用方式有吊装。

3）两侧：利用两侧进行安装的常用于两个柱体之间的屏体安装。

4）底部：利用底部进行安装的常见于独立的柱体支撑，还有基座安装。

5）混合式：受力点不止一面，通常是两面以上的协同受力，常用方式有嵌入式。

（1）挂装。挂装的 LED 显示屏是在墙体上做一个受力点，将 LED 显示屏挂于墙壁之上，利用墙体作为固定支撑。挂装适用于户内或者半户外 10m^2 以下的 LED 显示屏，墙体要求是实墙体或悬挂处有混凝土梁。空心砖或简易隔挡均不适合此安装方法。

在安装挂装式 LED 显示屏时，首先将连接件（角铁）用膨胀螺丝固定在墙体上，测量并保证同一高度的连接件在一条水平线上。将框架（装有电源）悬挂在上面，测量对角保证框架无变形。用自攻螺丝将框架与连接件进行固定。然后安装并连接带有吸盘磁铁的单元板，通过调节吸盘的高度保证整个 LED 显示屏的平整度。

普通挂装适用于屏体总质量小于 50kg 的 LED 显示屏，屏体显示面积小的一般不留维修通道空间，整屏取下进行维修，或者做成折叠一体式框架，屏体面积稍大一些，一般采用前维护设计（即正面维护设计，通常采用列拼装方式）。普通挂装示意图如图 2-1所示，贴墙挂装如图 2-2 所示。

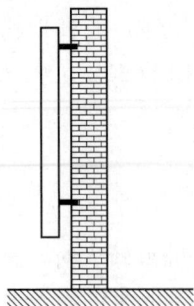

图 2-1　普通挂装　　　　　　　图 2-2　贴墙挂装

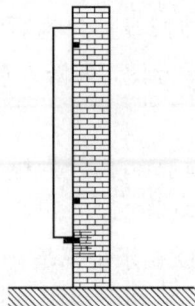

（2）架装。架装适用于 10m² 以上的 LED 显示屏，且便于维修，墙体要求是实墙体，带有钢骨架的大理石墙面或悬挂处有混凝土梁。其他具体要求同贴墙挂装一样，架装示意图如图 2-3 所示。由于框架距离墙体有一定距离，受重力影响，考虑到框架会向墙体倾斜，所以在距离框架底部相应的位置要做支撑架。

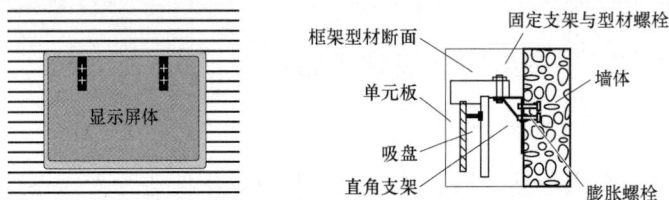

图 2-3　架装示意图

（3）吊装。吊装是将 LED 显示屏屏体吊挂于预制的钢结构上，适用于车站、机场等大型场所起到指示标牌作用的 LED 显示屏，也会在舞台、室外没有墙体依托的情况下采用，临时使用的 LED 显示屏采用吊装方式有明显优势。

吊装适用于面积 10m² 以下、质量不应大于 50kg 的 LED 显示屏，此安装方式必须要有适合安装的地点，如上方有横梁或过梁。且屏体一般需要加后盖，显示屏箱体采用正面维护设计，维修时将显示屏从底部掀开即可。吊装示意图如图 2-4 所示。如果 LED 显示屏上面是横梁或者过梁，可用膨胀螺丝将准备好的带有全螺纹的吊杆固定好，吊杆长度根据现场情况而定，并套与屏体颜色一致的法兰和不锈钢管。如果 LED 显示屏上面是棚顶的钢梁，此时采用钢丝绳进行吊装。将带有穿孔的框架悬挂在上面，用螺丝或者

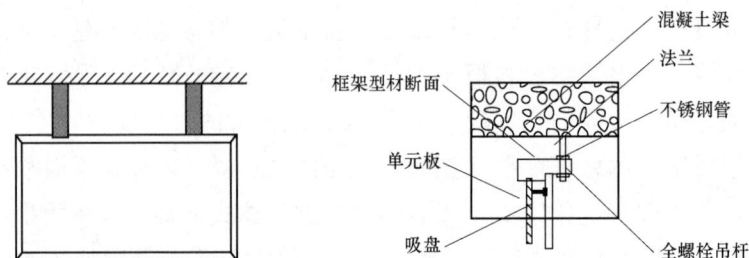

图 2-4　吊装示意图

钢丝绳夹固定，测量对角保证框架无变形。然后安装并连接准备好的带有吸盘磁铁的单元板。若室内为承重混凝土屋顶，可采用标准吊件，吊杆长度视现场情况而定。

（4）座装。将 LED 显示屏安装在平台上，除需制作屏体钢结构外，还需制作混凝土座，主要考虑基础的地质状况，座装安装示意图如图 2-5 所示。

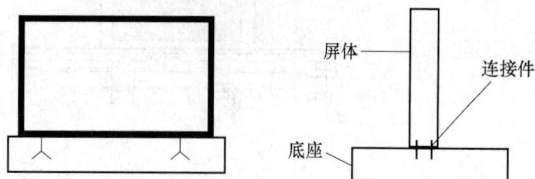

图 2-5　座装示意图

1）可移动座装：指座架单独加工而成，放置于地面，可以移动。

2）固定式安装：指座架是与地面或墙面相连接的固定式座架。

无论是移动还是固定式，在安装前要用水平尺测量座架保证水平。

2. 户外箱体结构显示屏的安装方式

户外环境不仅对 LED 显示屏的质量要求高，也对 LED 显示屏的安装提出较高的要求，其安装方式会因户外场所的不同而不同，户外 LED 显示屏主要分为以下几种安装方式。

（1）落地支撑式。落地支撑式安装方式适用于无固定地点安装的 LED 显示屏，如将 LED 显示屏安装于固定的水泥平台上，落地支撑式安装方式示意图如图 2-6 所示。

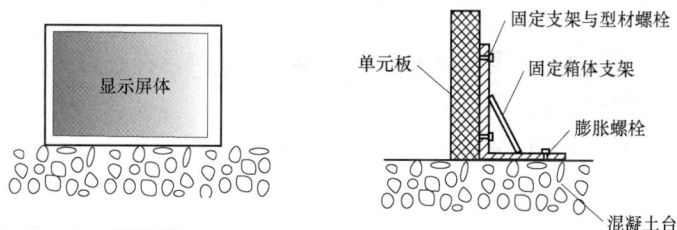

图 2-6　落地支撑式安装方式示意图

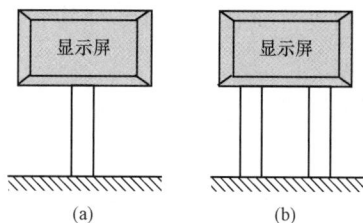

图 2-7　立柱式安装方式
(a) 单柱安装方式；(b) 双柱安装方式

（2）立柱式。在周围无墙体或可利用的支撑点时，可采用立柱式安装方式，但立柱式安装方式对钢结构的要求较高，户外 LED 显示屏多采用立柱式安装方式，如高速公路旁边的户外 LED 屏多数都是采用立柱式安装方式。立柱式安装方式分为单柱和双柱，如图 2-7（a）、（b）所示。单立柱安装方式适用于显示面积小的 LED 显示屏，双立柱安装方式适用于显示面积大的 LED 显示屏。封闭式维护通道适用于简易箱体，敞开式维护通道适用于标准箱体。

（3）屋顶式。在城市广场安装的 LED 显示屏多采用屋顶式安装方式，即在广场周围的建筑物屋顶上安装 LED 显示屏，屋顶式安装方式示意图如图 2-8 所示。

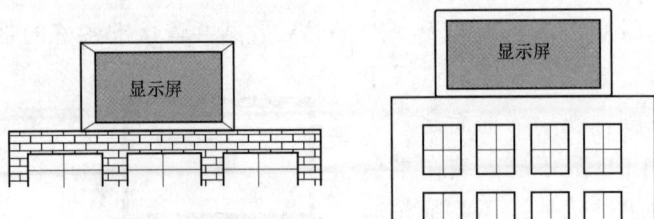

图 2-8　屋顶式安装方式

（4）镶嵌式。镶装结构是在墙体上预留安装洞或开洞，将 LED 显示屏镶在其内，要求洞口尺寸与显示屏外框尺寸相符，并做适当装修，为便于维修墙体上的洞口必须是贯通的，否则需采用前维护箱体的 LED 显示屏。内嵌式安装方式一般是在墙体上加装钢结构，然后以钢结构为支撑嵌入户外 LED 显示屏，主要是安装场所是大楼外墙，镶嵌式安装示意图如图 2-9 所示。

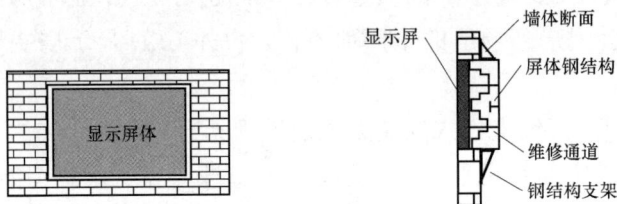

图 2-9　镶嵌式安装示意图

以上 4 种安装方式的 LED 显示屏的屏体框架结构是一致的，只是受力支撑点不一样。LED 显示屏对屏体框架的要求如下。

（1）LED 显示屏的屏体后面至少留有 600mm 的空间作为维修通道，每隔 3~4 个箱体的高度要有一层维修通道，以便于安装和维修。

（2）上下层维修通道之间要焊接梯子。

（3）每一层维修通道要有照明。

（4）确保固定箱体的方钢与箱体接触面保持在同一个水平面上。

（5）在箱体式 LED 显示屏组装时，箱体之间通过定位销进行定位，通过连接片和螺丝进行拉紧，以保证箱体与箱体之间的平整度。

（6）安装的 LED 显示屏要左右水平，不准许前倾、后倾，吊装的要加装上下调节杆，壁挂安装前要装前倾脱落钩，落地安装要加定位支撑螺栓。

3. LED 显示屏土建基础

LED 显示屏土建基础是承载户外 LED 显示屏屏体的基座，其功能主要是两个方面：一是将屏体重力均匀承载于地基上，防止屏体沉降；二是平衡屏体所受风载，防止屏体倾覆。LED 显示屏土建基础主要由地基部分、承台、钢筋混凝土基础、预埋件、回填土几部分构成。

LED 显示屏土建基础中的预埋件是将预先制作的钢结构件在混凝土灌注时一起埋入混凝土中，这样可以为以后的外部构件安装提供坚固的基础，常用的预埋件有预制螺杆、预制钢板等。

在户外 LED 显示屏土建基础工程中一般需要附加防雷接地，基本的做法是在地基施工时，用一定规格的扁钢焊接成网格状接地网，将接地网埋入地基中，并且将地基土壤做一定的处理，使之电阻下降达到防雷接地的要求，然后将混凝土中的钢筋与其多点焊接，并且用扁钢多点引出地面，以便和钢结构进行连接，使整个构件具备防雷接地。接地电阻的测量一般采用接地电阻测量仪，阻值一般要求小于 10Ω。

4. LED 显示屏钢结构框架

LED 显示屏钢结构框架工程是显示屏安装的基本工程，显示屏部件通过钢结构框架将屏体牢固拼接成为一个整体，并且将屏体和建筑主体连接在一起，承载屏体的质量和所受的其他外力，同时还是其他设备、外装饰的安装基础。

钢结构框架主要由钢柱支撑（主要用于立柱结构）、底座（主要用于落地安装）、屏体主框架、连接紧固件几部分构成，钢柱支撑主要用于立柱式安装，钢柱支撑底部和土建基础通过预埋件连接，起到承托上部屏体的作用，制作方式是采用规定厚度的钢板弯卷焊接而成。

屏体主框架主要采用焊接的方式制作，也可采用预制件螺栓连接。主要是 3 个部分：屏体固定结构、装饰包边结构、后部维修结构（针对大的屏体）。

5. LED 显示屏外装饰材料

LED 显示屏外装饰工程是利用结构连接件或者粘结剂将装饰材料固定到钢结构框架的外部，使之达到一个美观大方的外形，并且达到防水（针对户外）等防护目的。常用装饰材料如下。

（1）不锈钢。一般装饰使用的不锈钢主要有亚光拉丝不锈钢、镜面不锈钢，可以根据客户要求选用。常用的厚度有 0.8、1.0、1.2、1.5mm 等，一般是根据包边面积大小决定材料厚度。

（2）铝（扣）板。铝板是选用铝合金板材通过机械方式压制成固定大小，通过连接件固定到钢结构框架上，颜色可以选用多种，缺点在于成本较高，大小需预先做好，现场不易更改。

（3）铝塑板。是十分常用的一种装饰材料，结构是在塑料基板上覆盖一层薄铝层，在外露面的漆层面采用氟碳喷涂的方式进行保护，优点是颜色较多，耐候性好，质量轻，易于现场制作。常用的规格有户内板、户外板；厚度有 3mm（户内）和 4mm（户外）。

（4）其他材料。常用的其他装饰材料有玻璃胶、耐候密封胶，结构密封胶、铝方管、木龙骨、木夹板等，这些材料主要是作为外装饰板的基板和密封、防水。

6. 安装 LED 显示屏应注意的事项及安全问题

（1）安装 LED 显示屏应注意的事项。在 LED 显示屏安装时应注意以下事项。

1）确定 LED 显示屏安装位置。在 LED 显示屏安装现场确定在某个墙面上、梁下，柱体之间安装 LED 显示屏，反映在图纸上就是在平面图上确认屏体左右的柱梁标号，立面图上确认屏体的底部标高。

2）确定现场的屏体安装受力点。通过现场观察、询问用户相关人员、查阅建筑土建相关图纸，确定屏体的承载受力点（面）。

3）LED 显示屏本身的防水措施。安装在户外的 LED 显示屏经受日晒雨淋，风吹尘盖，工作环境恶劣。电子设备被淋湿或严重受潮会引起短路故障甚至火灾，造成损失。LED 显示屏的屏体与屏体之间、屏体与建筑的结合部必须严格防水防漏；屏体要有良好的排水措施，一旦发生积水能顺利排放。

4）LED 显示屏工作时本身要产生一定的热量，如果环境温度过高又散热不良，集成电路可能工作不正常，甚至被烧毁，从而使 LED 显示屏无法正常工作。为此，LED 显示屏应安装通风降温设备，使屏体内部温度保持在 −10～40℃。

5）确定配套设备的安装：主要是音箱的安装位置。

（2）安装 LED 显示屏时应注意的安全问题。在安装 LED 显示屏时应注意以下安全问题。

1）LED 显示屏的亮度过高。LED 显示屏若安装在路边，如果亮度适中可以给行人及车辆提供各类信息，如果 LED 显示屏的亮度过高，会让人们觉得很刺眼，影响驾驶车辆司机的视觉，可能会引发交通事故，因此 LED 显示屏应具有根据环境的亮度自动调整亮度功能。

2）钢结构不够结实。安装 LED 显示屏用的钢结构，其结构设计要合理，在安装过程焊接要达到标准要求，并要做好防腐处理，设计和安装中要考虑到强降雨、雷雨大风天气和抗震等级，以保证钢结构稳定安全。

3）防火防雷。LED 显示屏是由电路板、塑胶底壳和面罩组成。如果电路板短路，或散热处理不好，会引起火灾。生产 LED 显示屏时，要使用防火材料，可防止出现火灾危害。因此，LED 显示屏材料的防火性能、屏体内部散热功能都要重点考虑。

7. LED 显示屏监控项目

为确保 LED 显示屏具有良好的可维护性，LED 显示屏应配有箱体工作状态监测软件，通过它可以随时远端监测各个箱体的工作状态，通常 LED 显示屏监控的项目有如下几种。

（1）电源监视。为减小大功率 LED 显示屏启动时对电网的冲击，LED 显示屏的电源分几步延时上电，并在 PLC 控制界面上的故障报警状态框里有各路电源上电状态的报警指示灯。

（2）温度监控。控制器的监控界面可对 LED 显示屏内的温度实时显示，在自动状态下，当 LED 显示屏内的温度超过 65℃，监控界面将提示温度过高，同时控制器发出报警声，系统将自动断电，以防发生火灾。

（3）消防监控。LED 显示屏内应装有若干烟雾探测器，当 LED 显示屏内有火情发生时，控制器的监控界面上也将有相应的提示信息，并发出报警声，同时系统将自动断电。

（4）实现远程实时视频监控，在有互联网的地方可以随时看到现场屏幕的播出情况，并可以实现手机监控，随时随地的查看屏幕情况。

2.2　LED 显示屏辅助设计

2.2.1　LED 显示屏环境防护

LED 显示屏在环境防护设计方面应满足防水、防潮、防尘、防腐蚀、防燃烧和防工业干扰等，电气防护设计方面应满足过流、短路、断路、过压、欠压等，并满足防静电、防电磁干扰、抗震动、抗雷击等要求。

LED 显示屏所涉及的产品都应经过防水、防潮、防尘、防燃烧、防腐蚀、防霉等处理，通过盐雾试验，均应达到国家工业标准，符合盐雾试验要求，即：在污染严重的条件下，LED 显示屏也能够长期正常使用。

1．LED 显示屏工作的物理环境

每种 LED 显示屏都有自己的环境技术条件，在选用时要对环境条件给予充分的考虑。LED 显示屏整体结构紧凑、自身散热量较大，因此 LED 显示屏对安装环境的温度、湿度和尘含量的要求较高，在设计时必须为 LED 显示屏提供一个良好的运行环境。

LED 显示屏的工作环境若达不到 LED 显示屏对工作环境的要求，将造成 LED 显示屏有较高的故障率，影响长期、可靠、安全地运行，以致造成不必要的经济损失，为保证 LED 显示屏工作的可靠性，尽可能地延长其使用寿命，在安装时一定要注意周围的环境，其安装场合应该满足以下几点。

（1）工作温度。LED 显示屏内部的电子元器件易受到工作温度的影响，各生产厂家对 LED 显示屏的环境温度都有一定的规定，一般要求为 0~55℃，但为了保证工作安全、可靠，使用时应考虑留有余地，最好控制在 40℃ 以下。对于非强制冷却的自然冷却的 LED 显示屏，因其屏内温度可能会比屏外温度高出 10~15℃ 以上，应针对安装的场所及屏内的发热问题采取对策，以确保屏内的温度不超过 LED 显示屏的工作温度范围。

LED 显示屏四周通风散热的空间应足够大，不要把 LED 显示屏安装在阳光直接照射的场所。LED 显示屏的屏体应有通风的百叶窗，如果屏内温度太高，应该在屏内安装风扇强迫通风。

（2）环境湿度。湿度太高且湿度变化较大时，LED 显示屏内部易出现结露现象，其绝缘性能就会大大降低，甚至可能引发短路事故。必要时，必须在 LED 显示屏的屏体中增加干燥剂和加热器。为了保证 LED 显示屏的绝缘性能，空气的相对湿度应小于 85%（无凝露）。如果受安装场所的限制，LED 显示屏不得已安装在湿度高的场所，LED 显示屏应采用密封结构，为防止 LED 显示屏停止时结露，需加对流加热器。

（3）腐蚀性气体。不宜把 LED 显示屏安装在有大量污染物（如灰尘、油烟、铁粉等）、腐蚀性气体的场所，LED 显示屏安装环境如果腐蚀性气体浓度大，不仅会腐蚀元器件的引线、印制电路板等，而且还会加速塑料器件的老化，降低绝缘性能，在这种情况下，应把 LED 显示屏的屏体设计为封闭式结构，并进行换气。

（4）爆炸性和燃烧性气体。不宜把 LED 显示屏安装在有爆炸性和燃烧性气体的场所，因 LED 显示屏内有易产生火花的继电器，所以有时会引起火灾或爆炸事故。如果 LED 显示屏周围存在粉尘和油雾时，这些气体在 LED 显示屏上附着、堆积将导致绝缘降低；对于强迫风冷的 LED 显示屏，由于过滤器堵塞将引起 LED 显示屏内温度异常上升，致使 LED 显示屏不能稳定运行。对于空气中有较多粉尘、大量铁屑的环境，如果 LED 显示屏只能安装在这种场所，在温度允许的条件下，应将 LED 显示屏的屏体设计为密封结构。

（5）振动和冲击。LED 显示屏应安装在远离有强烈振动和冲击的场所，尤其是连续、频繁的振动。必要时可以采取相应措施来减轻振动和冲击的影响，以免造成接线或插件的松动。LED 显示屏受到机械振动和冲击时，会引起电气接触不良。这时除了提高屏体的机械强度、远离振动源和冲击源外，还应使用抗振橡皮垫固定 LED 显示屏及屏内可能产生振动的元器件。

LED 显示屏的耐振性因类型的不同而不同，振动超过 LED 显示屏的容许值时，将产生部件紧固部分松动以及继电器等的可动部分的器件误动作，往往导致 LED 显示屏不能稳定运行。当使用环境不可避免振动时，必须采取减振措施，如采用减振胶垫等。

（6）LED 显示屏应用的海拔标高多规定在 1000m 以下，标高高则气压下降，容易产生绝缘破坏，另外标高高冷却效果也下降，必须注意 LED 显示屏的温升。

（7）操作空间。在设计 LED 显示屏的屏体时，要考虑到使用及可操作性、同时还要考虑到维护等操作，因此应注意以下内容。

1）要留有易于操作和更换模块的空间，还应考虑安装和维护工具操作的方便性。

2）要考虑到维护操作的安全性。

2. LED 显示屏工作的电气环境

LED 显示屏工作的电气环境包括：频率变化、电压变化、电压不平衡、电源阻抗、电源谐波及一些异常条件等，如频率变化限值为 $f_{LN} \pm 2\%$；额定输入电压的变化限值为 $\pm 10\%$；电源电压不平衡度不超过基波额定输入电压（U_{LN1}）3%。在安装时一定要注意 LED 显示屏的电气环境，其安装场合应该满足以下几点。

（1）LED 显示屏对于电源线带来的干扰具有一定的抵制能力，在可靠性要求很高或电源干扰特别严重的环境中，可以安装一台带屏蔽层的，变比为 1:1 的隔离变压器，以减少设备与地之间的干扰。

（2）防止电磁波干扰。LED 显示屏工作环境中的干扰电磁波，对 LED 显示屏的输入、输出有一定的干扰。因此，安装在有强电磁波环境中的 LED 显示屏的屏体应选用金属外壳，以屏蔽外界的电磁干扰。LED 显示屏的接地端要可靠接地，在外部电磁干扰严重的环境，LED 显示屏的输入、输出线应选用屏蔽电缆，且屏蔽层应接地。

（3）防止 LED 显示屏电源输入端过电压。LED 显示屏的电源输入端应设有过电压保护，但是，如果输入端高电压作用的时间长，也会使 LED 显示屏电源输入端损坏。因此，在实际应用中，要核实 LED 显示屏的输入电压、相数和 LED 显示屏应使用的额定电压。为 LED 显示屏提供独立的供电回路，并尽量避免与有冲击性质负载共用一台变压器供电。

（4）为了避免其他外围设备的电磁干扰，LED 显示屏应尽可能远离高压电源线和高压设备，LED 显示屏与高压设备和电源线之间应留出至少 200mm 的距离。

（5）LED 显示屏应远离强干扰源，如大功率晶闸管装置、高频设备和大型动力设备等，同时 LED 显示屏还应该远离强电磁场和强放射源，以及易产生强静电的地方。

3. LED 显示屏防火技术

防火原材料主要包括 LED 显示屏内部的使用的线材、电源，外部防护结构防火材料和塑胶套件这四个方面。

（1）在大部分 LED 显示屏应用中，LED 显示屏的单位面积显示越大，其用电量越大，对线材的通电稳定性也具有更高的要求。在众多线材产品中，使用符合国标要求的线材才能够保证其安全稳定性，其要求有三点：线芯为铜线导电载体、线芯截面积公差在标准范围值、包裹线芯的胶皮的绝缘性和阻燃性达到标准，相对一般的铝线芯、线芯截面积偏小、绝缘胶皮等级不够的线材，通电性能更稳定，不容易发生短路情况。

（2）通过 UL 认证的电源产品也是选择同类产品时的最佳选择，其有效的转换率能保证电源负载安全和稳定，在外部环境温度高的情况下，也能正常工作。

（3）在 LED 显示屏外部防护结构的材料方面，市场上防火等级较高的 LED 显示屏产品大都是采用防火铝塑板，其耐火性优异，防火阻燃性也极强，常规的铝塑板随着高温、雨淋冷热冲击老化较快，在比较潮湿的气候季节雨露容易渗入屏体内部导致电子元器件短路引起火灾。

（4）LED 显示屏防火原材料还有一个重要部分，那就是塑胶套件，塑胶套件主要是单元模组面罩底壳的使用材料，主要使用原料是具有阻燃功能的 PC＋玻纤材料，不仅具有阻燃功能，更能在高低温下和长期使用时，不变形，不会变脆开裂，同时结合密封性较好的胶水使用，能有效地阻挡外部环境的雨水透进内部从而引起短路发生火灾。

除了内部的原材料会影响防火效果，外部的配置和设计同样也非常重要，但是外部的配置主要涉及防火问题中的散热，在 LED 显示屏工作同时会配置排风扇和空调对屏体内部进行散热降温，建议每 8～10m² 装配 1P 的空调，以保证屏体内的温度保持正常恒温，空调或排风扇配置不到位会造成散热处理不均匀，容易导致因温度升高而引起屏体内部安全隐患。同时很多 LED 企业在进行箱体的防护等级测试时，只是简单模拟了外部环境的喷淋防水测试，防水效果持久性和强度上有待考证，所以造成在 LED 显示屏产品使用过一段时间之后就有渗水的情况发生，这是户外 LED 显示屏容易发生火灾或使用寿命短的重要原因。在应对雷雨天气时，屏体内设置的避雷器是避免雷电强击而损坏屏体内部器件的必备器件，避雷器可以直接将雷电导入地面，而不会对屏体产生影响。

2.2.2　LED 显示屏的配电系统设计

1. LED 显示屏对配电系统的要求

LED 显示屏对配电系统的一般要求如下。

（1）LED 显示屏整屏最大功率小于 10kW 时，一般采用交流单相三线制供电。10kW 以上的 LED 显示屏要采用交流三相五线制供电。采用 AC220V 供电时，要求电网电压波动小于 10%，并提供良好的系统接地。采用 220V 市电供电的导线有：相线、中性线、接地线；采用 380V 市电供电的导线有：三相线、中性线、接地线；相线与中性线导线截面积相同。

（2）LED 显示屏屏内的检修照明，应采用 36V 及以下的安全电压。

（3）LED 显示屏配电系统的每一单相回路的电流不宜超过 16A。

（4）LED 显示屏的检修电源插座应单独设回路。

（5）LED 显示屏的空调应单独设回路。

LED 显示屏的配电系统应采用放射式布线，其优点是配电线路相对独立，发生故障时互不影响，供电可靠性高。但由于放射式布线需要设置的回路较多，因此耗材都相对要多，一次性投资较大。LED 显示屏强电供电常用的供电系统有三相五线制（TN－S 系统）、三相四线制、单相三线制。

（1）三相五线制是供电系统提供三相（A、B、C）电压，一个零线（N），一个保护接地线（PE），相电压为 380V，相零电压为 220V，供显示屏使用。

（2）三相四线制是三相五线制中没有提供保护接地线，常用于没有金属外壳的设备，无需外壳保护接地，常用于照明，通常是不能用于显示屏供电。

（3）单相三线制是三相五线制的简化版，供电系统提供单相电压，其他同三相五线制。常用于用电功率较小的 LED 显示屏，一般不超过 6～8kW。

LED 显示屏的单相 3 线（1 根相线、1 根零线、1 根地线）、三相 5 线（3 根相线、1 根零线、1 根地线）配电系统如图 2－10 所示。在三相五线制低压供电系统中，零线由变压器二次侧中性点引出的，而二次侧中性点又直接接地与大地零电位连接，因此称之为零线。它既是工作零线，又是保护零线，现在称为 PEN 线，其中 PE 是保护零线，N 是工作零线，合起来就是 PEN 线，PEN 线表示工作零线兼作保护零线，俗称"零地合一"。

2. 断路器选择

LED 显示屏一般用二极（即 2P）断路器作总电源保护，用单极（1P）作分支保护。断路器的额定电流如果选择的偏小，则断路器易频繁跳闸，引起不必要的停电，如选择过大，则达不到预期的保护效果，因此 LED 显示屏配电系统断路器的正确选择是很重要的。一般小型断路器规格主要以额定电流区分有：6、10、16、20、25、32、40、50、63、80、100A 等。

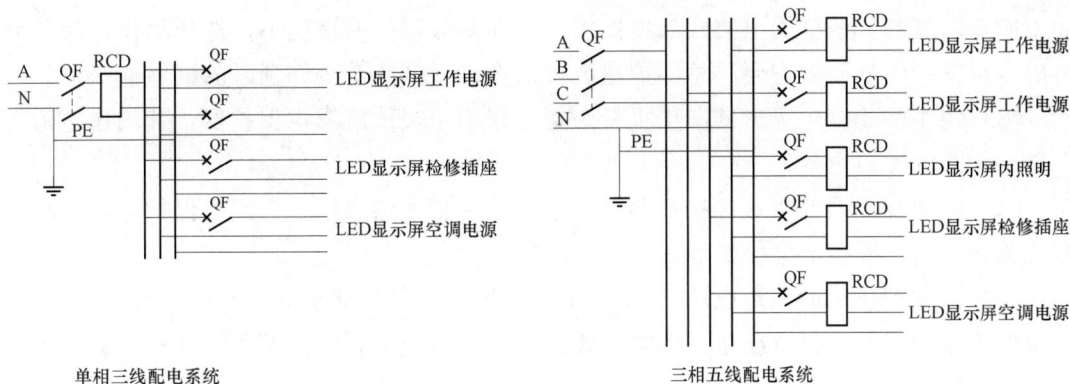

图 2－10　LED 显示屏配电系统

（1）纯电阻性负载。计算纯电阻性负载的电流时，可用注明功率直接除以电压：$I=$功率/220V。

（2）感性负载。计算感性负载的电流稍微复杂，要考虑消耗功率，具体计算还要考虑功率因数等。为便于估算，给出一个简单的计算方法，即一般感性负载根据其注明负载计算出来的值再翻一倍即可。

总负荷电流为各分支电流之和，计算出分支电流和总电流后，就可以按计算的电流值选择分支断路器及总断路器的规格，并验算已选择断路器的规格是否符合安全要求。

为了确保安全可靠，断路器的额定工作电流一般应大于 2 倍所需的最大负荷电流。为了确保安全、便于检修在设计分支供电电路时，应符合以下要求。

（1）LED 显示屏的工作电源、屏内照明电源应与检修插座支路分开。这样做的目的有两个：一个是各自支路出现故障时不会相互影响；另一个是有利于故障原因的分析和检修。

（2）对于空调器应有独立支路供电；支路铜导线截面积根据空调器实际情况决定，一般为 2.5～4mm²，分体式空调器一般为 2.5mm²，柜式空调器一般为 4mm²。

3. 漏电保护器选用

选用漏电保护器应当考虑以下因素。

（1）正确选择漏电保护器的漏电动作电流。应选用高灵敏度、快速型漏电保护器（动作电流不宜超过 10mA），如果安装场所发生人触电事故时，能得到其他人的帮助及时脱离电源，则漏电保护器的动作电流可以大于摆脱电流。快速型漏电保护器的动作电流可按心室颤动电流选取，如果是前级保护，即分保护前面的总保护，动作电流可超过心室颤动电流。如果安装场所得不到其他人的帮助及时脱离电源，则漏电保护器动作电流不应超过摆脱电流。在触电后可能导致严重二次事故的场合，应选用动作电流 6mA 的快速型漏电保护器。

（2）选择动作电流还应考虑误动作的可能性。漏电保护器应能避开线路不平衡的泄漏电流（不动作），还应能在安装位置可能出现的电磁干扰下不误动作。选择动作电流还应考虑漏电保护器性能指标。例如，由于纯电磁式产品的动作电流很难做到 40mA 以下，而不应追求过高灵敏度的电磁式漏电保护器。在多级保护的情况下，选择动作电流还应考虑多级保护选择性的需要，总保护宜装灵敏度较低的或有少许延时的漏电保护器。

（3）用于防止漏电火灾的漏电报警装置宜采用中灵敏度漏电保护器，其动作电流可在 25～1000mA 内选择。

（4）漏电保护器的极数应按线路特征选择，单相线路选用二极漏电保护器，三相四线线路必须选用四极漏电保护器。

（5）漏电保护器的额定电压、额定电流、分断能力等性能指标应与线路条件相适应，漏电保护器的类型与供电线路、供电方式、系统接地类型和用电设备特征相适应。

4. 电线截面的选择

工程上常用的电线有：铜芯聚氯乙烯护套电缆（电线）一般用于配电柜到 LED 显示屏布线；LED 显示屏箱体布线，设备布线。铜芯聚氯乙烯绝缘电缆（电线）一般用于配电柜内部走线；LED 显示屏内部走线（需外加线管或线槽）。各线的颜色定义：A 相黄色、B 相绿色、C 相红色、零线淡蓝色（黑色）、PE 线黄绿双色线。

电线的截面积以 mm² 为单位，电线的截面积越大，允许通过的安全电流就越大。在选择电线截面时，主要是根据电线的安全载流量来选择电线的截面。再考虑电线截面时还要看线路距离，如果线路距离短，可以按长期最大负荷电流加裕度后再按电线额定电流选择电线，并要满足发热、电压损失和安全供电的要求，线路越长，需要的电线截面就越大。电线截面选择的原则如下。

（1）按允许电压损失选择。电压损失必须在允许范围内；不能小于 5%，以保证供电质量。

（2）按发热条件选择。发热系数应在允许范围内；不能因过热导致绝缘损坏，影响使用寿命。

（3）按机械强度选择。要保证有一定的机械强度，保证在正常使用下不会断线。

电线的截面选择与所在支路的断路器有关，断路器的电流整定值小于电线的载流量时才能起到保护作用，否则过负荷时会出现电线过热甚至绝缘破坏而断路器不跳闸，造成安全事故。当断路器的电流整定值为 16A 时，应采用不小于 2.5mm² 的铜电线。绝不能随意减小电线截面或将铜线改为同截面的铝线，绝不能为了不跳闸而随便将断路器的电流整定值加大。

有些负荷小的设备，虽然选择很小的截面就能满足允许电流的要求，但还必须验证是否满足电线机械强度所允许的最小截面，如果这项要求不能满足，就要按电线机械强度所允许的最小截面选择。

一般铜电线的安全载流量是根据所允许的线芯最高温度、冷却条件、敷设条件来确定的。一般铜电线的安全载流量为 5～8A/mm²。

例如：2.5mm²BVV 铜电线安全载流量的推荐值 2.5×(5～8)A/mm²=12.5～20A；4mm²BVV 铜电线安全载流量的推荐值 4×(5~8)A/mm²=20～32A。

计算铜电线截面积时，可利用铜电线的安全载流量的推荐值 5～8A/mm²，计算出所

选取铜电线截面积 S 的上下范围

$$S \leqslant I/(5{\sim}8) \tag{2-1}$$

$$S \geqslant 0.125I \sim 0.2I \ (\text{mm}^2) \tag{2-2}$$

式中，S 为铜电线截面积，mm^2；I 为负载电流，A。

负载分为两种，一种式电阻性负载，一种是电感性负载。对于电阻性负载功率的计算公式为

$$P = U \times I \tag{2-3}$$

对于电感性负载功率的计算公式为

$$P = U \times I \times \cos\varphi \tag{2-4}$$

不同电感性负载的功率因数不同，统一计算 LED 显示屏电源的负载时，可取功率因数 $\cos\varphi$ 为 0.8，也就是说如果一个 LED 显示屏的所有负载总功率为 6000W，则最大电流是

$$I = P/(U \times \cos\varphi) = 6000/(220 \times 0.8) = 34 \ (\text{A})$$

但是，在一般情况下，LED 显示屏内电器不可能同时使用，所以加上一个同时系数 K，K 一般取 0.7。所以，上面的计算应该改写成

$$I = P \times K/(U \times \cos\varphi) = 6000 \times 0.7/(220 \times 0.8) = 24 \ (\text{A})$$

也就是说，这个 LED 显示屏总的电流值为 24A，则总断路器应选用大于 24A 的。

通常使用的电源有单相 220V 和三相 380V，不论是 220V 供电电源，还是 380V 供电电源，电线均应采用耐压 500V 的绝缘电线。

2.2.3　LED 显示屏的信息传输线缆

1. 信息线缆组成

信息线缆由内而外由内导体、绝缘、外导体以及护套组成。

（1）内导体。由于衰减主要是内导体电阻引起的，内导体对信号传输影响很大。

（2）绝缘。影响衰减、阻抗、回波损耗等性能。

（3）外导体。回路导体、屏蔽作用。

2. 双绞线结构

双绞线（Twistedpair，TP）是信息传输线缆中最常用的一种传输介质，双绞线由两根具有绝缘保护层的铜导线组成。把两根绝缘的铜导线按一定密度互相绞在一起，可降低信号干扰的程度，每一根导线在传输中辐射出来的电波会被另一根线上发出的电波抵消。双绞线一般由两根 22～26 号绝缘铜导线相互缠绕而成。在双绞线中一般包含 4 个双绞线对，具体为白橙/橙、白蓝/蓝、白绿/绿、白棕/棕。

双绞线结构如图 2-11 所示，双绞线适用于传输电话语音信息、计算机数据信息、防火、防盗保安信息、智能楼宇信息等，双绞线有 5 类、6 类之分。目前，双绞线可分为非屏蔽双绞线（UnshiieldedTwistedPair，UTP，也称无屏蔽双绞线）和屏蔽双绞线（ShieldedTwistedPair，STP），屏蔽双绞线电缆的外层由铝泊包裹着。

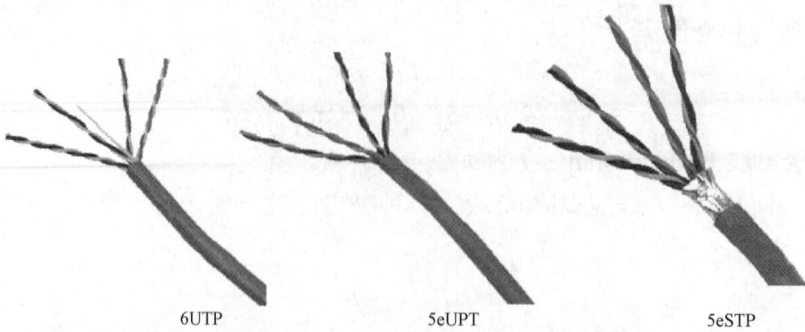

6UTP　　　　　5eUPT　　　　　5eSTP

图 2-11　双绞线结构图

3. 双绞线性能指标

对于双绞线（无论是屏蔽、非屏蔽）用户最关心的是影响其传输效果的性能指标如下。

（1）衰减（Attenuation）。衰减是对沿链路信号损失的度量，衰减与线缆的长度有关系，随着长度的增加，信号衰减也随之增加。衰减用"dB"作单位，表示源传送端信号到接收端信号强度的比率。由于衰减随频率而变化，因此，应测量在应用范围内的全部频率上的衰减。

（2）串扰。串扰分为近端串扰（NEXT）和远端串扰（FEXT），测试仪主要测量的是 NEXT，由于存在线路损耗，FEXT 对信号传输的影响较小。对于 UTP 链路，NEXT 是一个关键的性能指标，也是最难精确测量的一个指标。随着信号频率的增加，其测量难度将加大。NEXT 并不表示在近端点所产生的串扰值，它只是表示在近端点所测量到的串扰值。这个量值会随电缆长度不同而变，电缆越长，其值变得越小。同时发送端的信号也会衰减，对其他线对的串扰也相对变小。实验证明，只有在 40m 内测量到的 NEXT 是较真实的。如果另一端是远于 40m 的信息插座，那么它会产生一定程度的串扰，但测试仪可能无法测量到这个串扰值。因此，最好在两个端点都进行 NEXT 测量。现在的测试仪都配有相应设备，使得在链路一端就能测量出两端的 NEXT 值。

（3）直流环路电阻（TSB67 无此参数）。直流环路电阻会消耗一部分信号，并将其转变成热量。它是指一对导线电阻的和，11801 规格双绞线的直流电阻不得大于 19.2Ω。每对间的差异不能太大（小于 0.1Ω），否则表示接触不良，必须检查连接点。

（4）特性阻抗。特性阻抗与环路直流电阻不同,特性阻抗包括电阻及频率为 1～100MHz 的电感阻抗及电容阻抗，它与一对电线之间的距离及绝缘体的电气性能有关。各种电缆有不同的特性阻抗，双绞线的特性阻抗有 100、120、150Ω 三种。

（5）衰减串扰比（ACR）。在某些频率范围，串扰与衰减量的比例关系是反映电缆性能的另一个重要参数，ACR 有时也以信噪比（SNR：Signal-Noiceratio）表示，它由最差的衰减量与 NEXT 量值的差值计算。ACR 值较大，表示抗干扰的能力更强，一般系统要求至少大于 10dB。

（6）线缆特性。通信信道的品质是由线缆特性描述的，SNR 是在考虑到干扰信号的情况下，对数据信号强度的一个度量。如果 SNR 过低，将导致数据信号在被接收时，接收器不能分辨数据信号和噪声信号，最终引起数据错误。因此，为了将数据错误限制在一定范围内，必须定义一个最小的可接收的 SNR。

4．双绞线的分类

双绞线的分类如图 2-12 所示。

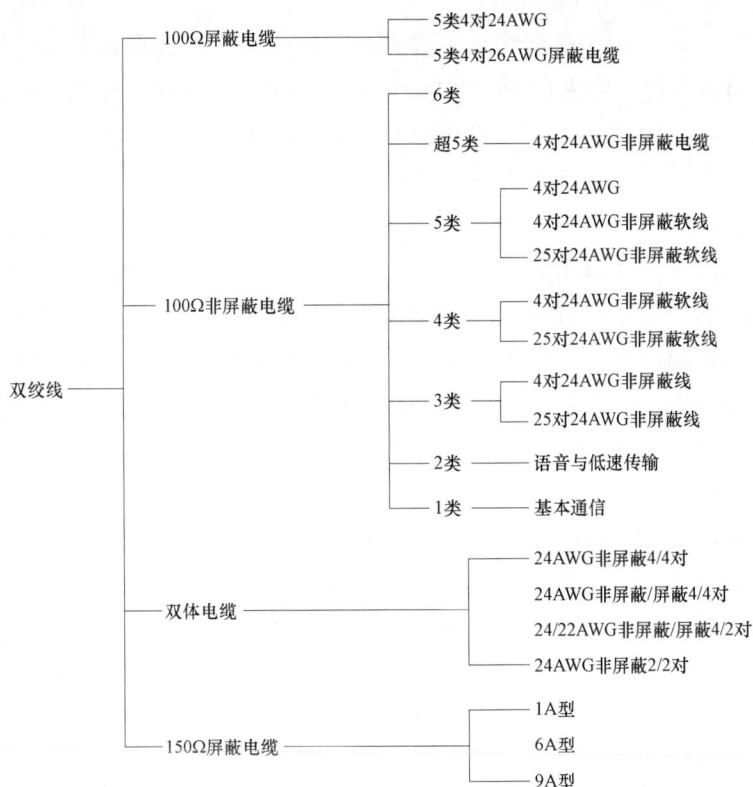

图 2-12　双绞线的分类

1 类线（CAT1）：线缆最高频率带宽是 750kHz，用于报警信息、语音信息传输（一类标准主要用于二十世纪八十年代初之前的电话线缆），不用于数据传输。

2 类线（CAT2）：线缆最高频率带宽是 1MHz，用于语音信息传输和最高传输速率 4Mbit/s 的数据传输，常用于使用 4Mbit/s 规范令牌传递协议的旧的令牌网。

3 类线（CAT3）：指目前在 ANSI 和 EIA/TIA568 标准中指定的线缆，该类线缆的传输频率 16MHz，最高传输速率为 10Mbit/s，主要应用于语音信息传输和 10Mbit/s 以太网（10BASE-T）和 4Mbit/s 令牌环网的数据传输，最大网段长度为 100m，采用 RJ 形式的连接器，目前已淡出市场。

4 类线（CAT4）：该类线缆的传输频率为 20MHz，用于语音信息传输和最高传输速率 16Mbit/s 的数据传输，主要用于基于令牌的局域网和 10BASE-T/100BASE-T。最大网段长为 100m，采用 RJ 形式的连接器，未被广泛采用。

5 类线（CAT5）：该类线缆增加了绕线密度，外套一种高质量的绝缘材料，线缆最高频率带宽为 100MHz，最高传输率为 100Mbit/s，用于语音信息传输和最高传输速率为 100Mbit/s 的数据传输，主要用于 100BASE－T 和 1000BASE－T 网络，最大网段长为 100m，采用 RJ 形式的连接器。这是最常用的以太网线缆。在双绞线内，不同线对具有不同的绞距长度。通常，4 对双绞线绞距周期在 38.1mm 长度内，按逆时针方向扭绞，一对线对的扭绞长度在 12.7mm 以内。

超 5 类（CAT5e）：超 5 类线缆具有衰减小，串扰少，并且具有更高的衰减与串扰的比值（ACR）和信噪比（SNR）、更小的时延误差，性能得到很大提高。超 5 类线缆主要用于千兆位以太网（1000Mbit/s）。与普通 5 类双绞线相比，超 5 类双绞线在传送信号时衰减更小，抗干扰能力更强，是目前使用最广泛的类型。

6 类（CAT6）：6 类（CAT6）线缆的传输频率为 1～250MHz，六类布线系统在 200MHz 时综合衰减串扰比（PS－ACR）应该有较大的余量，它提供 2 倍于超五类的带宽。六类布线的传输性能远远高于超五类标准，适用于传输速率高于 1Gbit/s 的应用。六类与超五类的一个重要的不同点在于：改善了在串扰以及回波损耗方面的性能，对于新一代全双工的高速网络应用而言，优良的回波损耗性能是极重要的。六类标准中取消了基本链路模型，布线标准采用星形的拓扑结构，要求的布线距离为：永久链路的长度不能超过 90m，信道长度不能超过 100m。

超 6 类或 6A（CAT6A）：超 6 类或 6A（CAT6A）的传输带宽介于 6 类和 7 类之间，传输频率为 500MHz，传输速度为 10Gbit/s，标准外径 6mm。目前和 7 类产品一样，国家还没有出台正式的检测标准，只是行业中有此类产品，各厂家宣布一个测试值。

7 类线（CAT7）：传输频率为 600MHz，传输速度为 10Gbit/s，单线标准外径 8mm，多芯线标准外径 6mm，可能用于今后的 10 吉比特以太网。

2.2.4　LED 显示屏的防雷设计

1. LED 显示屏的雷电防护措施

在夏季雷雨多发的季节，LED 显示屏受雷电危害的概率很大。LED 显示屏一旦遭受直击雷或感应雷，因 LED 显示屏内的高密度集成电路对于雷电干扰的敏感度很高，雷电将给 LED 显示屏造成机、电、热的破坏，甚至引起火灾。因此，LED 的防雷保护措施是必不可少的。LED 显示屏防雷设计按《建筑物防雷设计规范》（GB 50057—1994）的规定设置防雷措施，设置有防直击雷、防雷感应、防雷电波侵入装置。

（1）户外 LED 显示屏的直击雷防护。未处于附近高大建筑物的直击雷保护范围内的 LED 显示屏，需在 LED 显示屏顶部的钢结构或附近设置避雷针，处于附近高大建筑物的直击雷保护范围内的 LED 显示屏，可以不用考虑安装避雷针。

（2）针对 LED 显示屏电源线上感应的雷电流，可在 LED 显示屏的电源系统设 1、2 级电源防雷器，机房电源系统做 3 级防雷保护。在电源线上加装的单相或者三相电源防雷器的相线截面积不能小于 $10mm^2$，地线截面积不能小于 $16mm^2$。

（3）针对信号线上感应的雷电流，可在信号线上加装信号防雷器，信号出、入机房内设备端口应加装信号防雷器。信号避雷器根据系统的信号接口而定，如果是网线则安装网络信号防雷器，串行接口则安装DB9接口防雷器。

（4）所有户外LED显示屏的线路（电源和信号）应选用屏蔽线缆，并埋地敷设。

（5）户外LED显示屏和机房接地系统应满足系统要求（一般前端接地电阻应小于等于4Ω，机房接地电阻应小于等于1Ω）。

（6）为防止雷电入地电流反击，应将LED显示屏的钢结构与LED显示屏的外壳相连，并做好等电位连接及接地，接地阻值一般要求小于10Ω，阻值如果达不到要求，就要做附加的人工接地网。

2. LED显示屏配电系统防雷配置

（1）TN－C配电制式分级防雷器配置。TN－C配电制式分级防雷器配置（EDINVDE0100－534/A1.标准1996－10）如图2－13所示。在图2－13中，1为第一级配电；2为第二级配电；3为第三级配电；4为总接地汇流排；5为一级防雷器；6为保护地线；7为单相负载；8为二级防雷器；9为三级防雷器；9a为间隙避雷器；10为单相负载；*1为防雷地线；*2为分路接地排；R_B为楼内接地；R_A为远端接地；F1、F2为熔断器。

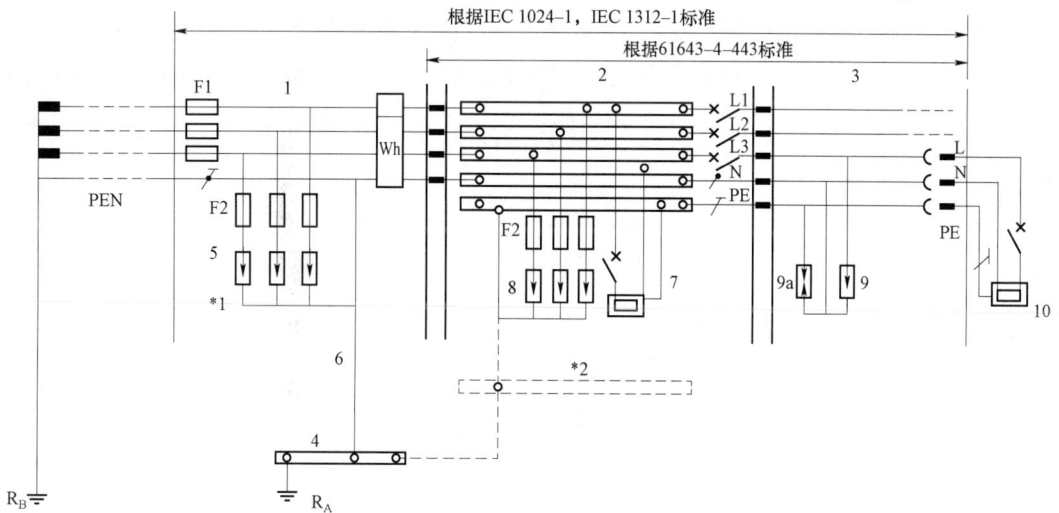

图2－13　TN－C配电制式分级防雷器配置

（2）TN－S配电制式分级防雷器配置。TN－S配电制式分级防雷器配置（EDINVDE0100－534/A1.标准）如图2－14所示。在图2－14中，1为第一级配电；2为第二级配电；3为第三级配电；4为总接地汇流排；5为一级防雷器；6为保护地线；7为单相负载；8为二级防雷器；9为三级防雷器；9a为间隙避雷器；10为单相负载；*1为防雷地线；*2为分路接地排；F1、F2为熔断器；R_A为远端接地；R_B为楼内接地。

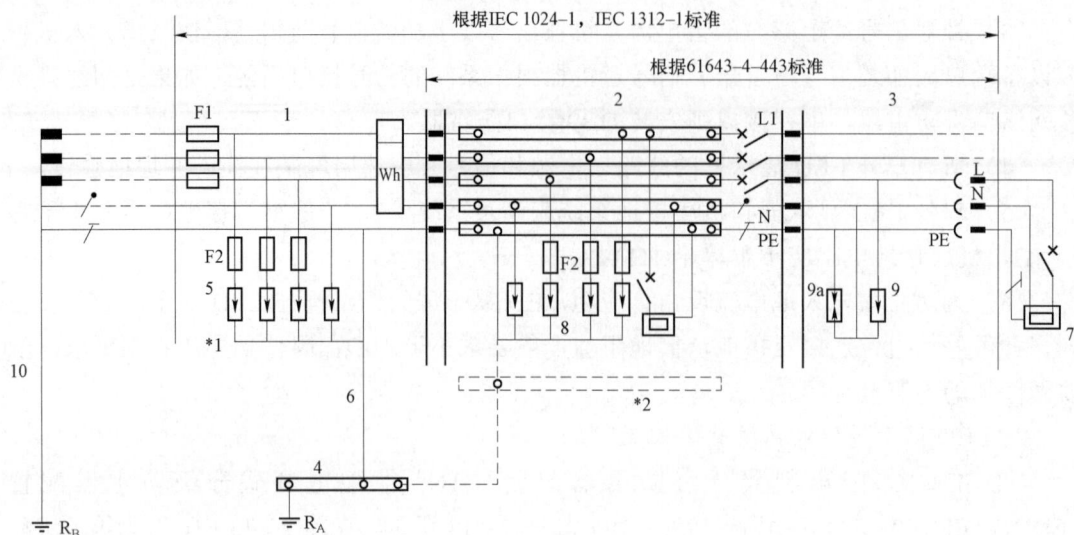

图 2-14 TN-S 配电制式分级防雷器配置

（3）TT 配电制式分级防雷器配置 1。TT 配电制式分级防雷器配置 1（EDINVDE0100-534/A1.标准）如图 2-15 所示。在图 2-15 中，1 为第一级配电；2 为第二级配电；3 为第三级配电；4 为总接地汇流排；5 为一级防雷器；5a 为间隙避雷器；6 为保护地线；7 为单相负载；8 为二级防雷器；9 为三级防雷器；10 为单相负载；10a 为间隙避雷器；*1 为防雷地线；*2 为分路接地排；F1、F2 为熔断器；R_A 为远端接地；R_B 为楼内接地。

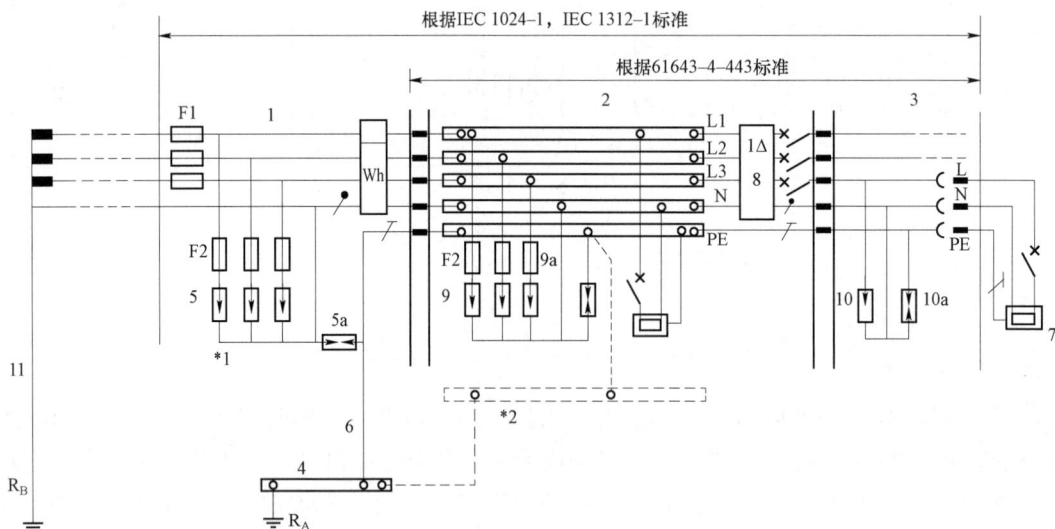

图 2-15 TT 配电制式分级防雷器配置（一）

（4）TT 配电制式分级防雷器配置 2。TT 配电制式分级防雷器配置 2（EDINVDE0100-534/A1.标准）如图 2-16 所示。在图 2-16 中，1 为第一级配电；2 为第二级配电；3 为第三级配电；4 为总接地汇流排；5 为一级防雷器；5a 为间隙避雷器；6 为保护地线；7 为单相负载；8 为二级防雷器；9 为三级防雷器；10 为单相负载；10a 为间隙避雷器；11 为分接地汇流排；*1 为防雷地线；*2 为分路接地排；F1、F2 为熔断器；R_A 为远端接地；R_B 为楼内接地。

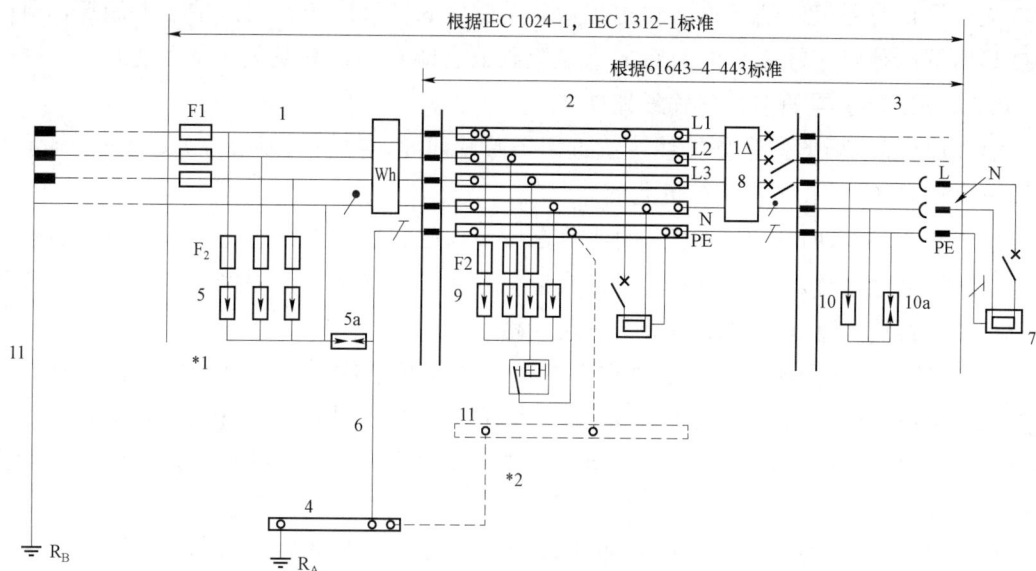

图 2－16　TT 配电制式分级防雷器配置（二）

3. LED 显示屏信息传输系统防雷

由于 LED 显示屏的信息传输系统的抗雷电电磁脉冲能力十分脆弱，在闪电环境下易损性较高，因此雷电已成为 LED 显示屏应用中的一大公害。为了消除这一公害，在 LED 显示屏设计中虽然采用了各种防雷保护措施，但是其结果是有的取得了预期的防雷效果，保证了信息传输系统的安全；而有的则反遭雷击，损失更大。其原因是在 LED 显示屏的信息传输系统中的防雷保护对象、保护重点、保护措施、方法都与常规雷电防护截然不同的，如不能正确的应用各种防雷保护措施，必然会造成不良的后果。

（1）LED 显示屏信息传输系统的防雷特点。LED 显示屏不同于一般的电气设备，因为电气设备具有较高的抗感应脉冲过电压的能力，而 LED 显示屏则截然不同，其原因如下。

1）LED 显示屏抗感应脉冲过电压的能力低，易受感应脉冲过电压的袭击；LED 显示屏是集计算机技术与集成微电子技术于一身的产品，随着集成微电子技术的发展，芯片的尺寸越来越小，系统的信号电压也越来越低，现已降到 10V 以下，有的已降到 5V 以下，这种产品的电磁兼容能力很差，很容易受感应脉冲过电压的袭击。

2）LED 显示屏受雷击的概率较高；一般电气设备主要是受直击雷的危害，直击雷的概率相对较低；而 LED 显示屏不但要受直击雷的危害，而且还要受感应雷的危害，而感应雷的概率要比直击雷高得多。因为感应雷除由直击雷产生外，还包括远处放电的电磁脉冲感应，而且直击雷所产生的感应雷的作用达数百米之远，所以 LED 显示屏受闪电危害的概率较高。

3）LED 显示屏的信息传输系统是由信息采集、加工处理、传输、检索等众多环节组成的。由于系统环节多、接口多、线路长等原因，给雷电的耦合提供了条件。例如，LED 显示屏信息系统的信号输入输出接口，是感应脉冲过电压波侵入的主要通道，所以 LED 显示屏的信息传输系统的致命弱点是电磁兼容能力差，易受闪电的危害。

（2）LED 显示屏的信息传输线路防雷。

1）LED 显示屏的信息传输线一般选用屏蔽软线缆，架设（或敷设）在 LED 显示屏本体与控制 LED 显示屏的计算机之间。

2）GB 50198 规定，传输部分的线路在城市郊区、乡村敷设时，可采用直埋敷设方式。当条件不允许时，可采用通信管道或架空方式，并规定了传输线缆与其他线路的最小间距和与其他线路共杆架设的最小垂直间距。

3）传输线缆采用直埋敷设方式防雷效果最佳，架空线最容易遭受雷击，并且破坏性大，波及范围广，为避免 LED 显示屏本体和控制 LED 显示屏的计算机损坏，架空传输线时应在每一电杆上做接地处理，架空线缆的吊线和架空线缆线路中的金属管道均应接地。中间放大器输入端的信号源和电源均应分别接入合适的避雷器。

4）传输线埋地敷设并不能阻止雷击线缆故障发生，大量的事实显示，雷击造成埋地线缆故障，占总故障的 30%左右，即使雷击比较远的地方，也仍然会有部分雷电流流入线缆。所以采用带屏蔽层的线缆或线缆穿钢管埋地敷设，保持钢管的电气连通。对防护电磁干扰和电磁感应非常有效，这主要是由于金属管的屏蔽作用和雷电流的集肤效应。如电缆全程穿金属管有困难时，可在线缆进入终端和前端设备前穿金属管埋地引入，但埋地长度不得小于 15m，在入户端将线缆金属外皮、钢管同防雷接地装置相连。

4. 控制 LED 显示屏的计算机系统防雷

（1）LED 显示屏控制室的防雷最为重要，应从直击雷防护、雷电波侵入、等电位连接和浪涌保护多方面进行。

（2）LED 显示屏控制室所在建筑物应有防直击雷的避雷针、避雷带或避雷网。其防直击雷措施应符合 GB 50057 中有关直击雷保护的规定。

（3）进入 LED 显示屏控制室的各种金属管线应接到防感应雷的接地装置上。架空线缆直接引入时，在入户处应加装避雷器，并将线缆金属外护层及自承钢索接到接地装置上。

（4）在 LED 显示屏控制室内应设置一等电位连接母线（或金属板），该等电位连接母线应与建筑物防雷接地、PE 线、设备保护地、防静电地等连接到一起防止危险的电位差。各种浪涌保护器（避雷器）的接地线应以最直和最短的距离与等电位连接母排进行电气连接。

（5）在视频信息传输线进入 LED 显示屏之前或进入 LED 显示屏控制室前应加装相

应的避雷保护器。

（6）良好的接地是防雷中至关重要的一环，接地电阻值越小过电压值越低。在 LED 显示屏控制室采用专用接地装置时，其接地电阻不得大于 4Ω。采用综合接地网时，其接地电阻不得大于 1Ω。

2.2.5　LED 显示屏的静电放电（ESD）防护

1. 静电放电（ESD）定义

ESD 是 Electro – Static discharge 的缩写，即"静电放电"的意思，ESD 冲击脉冲的带宽很宽、上升时间很短且峰值能量很大。在干燥的天气里，当一个人去接触另外一个人的时候，有时会有触电的感觉；当在黑暗处脱下身上穿的化纤毛衣时，有时会看到耀眼的电火花，这些都是 ESD 现象。

静电放电的定义是：具有不同静电电位的物体互相靠近或直接接触引起的电荷转移，电荷在如下两种条件下是稳定的。

（1）当它"陷入"导电的但是电气绝缘物体上，如，有塑料柄的金属螺丝起子。

（2）当它"居留"在绝缘表面（如塑料）上，不能在上面流动时。

物质之间相互作用（如摩擦、接触、感应、传导）而引起的物质获得或失去电子，失去电平衡而带电荷，电荷的积累就使得物质表面带上静电，当电荷积累到足够的强度时，电荷将可能泄放，造成其周围的物质被击穿，从而得到新的电平衡。这种静电电荷的快速中和称为静电放电，由于其速率很快，而且在放电时的电阻一般很小，往往会造成瞬时大电流，可能超过 20A。这种放电如果经过集成电路，这么大的电流往往会对电路造成损害。

ESD 是研究静电的产生与衰减、静电放电模型、静电放电效应的学科，如电流热效应（电火花）和电磁效应（电磁干扰 EMI 及电磁兼容性 EMC）。国际上还习惯将用于静电防护的器件统称为"ESD"，这类器件在国内常被称为 ESD 电路保护器件或静电阻抗器等。ESD 有多种模型来描述器件如何受到损害，如人体模式（HBM）、器件带电模式（CDM）、场感应模式等。

2. ESD 破坏机制

由静电击穿引起的元器件击穿损坏是电子工业中，特别是电子产品制造中最普遍、最严重的危害。静电放电可能造成器件硬击穿或软击穿。硬击穿是一次性造成器件的永久性失效，如器件的输出与输入开路或短路。所谓硬击穿是一次性造成芯片内热，二次击穿金属喷键，熔融介质，击穿表面等最终使集成电路彻底损坏永久性失效。当静电放电能量达到一定值时其足以引起集成电路爆炸，使其芯片完全烧毁裸露，造成人身伤害、设备故障。硬击穿的特征明显，一般来说可以在器件组装件或插件板出厂交货之前检查出来。

软击穿（软失效）是造成器件的性能劣化或参数指标下降，但还没有完全损坏而形成隐患，在最后质量检验中很难被发现。在使用时静电造成的电路潜在损伤会使其参数变化品质劣化，寿命降低，使设备运行一段时间后随温度、时间、电压的变化出现各种故障从而不能正常工作即为软失效。如果受损的芯片属于一些重要的控制系统，如网络中心控制系统、自动播出控制系统、生产调度控制中心、电子作战指挥系统、自动导航系统、火箭发射控制系统等，其造成的危害有时是难以预料的，这潜在的损伤实际上具有更大危害，造成的直接或间接损失更为严重。软击穿不易察觉具有潜在隐蔽的特点，其危害性更大，有关资料证明，ESD 引起的器件损伤 90% 为潜在性的软击穿损伤，10% 为立即失效的损伤类型。

软击穿则可使器件的性能劣化，并使其指标参数降低而造成故障隐患。由于软击穿可使电路时好时坏（指标参数降低所致），且不易被发现，给整机运行和查找故障造成很大麻烦。软击穿时设备仍能带"病"工作，性能未发生根本变化，很可能通过出厂检验，但随时可能造成再次失效。多次软击穿就能造成硬击穿，使设备运行不正常。

ESD 在电子设备中时有发生，在静电放电过程中，将产生潜在的破坏电压、电流和电磁场。由于放电速率快，放电电阻小，在静电放电时往往会造成瞬时大电流，这种大电流如果经过集成电路，往往会导致相关元器件烧毁。

ESD 产生强大的尖峰脉冲电流，包含丰富的高频成分，其最高频率甚至可能超过 1GHz。这些高频脉冲使得 PCB 上的走线变成非常有效的接收天线，使其感应出高电平的噪声。

ESD 对电路的干扰一是静电放电电流直接通过电路造成损害，另一是产生的电磁场通过电容耦合、电感耦合或空间辐射耦合等对电路造成干扰。

ESD 电流产生的场可直接穿透设备或通过孔洞、缝隙、输入输出电缆等耦合到敏感电路，ESD 电流在系统中流动时，激发路径中所经过的线路，导致产生波长从几厘米到数百米的辐射波，这些辐射能量产生的电磁噪声将损坏电子设备或干扰它们的运行。

若 ESD 感应的电压或电流超过电路的电平信号，将可能导致电路误动作；甚至导致电子设备的绝缘击穿，激发更大的电流最终导致电子设备的相关元器件烧毁。在高阻抗电路中，电流很小，此时电容耦合占主导，ESD 感应电压将影响电路电平信号；在低阻电路中，电感耦合占主导，ESD 电流将导致器件失效。ESD 的两种主要破坏机制如下。

（1）由于 ESD 电流产生的热量导致器件的热失效。

（2）由于 ESD 高电压导致绝缘击穿，造成激发更大的电流，造成进一步的热失效。

两种破坏可能在一个电子设备中同时发生，例如，绝缘击穿可能激发大的电流，这又进一步导致热失效。除容易造成电路损害外，静电放电也极易对电子电路造成干扰。静电放电对电子电路的干扰有两种方式，一种是传导干扰，另一种是辐射干扰。

ESD 失效可以分为永久失效及暂时失效，如果在静电接触传导放电时产生的电压过高、电流过大，有可能会造成器件永久性损坏，如冬天用手接触电路，造成设备损坏而不能继续使用。而在有些情况下，一些较小的电路噪声，导致偶尔出现异常结果，但过后设备并未损坏，这种情况称为 ESD 暂时失效。

静电感应和静电放电产生的电磁脉冲也有一定危害，静电放电产生的频带为几百 kHz～几十 MHz，电平高达几十毫伏的电磁脉冲干扰可使静电敏感器件（Static Sensitive Device，简称 SSD）损坏。当今由于集成电路的集成度越来越高，体积缩小，光刻线条变细，线间距离窄以及采用大量新型材料（其抗静电性很低）致使其抗静电性明显下降。有人认为设有 ESD 保护电路的集成电路板不怕静电破坏，实际上尽管加有保护电路确实能够起到一定的保护作用。当在人体或工作环境中带有上千伏静电时，若敏感器件内的保护电路无法承受的，其仍然受到很大程度的破坏。所有的集成电路均对静电敏感，其不同之处只在于所能承受的阈电压值不同而已。人体有感的静电放电在 2500V 以上，因此减少静电到人无感觉的程度并没有消除电子设备受静电损坏的危害。当人感觉到静电放电时可能已经造成 SSD 损伤，所以对静电的防护主要应致力于防患于未然，进行综合防护。

3. ESD 对 LED 显示屏损害的特点

ESD 对 LED 显示屏损害的特点如下。

（1）隐蔽性。人体不能直接感知静电除非发生静电放电，但是发生静电放电人体也不一定能有电击的感觉，这是因为人体感知的静电放电电压为 2～3kV，所以静电具有隐蔽性。

（2）潜在性。有些电子元器件受到静电损伤后的性能没有明显的下降，但多次累加放电会给器件造成内伤而形成隐患，因此静电对器件的损伤具有潜在性。

（3）随机性。一个元器件自生产开始，一直到它损坏以前，所有的过程都受到静电的威胁，而静电的产生具有随机性，元器件受静电损坏也具有随机性。

（4）复杂性。在对因静电放电损伤的器件进行失效分析时，因电子产品的精、细、微小的结构特点而费时、费事、费钱，要求较高的技术往往需要使用扫描电镜等高精密仪器。即使如此，有些静电损伤现象也难以与其他原因造成的损伤加以区别，使人误把静电损伤失效当作其他失效。这在对静电放电损害未充分认识之前，常常归因于早期失效或情况不明失效，从而不自觉地掩盖了失效的真正原因，所以静电对电子器件损伤的分析具有复杂性。

4. ESD 保护器件选型要点

在 LED 显示屏的信息传输系统的防雷设计时，选取适当的 ESD 保护器件非常重要，在选择 ESD 保护器件时应充分考虑 ESD 保护器件与信息传输系统的匹配。LED 显示屏信息接口的 ESD 保护器件选型应考虑的主要因素如下。

1）信息传输线路上可能感应的浪涌形式（例如波形、时间参数和最大峰值）。

2）信息接口电路模拟雷电冲击击穿电压临界指标。

3）信息接口在正常工作状态下的数据信号电平。

4）ESD 保护器件在模拟雷电冲击下的残压参数指标。

5）ESD 保护器件的耐冲击能力。

6）信息传输系统的工作频率。

7）信息接口的接口方式。

8）信息接口的工作电压。

（1）普通数据线路的 ESD 保护器件选型。普通数据线路极易受到 ESD 冲击，导致数据紊乱，所以采用 ESD 保护器件保护普通数据线路十分必要。以 NXP 半导体公司的 PESDxS2UT 为例，其典型应用电路如图 2－17 所示。几种常用的保护普通数据线路的 ESD 保护器件的技术参数见表 2－1。

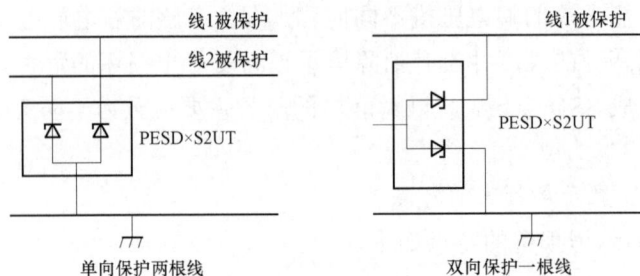

图 2－17　ESD 在普通数据线上的应用

表 2－1　　　　　　　　　保护普通数据线路的 ESD 保护器件技术参数

生产厂商	型号	保护线路数目	最大反向漏电流和最大反向工作电压		结电容	最大值
			I_R	U_{RWM}	C_{yp}	U_{ESD}
			μA	V	pF	kV
NXP	PESD3V3S2UT	2	2	3.3	207	30
	PESD3V3L1BA	1	2	3.3	101	30
	PESD3V3S1UB	1	0.05	24	23	23
ON	NP0080TA	2	0.5	8	4	8
	NUP412VP5	4	0.5	9	6.5	30

（2）USB 接口的 ESD 保护器件选型。USB 端口是热插拔系统，极易受到由用户或空气放电造成的 ESD 影响，用户在插拔任何 USB 外设时都有可能产生 ESD，在距离 USB 端口导电面的几英寸的位置也可能产生空气放电。静电放电会损害 USB 接口，造成 USB 集成电路的"硬性损伤"或元件损坏。

全新低电容瞬态抑制二极管阵列可用于 USB2.0 或 USB1.1 接口的 ESD 防护，这些产品还具有良好的滤波功能。以安森美半导体的 ESD 芯片 NUP4114UPXV6 为例，其典型应用电路如图 2－18 所示。以 NXP 半导体的 ESD 芯片 PRTP5V0U2X 为例，其典型应用电路如图 2－19 所示。几种常用的保护 USB 系统的 ESD 保护器件的技术参数见表 2－2。

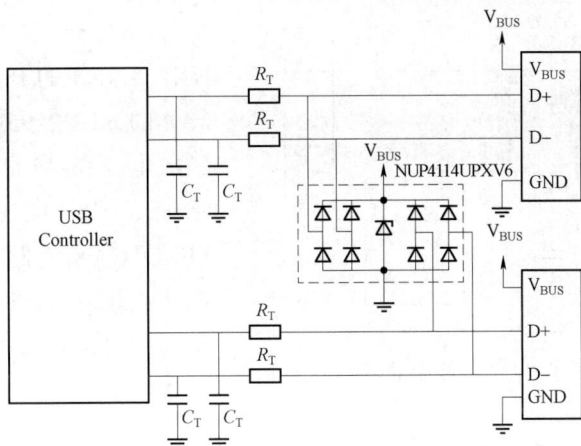

图 2-18　NUP4114UPXV6 在 USB 系统中的典型应用电路

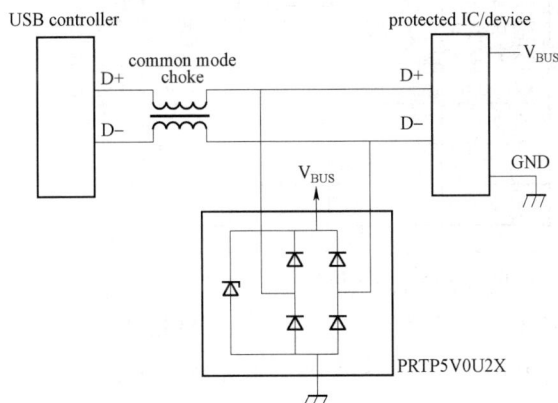

图 2-19　PRTP5V0U2X 在 USB 系统中的典型应用电路

表 2-2　　　　　　　　　保护 USB 电路的 ESD 保护器件技术参数

生产厂商	型号	保护线路数目	最大反向漏电流和最大反向工作电压		结电容	最大值
			I_R	U_{RWM}	C_{yp}	U_{ESD}
			μA	V	pF	kV
NXP	PRTP5V0U2X	2	0.1	3	1	8
	PRTP5V0U2AX	2	0.1	3	1.8	12
	PRTP5V0U4D	4	0.1	3	1	8
ON	NUP4114UPXV6	4	1.0	5.0	0.8	8
	NUP4202W1	4	5.0	5.0	3.0	8
	NUP2202W1	2	5.0	5.0	0	8

（3）CAN 总线的 ESD 保护器件选型。目前 CAN 总线已经广泛应用于各种短距离数据传输系统中，在 CAN 总线构成的数据传输网络中，ESD 脉冲是影响网络通信、损坏设备的主要原因之一。在设计 CAN-bus 电路时，可以选择微型封装的 CAN 专用 ESD 保护元件，以抑制 ESD 及其他破坏性电压的突变脉冲，可大大增强系统的可靠性。

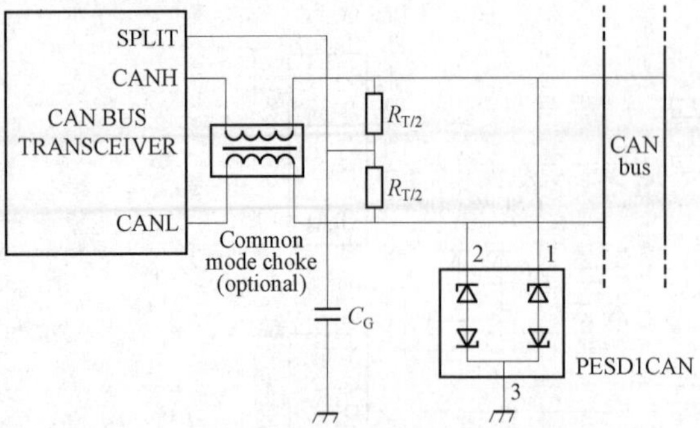

图 2-20　ESD 保护器件在 CAN 总线中的典型应用电路

CAN bus 专用的 ESD 保护器件有 NXP 半导体的 PESD1CAN、安森美半导体的 NUP2105L，均可满足 8kV 接触放电、16kV 空气放电的 ESD 测试指标。以 NXP 半导体的芯片 PESD1CAN 为例，其典型应用电路如图 2-20 所示。几种常用的保护 CAN 总线的 ESD 保护器件的技术参数见表 2-3。

表 2-3　　　　　几种常用的保护 CAN 总线的 ESD 保护器件技术参数

生产厂商	型号	保护线路数目	最大反向漏电流和最大反向工作电压		结电容	最大值
			I_R	U_{RWM}	C_{yp}	U_{ESD}
			μA	V	pF	kV
NXP	PESD1CAN	2	0.05	24	11	23
ON	NUP2105L	2	0.1	24	30	30
	NUP1105L	2	0.1	24	30	30

（4）DVI/HDMI 接口的 ESD 保护器件选型。DVI/HDMI 接口对 ESD 保护器件要求低电容，以保证了数据线的高速性和完整性，一般情况下，如果用于视频领域，因为数据的传送速度高达 480Mbit/s 以上，因为要用低电容 3pF 的 ESD 保护器件器件。DVI 和 HDMI 接口已常用于数字视频与音频与显示器的连接。由于高频信号（最高达 1.6GHz）的处理要求这些数据线配置极低的线路电容。Philips 提供了独特的 1pF 线路电容的 ESD 保护器件，性能满足 8kV 的可接触的 IEC 61000-4-2 标准。以 NXP 半导体的 NXPESD 器件为例，其在 DVI/HDMI 接口保护电路中的连接示意图如图 2-21 所示。

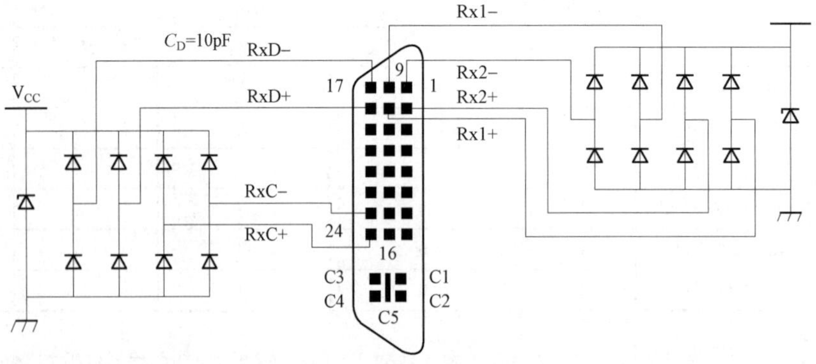

图 2-21　NXPESD 器件在 DVI/HDMI 接口保护电路中的应用

ST 公司日前推出新型的 ESD 保护高速器件 DVIULC6-4SC6，适用于高速接口，如数字可视接口（DVI），高清晰多媒体接口（HDMI），USB2.0 和工作在高达 3.2Gbit/s 速度的以太网接口。新型 DVIULC6 – 4SC6 是单片专用分立器件，DVIULC6 – 4SC6 超低线电容（对于 DVI/HDMI 应用条件，典型值 0.6pF，最大值为 1pF），可为高速接口提供 15kVESD 保护，而不会影响到信号完整性。并可为高速接口的四个数据线和电源轨提供完整的轨到轨的保护，而不会影响到信号完整性。

DVIULC6 – 4SC6 器件超过 IEC 61000 – 4 – 2Level4 规范要求，高达 15kV 接触放电，而大多数同类产品只能保证达到 8kV。除了大大降低线电容（0.6pF 对 3pF），DVIULC6 – 4SC6 还提供更好的阻抗匹配（0.015pF 对 0.04pF），最小化通路不平衡和串扰（0.007pF 对 0.13pF），以及超高的截止频率（5.5GHz），DVIULC6 – 4SC6 采用微细的 SOT23 – 6L 封装。

2.3　LED 显示屏安装

2.3.1　LED 显示屏箱体计算方式

1. 室内 LED 显示屏模组箱体计算方式

（1）给出 LED 显示屏的具体数据（长、宽，面积）。

实例 2 – 1：LED 显示屏的规格是 $\phi 5$（指像素的直径）屏，屏长 5.8m，宽 2.6m。

$\phi 5$ 屏的单元板规格为 488×244mm，单元板解析度 64×32。LED 显示屏所用单元板的块数按下式计算

$$m_L n_B = L_1 B_1 / L_2 B_2 \tag{2-5}$$

式中，m_L 为 LED 显示屏屏长用的板数；n_B 为 LED 显示屏屏宽用的板数；L_1 为预做 LED 显示屏屏长；B_1 为预做 LED 显示屏屏宽；L_2 单元板长；B_2 单元板宽。

$$L_1 = 5.8\text{m} \times 1000 \div 488 = 11.89 \approx 12$$

$$B_1 = 2.6\text{m} \times 1000 \div 244 = 10.65 \approx 11$$

实际屏的大小按下式计算

$$L_S B_S = L_2 B_2 \times LB \tag{2-6}$$

式中，L_S 为 LED 显示屏实际屏长；B_S 为 LED 显示屏实践屏宽；L_2 单元板长；B_2 单元板宽；L 为 LED 显示屏屏长用的板数；B 为 LED 显示屏屏宽用的板数。

$$L_S = 488 \times 12 = 5856\text{mm} \ 即 \ 5.856\text{m}$$

$$B_S = 244 \times 11 = 2684\text{mm} \ 即 \ 2.684\text{m}$$

$$屏的面积 \ S = 5.856 \times 2.684 = 15.72 \ （\text{m}^2）$$

通常 LED 显示屏的屏体外边框尺寸在屏体尺寸基础上，每边各加 5～10cm。

屏的分辨率按下式计算

$$\varepsilon = k \times \lambda \tag{2-7}$$

式中，ε 为屏的分辨率；k 为屏用的板数；λ 为单元板的解板度。

$$\varepsilon = (12 \times 64) \times (11 \times 32)$$

（2）只给出 LED 显示屏的面积，没有长宽。

实例 2 - 2：LED 显示屏的面积 S 为 $9m^2$，屏的规格是 $\phi 5$（指像素的直径）。若只给出了 LED 显示屏的面积，长宽需要计算。可以按长:宽比为 4:3 或 16:9 的比例计算，这样画面效果较好。LED 显示屏理论屏长和屏宽按下式计算（以 4:3 为例）

$$L_L = \sqrt{\frac{S}{12}} \times 4 \tag{2-8}$$

$$B_L = \sqrt{\frac{S}{12}} \times 3 \tag{2-9}$$

式中，L_L 为屏理论屏长；B_L 屏理论屏宽。

即：$L_L = 3.46m$；$B_L = 2.60m$。

长宽计算出来后，其他的计算可按实例 2 - 1 中计算方法进行。

2. 室外 LED 显示屏的计算方式

（1）给出屏的具体数据（长、宽）。

实例 2 - 3：制作的 P20 户外全彩 LED 显示屏的外形尺寸为：长 10m，宽 6m。P20 的单元箱体规格（箱体长宽）为：1280mm×960mm，解析度为：64×48，LED 显示屏的长或宽用的箱数按下式计算

$$L_X B_X = L_1 B_1 / L_D B_D \tag{2-10}$$

式中，L_X 为屏长用的箱数；B_X 为宽用的箱数；L_1 为预做 LED 显示屏屏长；B_1 为预做 LED 显示屏屏宽；L_D 为单元箱的长；B_D 为单元箱的宽。

$$L_X = 10m \times 1000 \div 1280 = 7.812\ 3 \approx 8$$
$$B_X = 6m \times 1000 \div 960 = 6.25 \approx 6$$

实际屏的大小按下式计算

$$L_S B_S = L_D B_D \times mn \tag{2-11}$$

式中，m 为屏长用的箱体个数；n 为屏宽用的箱体个数。

$$L_S = 1280 \times 8 = 10\ 240mm \text{ 即 } 10.24m$$
$$B_S = 960 \times 6 = 5760mm \text{ 即 } 5.76m$$
$$S = 10.24 \times 5.76 = 158.982\ 4 \approx 158.98\ (m^2)$$

屏的分辨率 ε 按下式计算

$$\varepsilon = \lambda_{XL} \times L_1 \times \lambda_{XB} \times B_1 = 64 \times 10 \times 48 \times 6 \tag{2-12}$$

式中，ε 为屏的分辨率；λ_{XL} 为箱体的解析度长；λ_{XB} 为箱体的解析度宽。

实例 2 - 4：制作户外 P16 全彩 LED 显示屏的外形尺寸为：宽 15m，高 12m。首先需要确定 LED 显示屏的实际宽和高，在根据 LED 显示屏的实际宽和高求出 LED 显示屏面积。

LED 显示屏实际宽 $= 15\ 000/256 = 58.59 \approx 59 \times 256 = 15.104m$

LED 显示屏实际高 $= 12\ 000/128 = 93.75 \approx 94 \times 128 = 12.032m$

LED 显示屏面积为：$15.104 \times 12.032 = 181.73 \text{m}^2$

（2）只给出屏的面积，没有长宽。

实例 2−5：制作 P20 的户外全彩 LED 显示屏的面积为：50m^2。若只给出了 LED 显示屏的面积，长宽需要计算。可以按长∶宽比为 4:3 或 16:9 的比例计算，这样 LED 显示屏的画面显示效果好。以 4:3 为例计算 LED 显示屏的理论长和宽，即

$$L_{\text{L}} = \sqrt{\frac{S}{12}} \times 4 = 8.16 \text{m}$$

$$B_{\text{L}} = \sqrt{\frac{S}{12}} \times 3 = 6.12 \text{m}$$

长宽计算出来后，其他的计算可按实例 2−3 的计算方法进行。

实例 2−6：制作一块户外 P16 全彩 LED 显示屏，面积大概 100m^2。需要确定 LED 显示屏的实际宽和高，求出 LED 显示屏实际面积。但在计算前应确定是制作 16:9 还是 4:3 的 LED 显示屏。若选择制作 16:9 的 LED 显示屏，则设显示屏宽为 X，则显示屏高为 $9/16X$。

根据下式求出 X

$$9/16X^2 = 100$$

则 $X = 13.333\,4$。

则 LED 显示屏宽 $13.333\,4\text{m}$，高为 7.5m。

用 LED 显示屏宽 $13\,333.4/256 = 52.083 \approx 52$。

则显示 LED 显示屏宽为 $52 \times 256 = 13.312\text{m}$。

用 LED 显示屏高 $7500/128 = 58.59 \approx 59$。

则 LED 显示屏实际高为 $59 \times 128 = 7.552\text{m}$。

LED 显示屏实际面积 $13.312 \times 7.552 = 100.53 \text{m}^2$。

选择制作 4:3 的 LED 显示屏，则设 LED 显示屏宽为 X，LED 显示屏高为 $3/4X$。

根据下式求出 X

$$3/4X^2 = 100$$

则 $X = 11.546\,8$。

则 LED 显示屏宽为 $11.546\,8\text{m}$，高为 8.660m。

用 LED 显示屏宽 $11\,546.8/256 = 45.1 \approx 45$。

则 LED 显示屏实际宽为 $45 \times 256 = 11.520\text{m}$。

用 LED 显示屏高 $8660/128 = 67.656 \approx 68$。

则 LED 显示屏实际高为 $68 \times 128 = 8.704\text{m}$。

LED 显示屏面积 $11.520 \times 8.704 = 100.27 \text{m}^2$。

2.3.2　LED 显示屏拼装步骤

在拼装 LED 显示屏时，首先将切割好的型材拼接，也就是组装好 LED 显示屏的外

框。市场上通用型材有方形、圆形，但组装方法是一样的。把外框架组装完毕，将单元板摆放于框架内（框架有槽的一面是正面），此时，安装背条的位置应相当准确的，避免错误，若错一根需更改全部。制作前首先确定 LED 显示屏外框的大小，以最常用的 3.5×90 型材和 P10 单元板（显示屏大小为 2 块×5 块）为例阐述确定外框方法如下。

（1）确定单元板的尺寸，需精确至毫米。拿 P10 单元板来说：其尺寸为 16cm×32cm。

（2）计算显示屏内单元板高和宽的净尺寸，如高为 2 块（单元板）×16cm = 32cm；宽为 32cm×5 块（单元板）= 160cm。

（3）在计算出的净尺寸中减去 4mm，如上，其净尺寸为 32cm×160cm，那么铝型材尺寸应为：（32cm − 4mm）×（160cm − 4mm）= 31.6cm×159.6cm。31.6 和 159.6 就是铝型材的实际尺寸，当 LED 显示屏的屏长超过 3m 以上需减去 5mm。

（4）把边角和截好的铝型材用自攻丝连接好，清理干净杂物，正面朝下放好。把单元板按方向放好，不可以把方向搞错。有插针的地方必须朝着铝型材，把磁铁托柱装到单元板上并把磁片放入托柱的凹槽里。

（5）量好轻钢龙骨所需的长度并截好，放到磁铁上，尽量让磁铁在龙骨的中央位置，防止距离有偏差。

（6）把龙骨用自攻丝和边框连接好。

（7）用排线把单元板连接起来成桥型，不能让排线有扭折现象。

（8）把电源固定到型材里面的合适位置，通常把电源放在 LED 显示屏下方的型材上，但要与单元板的绝缘。

（9）连接电源线。虽然 LED 显示屏为低压工作，但电流很大，应分路为单元板供电。一块 P10 单元板的额定电流为 4A，也就是说一块 40A 的电源可以带十块单元板。布线时把单元板分为三组（其中一组有四块单元板），采用三路电源为其供电，这样可使导线截面减小，给布线和接线带来方便。LED 显示屏单元板的电源为并联连接，即正极连正极，负极连负极，一般 VCC、+5V、+V 为正极。GND、COM、−V 为负极。且正负极一定不能接错，否则会造成单元板损坏。

（10）把控制卡放在单元板的输入端，且必须从电源上直接提供 5V 电源。控制卡的插针是有顺序之分的。连接时按单元板输入端的箭头标记接线。

（11）单元板和控制块的连接。控制卡插针有白色字母 A 标记，单元板的输入端也有此类标记，接线时应把两个 A 标记用排线平行的正确连接。

以上工作完成后，把 LED 显示屏内的杂物清理干净，防止导电的铝末、铁末、线头掉入电路板内引起单元板损坏。清理工作完成后，在通电测试前应做好数据线，因为控制卡在未改数据线前都是不能正常显示的。通常 LED 显示屏需用到下面三种数据线中的两种。

（1）延长线。这是每个 LED 显示屏都需要的，顾名思义它的作用就是把控制卡的数据接口延长到 LED 显示屏外（因为显示屏有后封盖）。制作延长线的材料有：一段三芯线；一个 DB9 针；一个 DB9 孔。DB9 针、孔后面的焊接处上方都标有数字 1、2、3、4、

5、6、7、8、9，只需要连接其中的 2、3、5，把 DB9 针的 2 和 DB9 孔的 2；DB9 针的 3 和 DB9 孔的 3；DB9 针的 5 和 DB9 孔的 5 用三芯线对接后，焊接牢固，焊好以后把胶壳装到有针的一端。

（2）交叉线或平行线。交叉线或平行线跟延长线的焊法一样，区别是平行线用的是两个 DB9 孔，都需要上胶壳。交叉线和平行线的材料一样，区别是交叉线的 2 连到另一个的 3 上，3 连到另一个的 2 上，5 还是接 5 上。也需要两个头上胶壳，交叉线或平行线的使用是由控制卡的型号决定的。

线路连接工作完成后，需对电源线路、数据线路进行全面检查和检测，确认正确无误后，方可进入下一步，即上电对 LED 显示屏进行系统调试。

2.3.3　LED 显示屏外框、配件制作

1. LED 显示屏外框制作

LED 显示屏外框分为：内嵌安装支架、简易框、不锈钢或铝合金边框。

（1）内嵌安装支架制作。根据不同的应用场合，外框要求不一样，内嵌安装不需要外框，但需要一个安装支架。安装支架一般用铝型材制作，比较轻便，切割加工容易，也可以用万能角铁（就是有很多孔的直角形的铁条）。单元板背面的铜柱是用来把单元板固定在支架上，如图 2-22 所示。支架应该长一点，预留灯箱的安装孔。把单元板，控制卡，电源都固定在支架上，数据线和 220V 电源线要用尼龙扎带绑在支架上，绑好后打个结，以免掉下。

图 2-22　单元板安装螺栓和铜柱

（2）简易框制作。制作简易框可以使用铝合金型材（例如截面是正方形的空心铝条），如果采用铝合金框，LED 显示屏的屏幕又较小，可以把单元板直接固定在外框上，若强度足够就不需要支架。

（3）不锈钢外框或铝合金外框。一般 LED 显示屏外框都是不锈钢的，其实不锈钢的外框只是在简易边框的基础上，包一层薄薄的不锈钢皮。看上去美观、大方，增加附加值。通常不锈钢外框或铝合金外框的制作和组装在确定尺寸后，是将设计图纸交五金厂代为加工。

2. 配件制作

（1）排线（数据线）制作。排线和计算机机箱内的数据线类似，只是线的宽度有点

差异。制作排线需要特殊的压线钳子，这样可以大大提高工作效率和优良品率。制作排线的材料有：排线、排线头、排线帽。如制作 16PIN（16 线）排线，需要 16PIN 排线和相应大小的排线头和帽。制作步骤如下。

1）把线头用剪刀剪平，将排线的端头放入排线头。

2）排线头放进压线钳的中央，用力压紧。

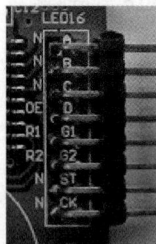 

控制卡接口　　　　单元板接口

图 2-23　控制卡接口和单元板接口

3）把线绕过来，安装排线帽。排线帽很重要，可以有效保护排线，让排线更加结实。

（2）转换线制作。控制卡接口和单元板接口如图 2-23 所示，P10 单元板是 12 接口，而控制卡是 08 接口。

控制卡上面有 R1、R2、R3、R4……，而单元板上一般只有 R1 或 R1、R2。控制卡上面的 R1 对应第 1 行单元板，R2 对应第 2 行单元板，R3 对应第 3 行单元板，R4 对应第 4 行单元板，如图 2-24 所示。

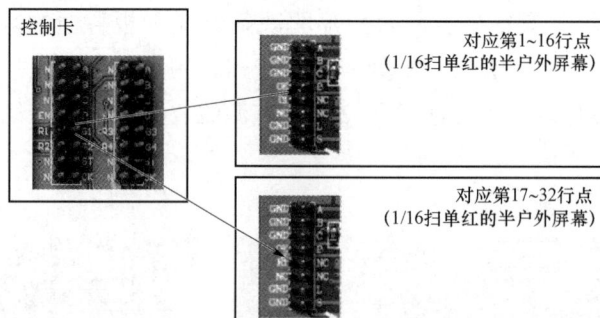

图 2-24　控制卡 R1、R2 与单元板对应图

控制卡与单元板的连接需要制作转换线，采用排线压头制作转换线的步骤如下。

步骤 1：将排线撕开，分为 6 股线，分别为 1，5，1，1，4，4，如图 2-25（a）所示。

步骤 2：将撕开的排线重新排列，安装排线头，如图 2-25（b）所示。

步骤 3：重新排列好后，用排线钳，压线，如图 2-25（c）所示。

步骤 4：再交叉一下，再压 1 个排线头（这个可以跳过，以后再压），如图 2-25（d）所示。

步骤 5：剪线，用刻刀和剪刀，将第 8，10，12 条切断，如图 2-25（e）所示。

步骤 6：按箭头方向做上标记，如图 2-25（f）所示，转换线制作完成。

（3）电源线制作。LED 显示屏的电源线分为 220V 电源线和 5V 电源线，220V 电源线用于连接开关电源到交流电源输入端，最好采用 3 脚插头。5V 直流电源线的电流比较大，应采用铜芯直径在 1mm 以上的红黑对线。并将 5V 直流电源线的两头压接接线鼻子。

图 2-25　转换线制作示意图

（a）撕开分段；（b）重新排列，安装排线头；（c）用排线钳，压线；
（d）交叉一下，再压 1 个排线头；（e）剪线；（f）做标记

（4）RS232 线制作。RS232 线用于连接计算机和控制卡，制作 RS232 线需要用到 DB9 头和网线。DB9 头上面有数字 5 连接棕色线，数字 3 连接棕白色线。将网线夹紧，装好 DB9 头。然后用万用表测量一下两头，是否导通。DB9 的头分公头和母头，计算机后面的属于母座，所以要用公插对应。

2.3.4　LED 显示屏铝材间夹板安装及电源线连接

1. LED 显示屏铝材间夹板安装

夹板的作用是调整显示屏正面的平整度，安装时有螺丝头的一面面向安装人员，将其铁板平行，另一个铁板垂直放置，从两个铝杠之间插入，再转动使其与前面铁板平行，将螺丝拧紧即可，如图 2-26 所示。

2. 220V/5V 电源线的连接

（1）220V 电源线的连接。用 220V 电源线将开关电源并联在一起，每根电源线连接在"L"和"N"端子上，连接方法如图 2-27 所示。

图 2-26　铝材间夹板安装示意图

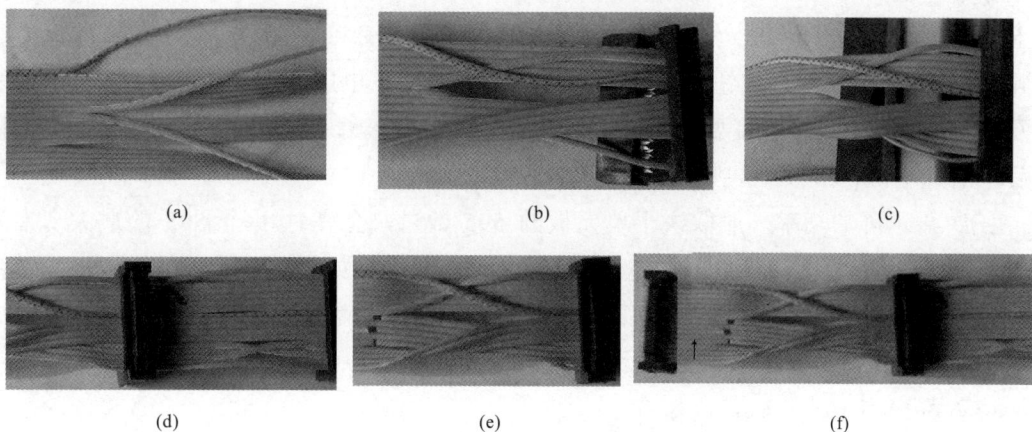

图 2-27　220V 电源线与开关电源连接图

将 220V 电源线连接到开关电源后（确认连接正确后，连接到 AC 或者 NL 接线柱）

插上电，电源指示灯会亮，然后用万用表直流挡测量 V+ 和 V– 之间的电压，确保电压在 4.8~5.1V，旁边有个旋钮，可以十字螺丝刀调节一下电压。为了减少 LED 显示屏发热及延长使用寿命，在亮度要求不高的场合，可以把电压调节到 4.5~4.8V。确认电压正常后，断开电源，继续组装其他部分。

LED 显示屏的功率一般取决于单元板的 595 数量，全亮时 1 个 595 的最大功率为 0.4A。数一下单元板上面 595 的数量就可以计算出功率的。如果 LED 显示屏只显示文字，1 个 595 的功率为 0.2A。由于现在很多电源的最大输出功率并没有标称那么大，也很少出现全亮的情况，所以最大功率等于标称功率就可以。通常选用 LED 显示屏专用 5V 电源，功率为 5V/10A~40A。

（2）5V 电源线连接。先把电源关闭，将 V+ 连接红色线，V– 连接黑线，分别连接到控制卡和 LED 单元板，黑线接控制卡和电源的 GND。红线连接控制卡的 +5V 和单元板的 VCC。每个单元板 1 条电源线。完成连线后，应检查连接是否正确。黑色线连接在开关电源的两个"COM"端子上，红色线连接在两个"+V"端子上，主板上的红黑电源线也同样连接，一个端子可接多条电源线。如图 2–28 所示。每个开关电源连接三块驱动板，其连接如图 2–29 所示，图中"■"代表开关电源；线段"–"代表 5V 电源线。

图 2–28　5V 电源线连接示意图

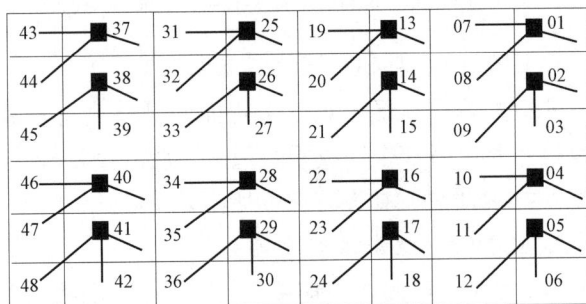

图 2–29　开关电源连接图

（3）单股芯线与针孔接线端子连接。单股芯线与针孔接线端子连接时，最好按要求的长度将线头折成双股并排插入针孔，使压接螺钉顶紧在双股芯线的中间。如果线头较粗，双股芯线插不进针孔，也可将单股芯线直接插入，但芯线在插入针孔前，应朝着针孔上方稍微弯曲，以免压紧螺钉稍有松动线头就脱出，如图 2–30 所示。

（4）单股芯线与平压式接线端子连接。单股芯线与平压式接线端子连接时，先将线头弯成压接圈（俗称羊眼圈），再用螺钉压紧，羊眼圈弯制方法如图 2–31 所示，步骤如下。

1）离绝缘层根部约 3mm 处向外侧折角。

2）按略大于螺钉直径弯曲圆弧。

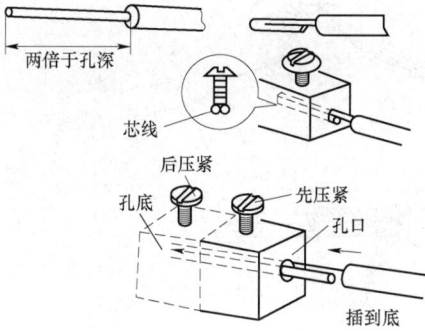

图 2-30　单股芯线与针孔接线端子连接

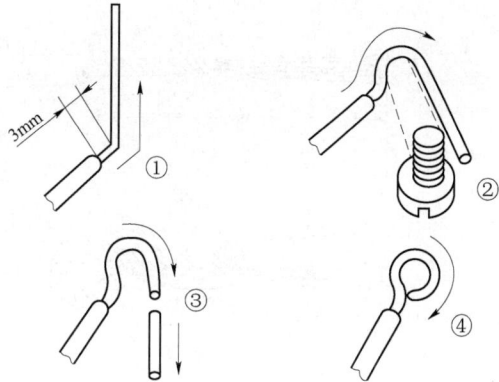

图 2-31　羊眼圈弯制方法

3）剪去芯线余端。

4）修正圆圈成圆形。

（5）多股芯线与针孔接线端子连接。在多股芯线与针孔接线端子连接时，应先用钢丝钳将多股芯线进一步绞紧，以保证压接螺钉顶压时不致松散。如果针孔过大，则可选一根直径大小相宜的电线作为绑扎线，在已绞紧的线头上紧紧地缠绕一层，使线头大小与针孔匹配后再进行压接。如果线头过大，插不进针孔，则可将线头散开，适量剪去中间几股，然后将线头绞紧再进行压接，多股芯线端头处理方法如图 2-32 所示。

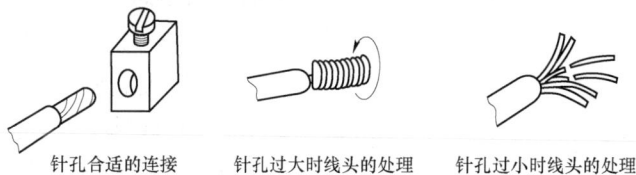

针孔合适的连接　　　针孔过大时线头的处理　　　针孔过小时线头的处理

图 2-32　多股芯线端头处理方法

（6）多股芯线与平压式接线端子连接。多股芯线与平压式接线端子连接的压接圈制作方法如下。

1）先弯制压接圈，把离绝缘层根部约 1/2 处的芯线重新绞紧，越紧越好，如图 2-33（a）所示。

2）将绞紧部分的芯线在离绝缘层根部 1/3 处向左外折角，然后弯曲圆弧，如图 2-33（b）所示。

3）当圆弧弯曲得将成圆圈（剩下 1/4）时，应将余下的芯线向右外折角，然后使其成圆形，捏平余下线端，使两端芯线平行，如图 2-33（c）所示。

4）把散开的芯线按 2、2、3 根分成三组，将第一组 2 根芯线扳起，垂直于芯线（要留出垫圈边宽），如图 2-33（d）所示。

5）按 7 股芯线直线对接的自缠法加工，如图 2-33（e）所示。

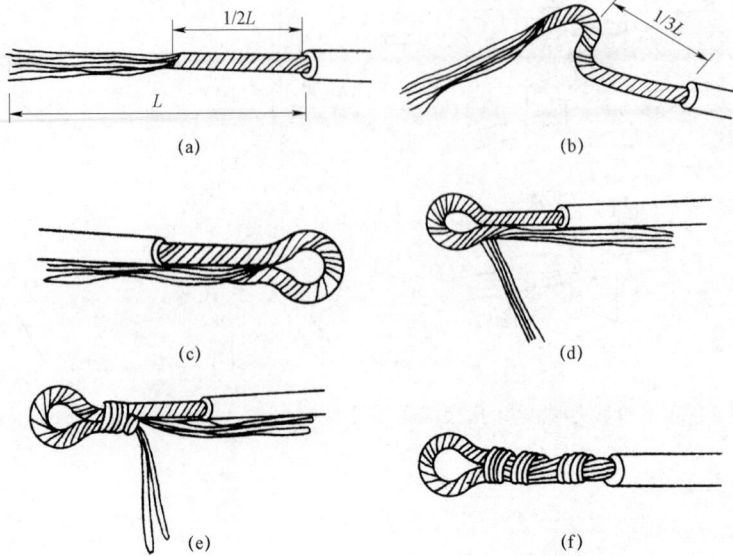

图 2-33 多股芯线与平压式接线端子连接的压接圈制作方法
(a) 绞紧芯线; (b) 弯曲圆弧; (c) 成圆形, 捏平余下线端;
(d) 把散开的芯线分组; (e) 对接自缠; (f) 成形

6) 成形, 如图 2-33 (f) 所示。

(7) 软线线头与针孔接线端子连接。

1) 把多股芯线绞紧, 多股芯线的端头不应有断股的芯线露出端头而成为毛刺, 如图 2-34 (①) 所示。

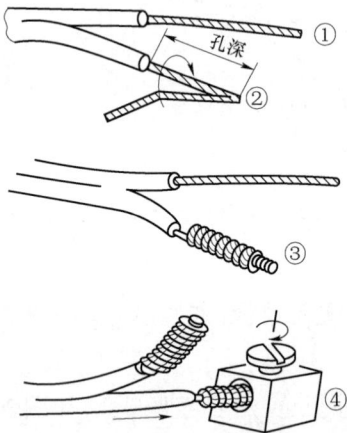

图 2-34 软线线头与针孔接线端子连接

2) 按针孔深度折弯芯线, 使之成为双根并列状, 如图 2-34 (②) 所示。

3) 在芯线根部把余下芯线按顺时针方向缠绕在双根并列的芯线上, 排列应紧密整齐, 如图 2-34 (③) 所示。

4) 缠绕至芯线端头口剪去余端, 并钳平不留毛刺, 然后插入接线桩针孔内, 拧紧螺钉, 如图 2-34 (④) 所示。

(8) 电线与接线桩不规范连接。图 2-35 所示的为 8 种不规范压接, 图 2-35 (a) 的压接圈不完整, 接触面积太小; 图 2-35 (b) 的线头根部太长, 易与相邻电线碰触造成短路; 图 2-35 (c) 的电线余头太长, 压不紧, 容易造成接触面积过小; 图 2-35 (d) 的压接圈径太小, 装不进螺钉; 图 2-35 (e) 的压接圈不圆, 压不紧, 容易造成接触不良; 图 2-35 (f) 的余头太长, 容易发生短路或触电事故; 图 2-35 (g) 只有半个圆圈, 压不住; 图 2-35 (h) 的软线线头未拧紧, 有毛刺,容易造成短路。

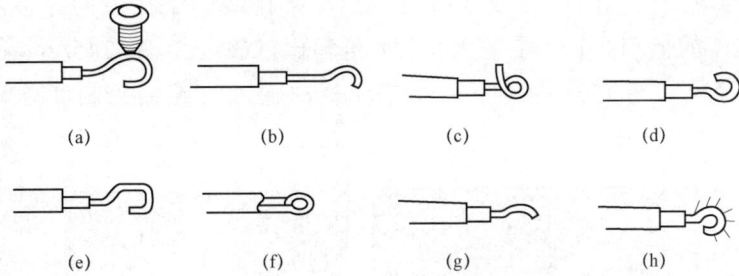

图 2-35　8 种不规范压接

（a）压接圈不完整，接触面积太小；（b）线头根部太长；（c）电线余头太长；（d）压接圈径太小；
（e）压接圈不圆；（f）余头太长；（g）只有半个圆圈；（h）有毛刺

2.3.5　信息线缆安装连接

1. 26 芯扁平电缆安装

每一个驱动板与同它相邻的驱动板之间都有两条连接电缆，安装方式是将 26 芯电缆的一端，与前一级驱动板的 26 芯双排针相吻合的插入，另一端平行的插在与其相邻驱动板的 26 芯双排针上，如图 2-36 所示。

2. 60 芯通信电缆连接

60 芯通信电缆上有 8 个带有编号的电缆接头，将编号 4-1 的电缆接头与编号 4-1 的主板相连接，依照此顺序将 8 个电缆接头同 8 个主板号码对应的连接在一起，如图 2-37（a）所示。

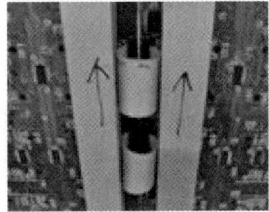

图 2-36　26 芯扁平电缆安装示意图

编号 4-1 与编号 8-1 之间有两个可对接的接头，将其连接上，如图 2-37（b）所示。

编号 8-6 的有一个延伸接头，此接头与通信电缆的"OUT1"一端相连接，如图 2-37（c）所示。

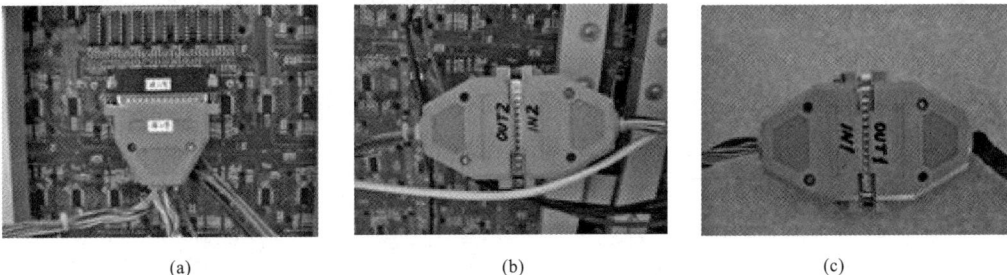

图 2-37　60 芯通信电缆连接示意图

（a）对应接头；（b）对接接头；（c）延伸接头与通信电缆端接

3. 连接控制卡和单元板

在控制卡与单元板之间用排线连接时，应注意排线的连接方向，不能接反。单元板有 2 个 16PIN 的接口，1 个是输入，1 个是输出，靠近 74HC245/244 的是输入，将控制卡连接到输入。输出连接到下一个单元板的输入。连接控制和单元板示意图如图 2－38 所示。

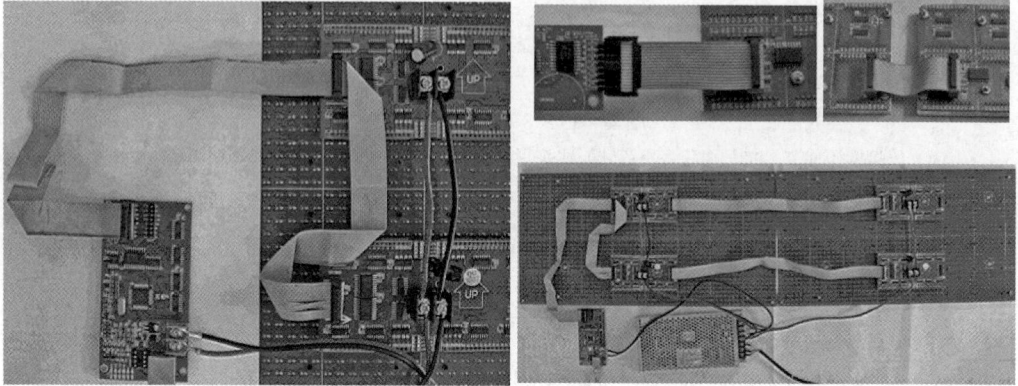

图 2－38　连接控制和单元板示意图

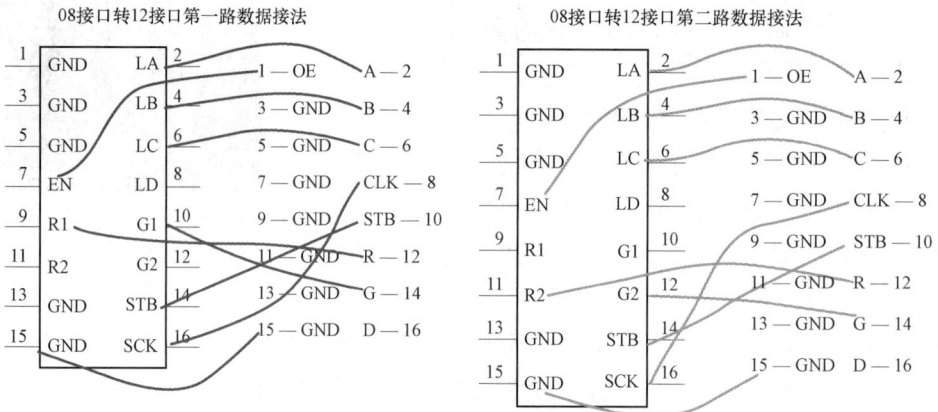

图 2－39　原理接线图

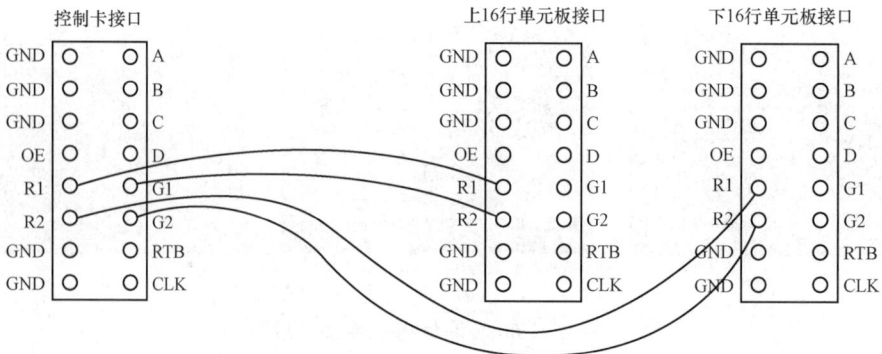

图 2－40　改线图

08 接口转 12 接口如果自行接线，可通过图 2－39 所示原理接线（一个 08 接口可以引出 2 个 12 接口）。一般控制卡的数据线 R1、G1 对应 LED 显示屏上 16 行，R2、G2 对应 LED 显示屏下 16 行。如果 LED 显示屏是 32 点，控制卡应支持 32 行显示，若控制卡上只有 1 个接线口，需要按图 2－40 进行改线。

4. 连接 RS232 数据线

将做好的数据线一头连接计算机的 DB9 串口，另一头连接控制卡，将 DB9 的 5 脚（棕色）连接到控制卡的 GND，将 DB9 的 3 脚（棕白色）连接到控制卡的 RS232－RX。如果 PC 没有串口，可以采用 USB 转 RS232 串口的转换线。

5. RJ－45 插头制作方法

RJ－45 插头是一种只能沿固定方向插入并自动防止脱落的塑料接头，俗称"水晶头"，专业术语为 RJ－45 连接器（RJ－45 是一种网络接口规范，类似的还有 RJ－11 接口，就是平常所用的"电话接口"，用来连接电话线）。双绞线的两端必须都安装 RJ－45 插头，以便插在网卡（NIC）、集线器（Hub）或交换机（Switch）的 RJ－45 接口上，进行网络通信。

RJ－45 插头（水晶头）的截面示意图如图 2－41 所示，从左到右的引脚顺序分别为 1～8，许多用户在布线中经常出现两种错误：一种是采用一一对应的连接方法，如图 2－42（a）所示，连接距离较短时，系统不会出现连接上的故障，但当连接距离较长，网络繁忙或高速运行时，最好采用图 2－42（b）的连接方法，其核心是让 3 和 6 两个引脚为同一个绞对。

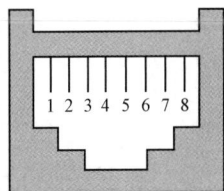

图 2－41　RJ－45 插头（水晶头）的截面示意图

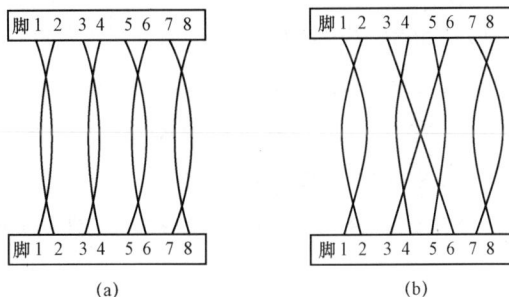

图 2－42　连接方法
（a）对应的连接方法；（b）3 和 6 两个引脚为同一个绞对连接方法

水晶头虽小，但在网络中的重要性一点都不能小看，在许多网络故障中就有相当一部分是因为水晶头质量不好而造成的。水晶头的质量主要体现在接触探针上，水晶头若采用镀铜接触探针则容易生锈，造成接触不良，导致网络不通。水晶头的塑料扣位不紧（通常是变形所致）易造成接触不良，导致网络中断。

遵循国际标准 EIA/TIA－568，RJ45 型网线插头和网线有两种连接方法（线序），分别称为 T568A 线序及 T568B 线序，如图 2－43 所示。

（1）RJ－45 的 8 条线作用。1、2 用于发送数据（TX），3、6 用于接收数据（RX），

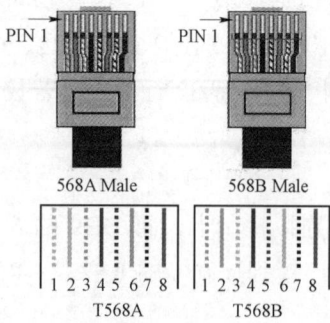

图 2-43 T568A 线序及 T568B 线序

4、5，7、8 是双向线。1、2 线、3、6 线、4、5 线、7、8 线必须双绞。

在 10M 网络中，只需要 2、6 两条线就可以通信。因此在用测线仪测试 10M 交换机的时候，只显示 2、6 灯亮。

在 100M 网络中，只需要 1、2、3、6 四条跳线就可以通信。因此在用测线仪测试 100M 交换机的时候，只显示 1、2、3、6 灯亮。

在 1000M 网络中，需要 1、2、3、4、5、6、7、8 八条跳线才可以达到 1000M 的数据通信。因此在用测线仪测试 1000M 交换机的时候，显示 1、2、3、4、5、6、7、8 灯亮。

（2）T568A 线序的适用范围。T568A 线序适用于网络设备需要交叉互连的场合，所谓交叉是指网线的一端和另一端与 RJ-45 网线插头的接法不同，一端按 T568A 线序接，另一端按 T568B 线序接，即有几根网线在另一端是先做了交叉才接到 RJ-45 插头上去的，适用的连接场合有：计算机←→计算机，称对等网连接，即两台计算机之间只通过一条网线连接就可以互相传递数据；集线器←→集线器；交换机←→交换机。

T568A 线序的接法如图 2-44 所示，RJ-45 型网线插头各脚与网线颜色标志的对应关系是：插头脚号及网线颜色：1 脚为绿白色；2 脚为绿色；3 脚为橙白色；4 脚为蓝色；5 脚为蓝白色；6 脚为橙色；7 脚为棕白色；8 脚为棕色。

（3）T568B 线序的适用范围。

1）直连线互连。网线的两端均按 T568B 接：计算机←→ADSL 猫；ADSL 猫←→ADSL 路由器的 WAN 口；计算机←→ADSL 路由器的 LAN 口；计算机←→集线器或交换机。

2）交叉互连。网线的一端按 T568B 接，另一端按 T568A 接：计算机←→计算机，即对等网连接，集线器←→集线器；交换机←→交换机。

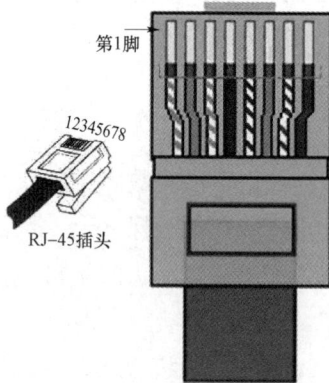

图 2-44 RJ-45 型网线插头的 T568A 线序接法示意图

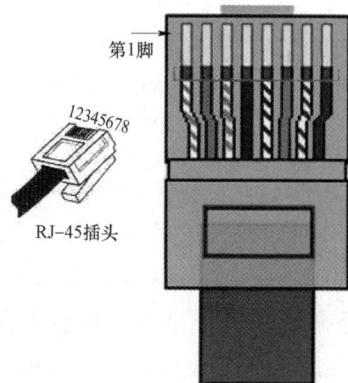

图 2-45 RJ-45 型网线插头的 T568B 线序接法示意图

　　T568B 线序的接法如图 2－45 所示，RJ－45 型网线插头各脚与网线颜色标志的对应关系是：1 脚为橙白色；2 脚为橙色；3 脚为绿白色；4 脚为蓝色；5 脚为蓝白色；6 脚为绿色；7 脚为棕白色；8 脚为棕色。

　　RJ－45 型网线插头引脚号的识别方法是：手拿插头，有 8 个小镀金片的一端向上，有网线装入的矩形大口的一端向下，同时面对没有细长塑料卡销的那个面，从左边第一个小镀金片开始依次是第 1 脚、第 2 脚、…、第 8 脚。

　　（4）RJ－45 插头的制作步骤。RJ－45 插头用于数据（计算机）链路的连接，RJ－45 插头有 8 把刀，相对应数据线的 8 芯线，按 T568B 标准是正面看从左到右依次为 1 橙白色，2 橙色，3 绿白色，4 蓝色，5 蓝白色，6 绿色，7 棕白色，8 棕色。

　　1）剥开外绝缘护套。先将已经剥去绝缘护套的 4 对单绞线分别拆开相同长度，将每根线轻轻捋直，同时按照 568B 线序（白橙，橙，白绿，蓝，白蓝，绿，白棕，棕）水平排好，如图 2－46（a）所示。将 8 根线端头一次剪掉，留 14mm 长度，从线头开始，至少 10mm 导线之间不应有交叉，如图 2－46（b）所示。

　　2）剥开 4 对双绞线，剥开单绞线。定位数据线的 8 芯按 1:2、3:6、4:5、7:8 次序整理好，为防止插头弯曲时对套管内的线对之间造成损伤，线缆应并排排列至套管内至少 8mm，形成一平整部分，平整部分之后的交叉部分呈椭圆型。

　　3）为绝缘导线解扭，使其按正确的顺序平行排列，导线 6 跨过导线 4 和 5，在套管里不应有未扭绞的导线。

　　4）导线经修整后（导线端面应平整，避免毛刺影响性能），距套管的长度为 14mm，从线头开始，至少 10±1mm 之内导线之间不应有交叉，导线 6 应在距套管 4mm 之内跨过导线 4 和 5。

　　5）将导线插入水晶头，导线在水晶头前端应插到最前端，套管内的平坦部分应从水晶头后端延伸直至初始张力消除，套管伸出水晶头后端至少 6mm，一定要插到底，如图 2－47 所示。

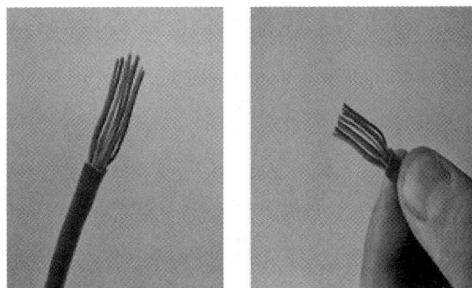

<table>
<tr><td>（a）</td><td>（b）</td></tr>
</table>

图 2－46　剥开外绝缘护套　　　　　　　图 2－47　将导线插入水晶头示意图

（a）剥开排好的双绞线；（b）剪齐的双绞线

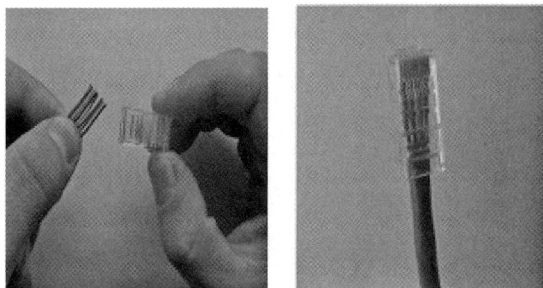

6）压好水晶头，再一次测量导体和套管长度，以确保它们满足几何要求。利用压线钳的机械压力使 RJ－45 头中的刀片首先压破线芯绝缘护套，然后再压入铜线芯中，实现刀片与线芯的电气连接。每个 RJ－45 头中有 8 个刀片，每个刀片与 1 个线芯连接。注意观察压接后 8 个刀片比压接前低。RJ－45 头刀片压线前位置如图 2－48 所示，RJ－45 头刀片压线后位置如图 2－49 所示。

7）目测水晶头上镀金的 8 把刀是否插入线中，8 把刀面是否平整。

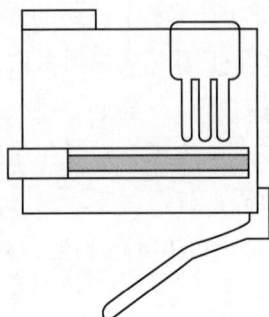

图 2－48 RJ－45 头刀片压线前位置图   图 2－49 RJ－45 头刀片压线后位置图

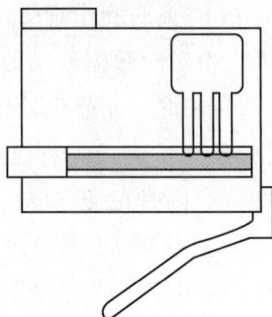

2.3.6 LED 显示屏安装注意事项及上电前检查

1. LED 显示屏安装注意事项

在安装 LED 显示屏过程中需要注意以下事项。

（1）边框料尺寸确定。边框料尺寸由成品规格来确定，但也受制于单元板规格，切料时要注意铝合金边框宽度，由于左右是两根，所以在切上下两横料时要从成品规格中减去两倍的铝合金边框宽度，左右两竖料也应照顾到这一点。

（2）转角部分用塑料连接件来连接，最后用自攻螺丝固定牢固，一个转角共用四个螺丝，每侧上下各一个，边框连接好后就可以摆放单元板了。

（3）单元板的摆放要根据单元板的规格来摆放。4.8×0.48 规格的单元板需要摆放成横 15，竖 3。在摆放时应使单元板上的箭头方向一致。

（4）拧好特制螺丝到单元板上，全部吸好磁柱，靠近左右两边框部分的螺丝要拧在单元板靠里的那一排上，这样便于固定侧边的背条。

（5）安装背条，背条两端要预先打好孔，一端两孔，一根上共四孔，用自攻螺丝与边框料固定，最后让单元板上的磁柱吸附在背条上。

（6）用数据线连接单元板，数据线的一端插在左侧单元板相对右侧的插座上，然后另一端跨过背条接在右侧相邻的单元板左侧的插座上，依次一一连接好。

（7）单元板之间电源线的连接，红线接单元板上的 ACC 端，黑线接单元板上 GND 端，逐一连接好，注意不要搞混。

（8）安装电源盒与接线。一个 40A 的电源盒最多可接 12 个单元板，考虑到带多了就发热，按 8 个来接线。电源盒上共 9 个接线端子，从左到右分别是：1、2 端为市电 220V 接口，3 为地线，4、5、6 都为 5V 正极，7、8、9 为 5V 负极。

（9）控制卡的接线数要与单元板的摆放行数一一对应，但要注意数据线（排线）上一侧有彩色的要接控制卡上的 OE 端，单元板上也一样对应 OE 端，不能接反。将 RS-232 线与控制卡连接。另外控制卡上的电源要接电源盒上的 5V，要对应正负极，不能错接到 1、2 端上的 220V，否则会烧毁控制卡。

（10）接电源线，电源线要接电源盒上的 1，2 端，不要搞混，要把用到的电源盒全部串通。另一端引出接双孔插头以便取电使用。

2. LED 显示屏上电前检查及上电检测

（1）检查。检查所有相邻两块驱动板（除去第四杠与第五杠）之间都应有 26 芯电缆连接，并与 26 芯双排针相吻合；检查所有 5V 电源线的黑色线都应接在两个"COM"端，红色线都应接在两个"+V"端；检查 8 个带有编号的 60 芯接头与 8 个对应的主板间都应连接上。

（2）上电检测。接通交流 220V 电源，正常情况下，电源指示灯亮，控制卡指示亮，LED 显示屏有显示。如果不正常，关断交流 220V 电源，检查电源连线及插接件的插接是否牢固。若 LED 显示屏上电正常，则使用控制卡软件更新屏内容，设置屏参数。用计算机发送数据到 LED 显示屏。具体使用方法，参照 LED 显示屏使用手册。

2.3.7 LED 显示屏对计算机的要求及软硬件安装操作

1. LED 显示屏对计算机的要求

主机应为目前通用的商用计算机或兼容机；硬盘需有 40G 以上空间，内存 1M 以上；主板须有 AGP 插槽和 PCI 插槽；操作系统：Win：2000/WinXP/Win7。

LED 显示屏系统的配置（每个屏配置以发货清单为准）：带 DVI 显卡（七彩红显卡，安装在计算机中）；DVI 主控卡（数据采集发送卡，安装在计算机中）；扫描板（数据接收显示驱动卡，配套集线板 1～2 张，安装在显示屏后）；DVI 电缆线，RS-232 串口线；PCTV 卡（可选）。

2. 硬件安装

安装步骤如下。

（1）把 DVI 显示卡插于主板的 AGP 插槽，安装好该卡的驱动程序。

（2）将数据采集卡插于空的 PCI 插槽。

（3）用 DVI 线缆把数据采集卡与显示卡连接在一起。

（4）把控制线与串口（RS-232）相连（可选）。

（5）用网线与接收卡相连。

（6）显示驱动卡与集线板用 50P 扁平线一一对应连接好。

（7）检查连接无误，即可进行设置或上电调试。

3. 软件安装

（1）显卡驱动安装。将显卡驱动程序光盘插入光驱，即可自动进入安装状态，按提示操作即可。首先安装 DirectX8.1；然后再安装驱动程序；最后安装控制面板。

（2）播放软件。专用 LED 显示屏播放、LED 演播室、LEDSHOW4.0 均可满足大部分 LED 显示屏的要求，将随 LED 显示屏附带的应用软件光碟插入光驱，复制或安装所有的程序到计算机上。

（3）PCTV 卡软件。将 PCTV 卡驱动程序光盘插入光驱，即可自动进入安装状态，按提示操作即可。本硬件和软件适合播放 VCD、DVD、TV 等外接信号源。

4. LED 显示屏操作及注意事项

（1）开机顺序。LED 显示屏开机顺序如下。

1）先打开计算机显示器，再打开计算机主机。务必确保显卡设置正确（不正确会没有显示画面，即黑屏），打开控制软件，进行基本的像素尺寸和显示区域设置（此设置并不影响 LED 显示屏画面的显示）。

2）启动 LED 控制面板、进入 LED 显示屏编播软件，打开编辑好的文件，并运行节目单。

3）打开 LED 显示屏专用开关，给 LED 显示屏供电（LED 显示屏屏幕通电瞬间会有区域性的闪烁，表明 LED 显示屏通电）。

（2）关机顺序。LED 显示屏关机顺序如下。

1）首先关掉 LED 显示屏电源专用开关，退出 LED 显示屏专用编播软件，并退出所有程序。

2）关闭计算机（先关计算机不关 LED 显示屏，会导致 LED 显示屏屏幕出现高亮点，而影响 LED 显示屏的寿命）。

3）关断所有与 LED 显示屏设备连接的电源。

（3）LED 显示屏操作注意事项。在操作 LED 显示屏时应注意以下事项。

1）必须严格按照开关机顺序进行 LED 显示屏的操作。

2）LED 显示屏在运行中，请勿带电插拔系统板卡及与 LED 显示屏连接的所有设备。

3）LED 显示屏专用计算机不允许玩游戏及安装与 LED 显示屏不相关的软件，防止病毒侵入计算机，以免影响 LED 显示屏的正常运行。

4）开关 LED 显示屏的间隔时间要大于 5min。

5）计算机进入工程控制软件后，方可给 LED 显示屏上电。

6）避免在全白屏幕状态下开 LED 显示屏，因为此时系统的冲击电流最大。

7）避免在失控状态下打开 LED 显示屏，因为此时系统的冲击电流最大。

在更改或变动 LED 显示屏控制部分时应注意的事项如下。

1）计算机、控制部分电源的中性线、相线不能反接，应严格按原来的位置插接。如有外设，连接完毕后，应测试机壳是否带电。

2）计算机等控制设备移动后，在计算机等控制设备通电前应首先检查连接线、控制板有无松动现象。

3）不能随意改动计算机等控制设备的通信线、扁平连接线的位置、长度。

4）计算机等控制设备移动后，若发现短路、跳闸、冒烟等异常时，不应反复通电测试，应及时查找问题。

在操作使用 LED 显示屏软件时应注意的事项如下。

1）软件备份：WIN2003、WINXP、应用程序、软件安装程序、数据库等，应使用"一键还原"软件，操作方便。

2）熟练掌握安装方法、原始数据恢复、备份。

3）掌握控制参数的设置、基础数据预置的修改。

4）熟练使用程序、操作与编辑。

5）定期检查，删除无关的数据。

第3章 LED 显示屏配置及系统调试

3.1 LED 显示屏调试条件及硬件和软件使用环境

3.1.1 LED 显示屏调试条件及检查项目

1. 调试条件

（1）会审有关 LED 显示屏的技术资料、技术文件、施工图纸，协助配合的电气安装工作已经完成。

（2）安装质量经验收合格；符合设计、厂家技术文件和施工验收规范。

（3）在安装过程中的有关试验已完成，经验收符合有关标准。

2. LED 显示屏调试前检查项目

（1）通信线及电源线的检测。LED 显示屏安装完成后必须对相应的通信线及电源线进行检测，其目的是保证通信的准确性及用电的安全合理性。通信线检测包括 LED 显示屏内外的通信线路。检测时需注意通信信号是否正常，线路标识是否清楚，布线是否符合规范要求。

电源线的检测除 LED 显示屏的屏体至配电箱的电源线外，还包括供电处至 LED 显示屏配电箱的电缆布置、LED 显示屏背部维修通道内的照明用电、空调及轴流风机的供电、监控机房内控制计算机及附属设备的用电接线等。

（2）模组检测。在 LED 显示屏调试前必须保证每个单独模组是运行正常的，虽然在出厂前对每个模组进行了 72 个小时的动态老化以保证其性能良好，但运输及安装过程中不可避免会造成一定损坏，如接插件的松动等造成的通信不良，所以必须对模组进行未通电检测。

（3）附属设备的检测。所有附属设备在运输至现场前都经过生产厂的出厂的检测，到现场后需要进行的检测包括以下几个方面。

1）量的检测：设备的规格型号数量是否与合同相符（以发货单为准），所有的设备开箱后检查相关使用说明及附件（光盘、合格证、保修单等）是否齐全。

2）质的检测：所有的设备包装是否完好。所有的设备开启后使用是否良好。相关设备连接后运行是否正常。

3）LED 显示屏外框无明显划痕，LED 显示屏像素管安装应一致、无松动及管壳破裂。

4）LED 显示屏内设备的外观检查，着重于螺丝的紧固连接情况，接插件的插件情况、设备的完好情况。

5）查看 LED 显示屏内通风情况、是否安全并满足相关规定要求，检查空调设备、温度自动控制系统的完好情况。

6）室内 LED 显示屏的环境温度为：工作环境低温：0℃；高温：+40℃；室外 LED 显示屏的环境温度为：工作环境低温：可选 −20℃、−10℃；高温：+50℃。

7）湿度：在最高工作温度时，LED 显示屏应能在相对湿度为 90% 的条件下正常工作。

8）对地漏电流：LED 显示屏的对地漏电流应不超过 3.5mA（交流有效值）。

9）检查前端（户外屏）和监控机房接地系统的电阻，通常前端接地电阻应小于等于 4Ω，监控机房接地电阻应小于等于 1Ω。

3.1.2　LED 显示屏硬件和软件使用环境

1. 硬件使用环境

LED 显示屏硬件部分包括根据 LED 显示屏种类、面积、使用现场等条件确定的通用计算机部分、通信线、专用数据转换部分及供电电源部分，并应给出详细说明。

（1）对计算机主机、各种选配插卡、外部设备及通信接口的要求。

（2）对通信线的要求并注明最大通信距离。

（3）数据转换部分与计算机主机的通信方式。

（4）供电要求及结构安装要求。

2. 软件使用环境

对不同性能的 LED 显示屏应配置能满足其显示功能要求的显示软件，该软件应具有以下功能。

（1）符合系列化、标准化要求，能向下兼容。

（2）采用在详细规范中规定的操作系统和语言。

（3）配有完善的自检程序和根据需要配备各种级别的诊断程序。

（4）对特殊用途的 LED 显示屏配备其相应的专用软件。

3.1.3　常用显卡的设置

1. ATI – AGP/PCI 系列显卡

（1）在桌面空白处按鼠标右键，在弹出的快捷菜单中单击【属性】菜单。

（2）在弹出的【显示属性】对话框中选择【设置】选项，单击【高级】按钮，选择【显示】选项。

（3）在 FPD 显示对话框的左边有一个红色的三角按钮，点击后变为绿色，如图 3 – 1 所示，再单击【应用】按钮即可。

（4）如果要播放视频，一定要在高级属性中选择【覆盖】选项，单击【复制模式选项】按钮，然后选择【全部相同】，如图 3 – 2 所示，再单击【应用】按钮即可。

图 3-1　FPD 显示对话框

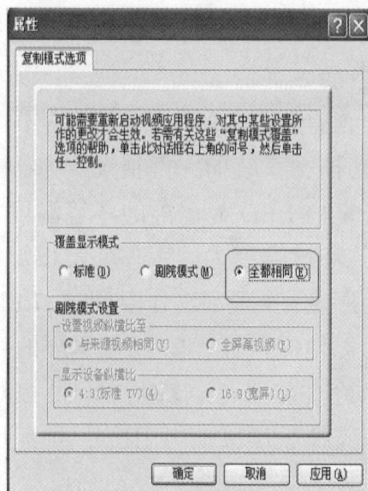

图 3-2　高级属性对话框

2. ATIPCI - E 显卡

（1）在桌面上单击右键，选择【ATICATALYST（R）ControlCenter】打开 ATI 控制中心，如图 3-3 所示。

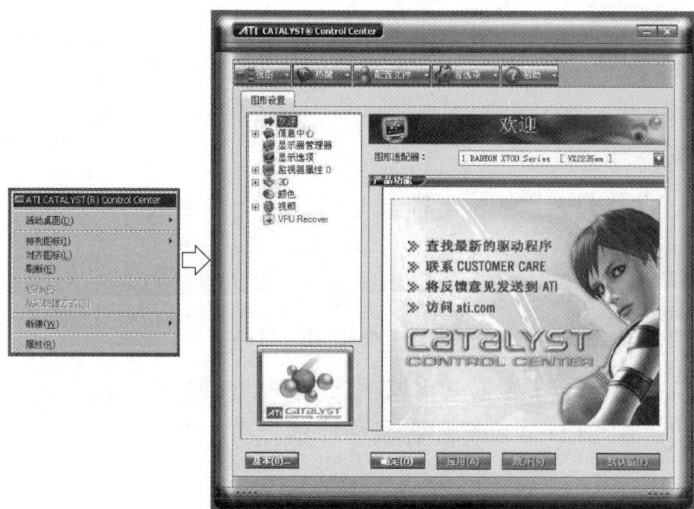

图 3-3　打开 ATI 控制中心对话框界面

（2）在图 3-3 所示对话框的右边的菜单中选择【显示器管理器】，如图 3-4 所示。

（3）在图 3-4 的【连接的显示器当前被禁用】下面的灰色显示器上单击右键，在弹出的菜单上选择【复制主机数字面板】，如图 3-5 所示，选择【是】保持设置，如图 3-6 所示，设置好后如图 3-7 所示。

（4）如果要设置后台播放，则选择【将主显示器扩展至数字面板】，如图 3-8 所示。

（5）如果要播放视频则选择【视频】，选择【剧院模式】，在【复制模式显示覆盖】下选择【在所有显示器上都相同】，如图 3-9 所示，单击【应用】按钮。

图 3-4　选择【显示器管理器】对话框

图 3-5　选择【复制主机数字面板】对话框

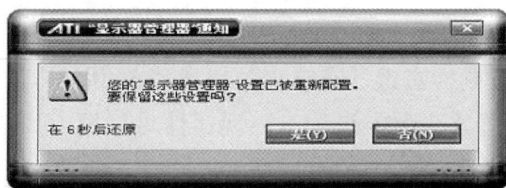

图 3-6　选择【是】保持设置对话框

图 3-7　设置好后的界面

图 3-8　选择【将主显示器扩展至数字面板】对话框

图 3-9　选择【在所有显示器上都相同】对话框

3. NVIDIA 系列显卡

（1）在桌面空白处按鼠标右键，在弹出的快捷菜单中单击【属性】菜单，在弹出的【显示属性】对话框中选择【设置】选项，出现属性对话框，如图 3-10 所示。

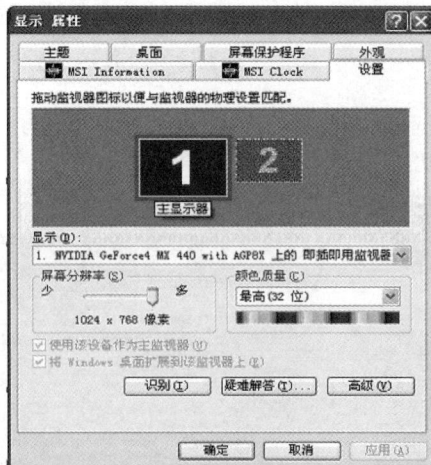

图 3-10　属性对话框

（2）点击【设置】，再点击【高级】按钮，出现高级对话框，如图 3－11 所示。

（3）点击【GeForce4…】后，左手面出现菜单，点击左手面菜单上的 nView，如图 3－12 所示。

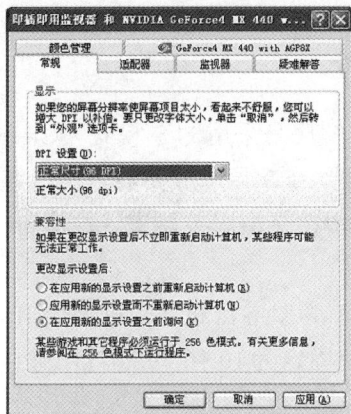

图 3－11　高级对话框

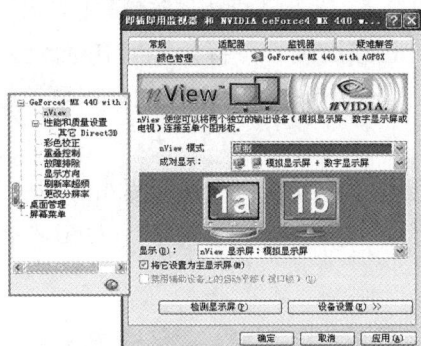

图 3－12　点击 nView 的对话框

（4）在 nView 模式中选择复制，再点击【应用】按钮即可。如果要播放视频，在高级属性中点击【疑难解答】或【性能】属性页，如图 3－13 所示。

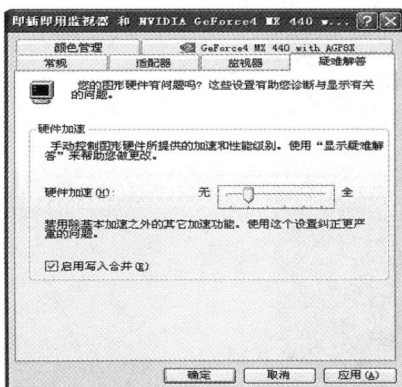

图 3－13　点击【疑难解答】或【性能】属性页对话框

（5）把硬件加速设为只有基本加速或无硬件加速，再点击【应用】按钮即可。

3.2 LED 显示屏配置及发送卡、接收卡设置

3.2.1 LED 显示屏配置

LED 显示屏的应用可以理解成是采用 C/S 模式（Client/Server，客户机/服务器）的设备，由服务器控制并设计相应 LED 显示屏要显示的内容。一般，终端机只要安装好，并与服务器连通即可，其他一切都交由服务器来管控即可。

1. 前期准备

首先，根据规划好的网络，为服务器和终端机划分 IP，如 LED 显示屏终端 IP 范围为10.10.59.201～204，服务器 IP 固定为 10.10.59.205；已确认终端登录使用者名为：admin，密码：123456。

2. 配置步骤

（1）IP 配置。初次更改终端 IP 时需要用网络将计算机连接终端所在的交换机，或将 LED 显示屏终端与计算机直接连接。并将计算机 IP 固定为 192.168.0.x；IP 地址栏中输入 LED 终端 IP 地址，进入使用者验证界面（此处以更改过的 IP 为例），输入正确的使用者名和密码登录。

终端只需设置以太网 IP 即可，登录后在左侧点击"以太网 IP 配置"链接，在右边界面中取消"DHCP"复选框，设置固定的 IP，然后点击"终端重启"即可，以太网 IP 配置界面如图 3-14 所示。

图 3-14 以太网 IP 配置界面

（2）服务器配置。终端还需要配置服务器 IP、端口和终端编号信息，在服务器配置选项里，输入正确的服务器地址 10.10.59.205、端口 60001 和终端编号 BOX0000x。

终端编号 BOX 为终端设备名称（必须是未被使用的 BOX 编号，编号由 BOX 和后面 5 位数字组成），PORT 为下载端口必须为 60001，修改完成后需要点击"修改"保存设置，如图 3－15 所示。

修改完成后点击图 3－15 所示的"终端网络状态查看"，可查看终端和服务配置信息：查看终端配置信息：查看终端配置的服务信息，如图 3－16 所示。

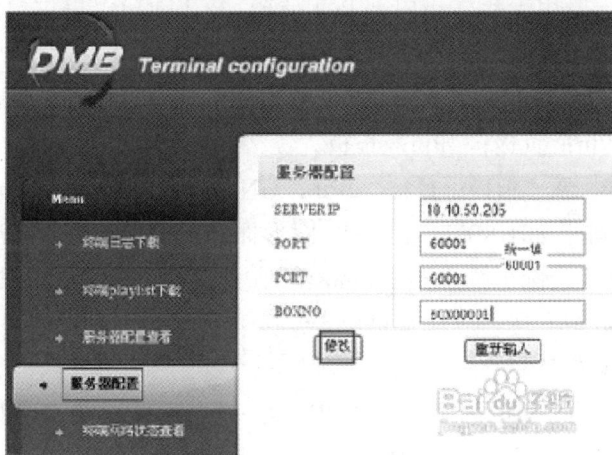

图 3－15　服务器配置界面

图 3－16　配置查看界面

配置完成后点击"终端重启"才能生效，然后，在服务端设计字幕等内容后，点击"应用"按钮后既可在终端实时显示了。

3.2.2　灵星雨控制系统发送卡、接收卡（九代卡）设置

1. 发送卡和接收卡连接

（1）发送卡的连接。

第一步：发送卡供电

发送卡供电规格：5～6.3VDC，2A，发送卡供电方式有多种，用户可根据具体情况选择以下供电方式。

1）PCI 插口：一般用于台式机内部 PCI 插槽，PCI 插口仅提供电源，不作数据传输。如发送卡不插入电脑外置使用时，可选择下列一个电源接口：

①　D 形电源接口（IDE 电源接口）：俗称大 4Pin 接口，D 形电源接口定义：1Pin：N/C 留空；2Pin，3Pin：负极；4Pin：正极。

②　条形连接器电源（XH）：1Pin，2Pin：GND/接地；3Pin，4Pin：正极。

2）圆形插口：对于 801/801D 发送卡，圆形插口是供电电源。圆形接口长针是正极；对于 802/802D 发送卡，圆形插口是 3.5mm 音频插口，不能供电。发送卡供电正常后，红色指示灯亮起，如果不亮，应检查供电。

第二步：通信线连接

将随发送卡配送的 USB 线，一端（USB-A）连接到安装有或者即将安装 LED 演播室的电脑，另一端连接到发送卡 USB-B 接口。

第三步：数据线连接

将随发送卡配送的 DVI 线，一端连接到 DVI 信号源，一端连接到发送卡 DVI-D 接口（兼容 DVI-A 接口线）。如果是笔记本电脑，可以用 USB-DVI 或者 HDMI-DVI 转换线连接笔记本电脑和发送卡 DVI 口。

第四步：开启数据通信

检查发送卡绿色指示灯，如果绿灯闪烁，表示数据通信正常；如果绿灯不亮，则应开启显卡复制功能（显卡复制就是让显卡的信号输出口同步输出，显示一样的内容）。

（2）接收卡的连接。

第一步：接收卡供电

供电规格：3.3～5VDC，2A，供电方式有多种，用户根据具体情况选择以下供电方式。

1）D 形电源接口（IDE 电源接口），俗称大 4Pin 接口，D 形电源接口定义：1Pin：NC 留空；2Pin，3Pin：负极；4Pin：正极。

2）电源接线端子：靠近 RJ-45A 口的是 GND，供电后，红色指示灯亮起，如果不亮，应检查供电。

第二步：信号接收

接收卡有两个 RJ-45 网络接口，分为 A、B 口。两个网口皆可作为入口或出口。用网线一端连接发送卡 RJ-45 口，另一端连接接收卡的 RJ-45 口。此时，接收卡绿灯闪烁，表示数据传输正常（注：如进线接入 A 口则绿灯闪烁较快，如接入 B 口则绿灯闪烁

较慢)。

如果有多张接收卡,也是用网线两两连接,形成级联。如果接收卡绿灯不闪,应检查网线,看网线口是否松动,网线压法是否两端一致(同为国标 568B,或者 568A,网线压法参看后面),网线中间有无断损。

第三步:连接模组/箱体

正确连接厂家提供的转接板,或者根据模组接口定义选择对应的转接板,将转接板扣连在接收卡上,或者通过 50pin 排线连接。如果厂家已经在接收卡上加载正确的 RCG 和 CON 文件,按照厂家的安装说明将箱体连接好。

2. 发送卡设置

在菜单下点"软件设置"后,输入"linsn"五个小写字母(计算机上没有账号输入框显示,在键盘上直接敲 linsn 五个字母,如有错误重新再按一次,直到弹出要求输入密码对话框为止),输入密码 168,即可进入发送卡设置对话框,如图 3-17 所示,送卡设置对话框的内容简介如下。

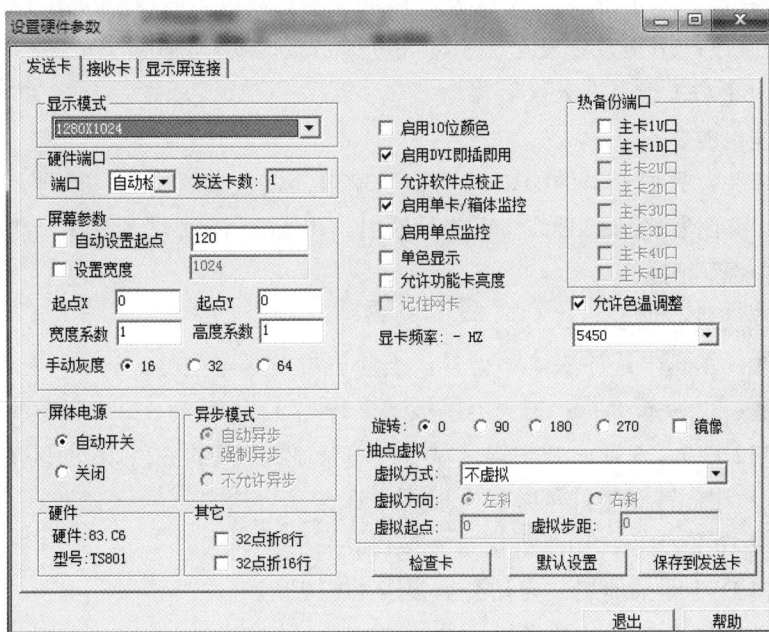

图 3-17 发送卡设置对话框

(1)显示模式:指发送卡的带载分辨率,在设置时选择和计算机显示器/信号源一致的分辨率;如果显示屏工作在 1024×768 模式不用设置即可工作,否则需选择需要的显示模式,再点"保存到发送卡",然后先把计算机显卡的复制输出关掉,在设置和发送卡显示模式一致的计算机分辨率后,重新把显卡的复制模式选上。

(2)端口:USB 桥接的 COM 口,默认自动检测。自动检测是从 COM1~COM6,当超出 COM6,LED 演播室会提示找不到 LED 显示屏的控制系统,用户到计算机设备管理器的端口手动改回 COM1~COM6 之间。

（3）发送卡数：当前连接到软件的发送卡数量。

（4）自动设置起点：指发送卡高度 Y 起点。输入数值后发送卡的高度起点即可改变，如图 3－17 中所示的发送卡带载高度 Y 的起点是 120。

（5）设置宽度：设置发送卡所要带载的宽度（不小于所带大屏的宽度），可相对应增加单条网线带载的高度，单条网线带载高度最大不超过发送卡显示模式下的高度，发送卡单网线所带总点数为 655 360 点，发送卡单网口高度的计算方法用 655 360 除以所带大屏的宽度＝发送卡单网口高度。

（6）起点 X/起点 Y：设置 LED 显示屏区域的起点，不受 U 线带载范围限制，在发送卡带载范围内有效。在 LED 演播室"设置"菜单下的"设置大屏区域"设置 X/Y 起点，大屏宽度/高度不能超过 U 口带载范围，超过的话，LED 显示屏会出现静止或者乱码情况。

（7）宽度系数：缩小/放大显示内容，显示屏实际宽度点数/目标宽度＝宽度系数。

（8）高度系数：缩小/放大显示内容，显示屏实际高度点数/目标高度＝高度系数。

（9）手动灰度：用来设定发送卡手动亮度调节板的亮度级数，16（16 级亮度），32（32 级亮度），64（64 级亮度）。

（10）屏体电源。

1）自动开关：只要显卡的 DVI 口有信号输出，发送卡就会输出信号。

2）关闭：关闭发送卡信号，停止信号输出，和 LED 演播室"设置"菜单下的，"开启/关闭大屏电源"相通。

（11）异步模式：预留。

（12）硬件：发送卡程序版本。型号：当前连接发送卡型号。

（13）其他：32 点折 8 行：把大屏区域宽度每隔 32 点后的 32×8 的区域内容折回到下 8 行显示。32 点折 16 行：把大屏区域宽度每隔 32 点后的 32×16 的区域内容折回到下 16 行显示。（注：针对特殊屏体，一般不用选）

（14）启用 10 位颜色：用于外部数字接口。

（15）启用 DVI 即插即用：自动开启显卡 DVI 口。

（16）允许软件点校正：开启校正功能，校正后把该项勾选去掉，即可恢复校正前的效果。

（17）启用单卡/箱体监控：开启后，在"设置"菜单中，LED 显示屏监控会有"箱体/卡监控"栏，读取每张接收卡程序代号和温度等（预留）参数。

（18）启用单点监控：预留。

（19）单色显示：勾选后，大屏显示一种颜色（全彩黑白色）。

（20）允许功能卡亮度：开启功能卡自动调节亮度功能。

（21）记住网卡：千兆网卡专用，使用千兆网卡，需要点选此选项。

（22）显卡频率：当前显卡工作频率。

（23）热备份端口：用于智能连接。

（24）允许色温调整：点选后，选择色温（一般情况让它默认）。

（25）旋转：通过发送卡进行画面旋转，不是通过显卡。

（26）抽点虚拟：针对像素点斜排对齐的灯板（同一位置上行和下行点错位抽点）。

（27）虚拟方式：第一个像素点到第二个像素点有几个抽点。

（28）虚拟方向：像素点是左对齐或像素点是右对齐。

（29）虚拟起点：第一行第一个像素点的起点位置（按正常屏体点排列来算）。

（30）虚拟步距：上行第一个像素点和下行第一个像素点之间的相隔点位。

（31）检查卡：检查当前发送卡型号。

（32）默认设置：将发送卡恢复为出厂设置。

（33）保存到发送卡：将参数保存到发送卡。

（34）退出：退出当前窗口。

（35）帮助：调出帮助菜单。

3. 接收卡设置

在进入接收卡的设置之前，先了解接收设置界面上的各项内容是非常必要的，能让操作者更好地了解控制系统，从而使操作更简单快捷，接收卡设对话框如图 3－18 所示，接收卡设对话框的内容简介如下。

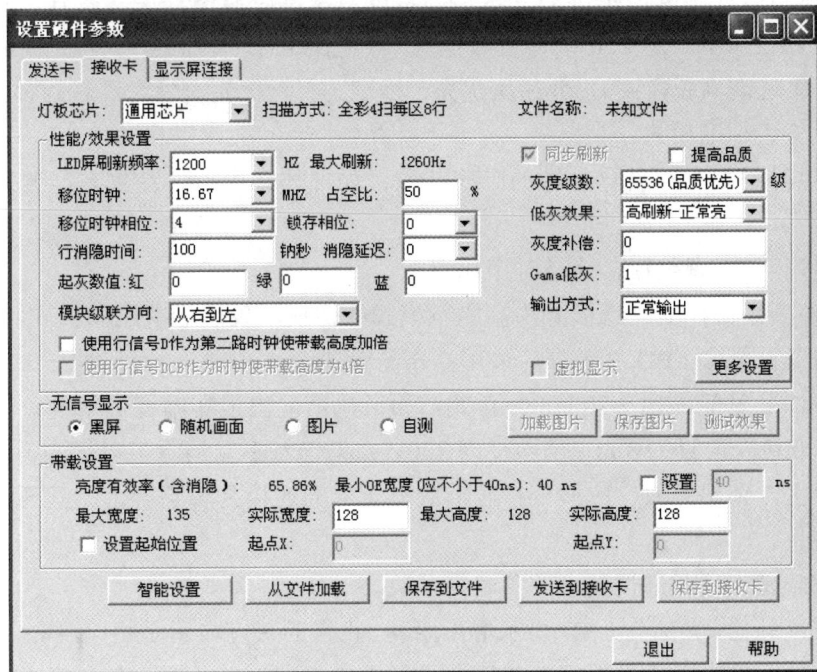

图 3－18　接收卡设置对话框

（1）灯板芯片：LED 灯板驱动芯片。

扫描方式：正确完成智能设置或者加载正确的 .RCG 文件后，显示当前单元板的扫描方式或者该程序适用的单元板类型。

（2）文件名称：单元板驱动文件（.RCG 文件）的名称。例如，通用全彩 8 扫 8 行 8 折，用户可自行命名。

（3）性能/效果设置。

1）LED 屏刷新频率：LED 显示屏更新图片的速率，刷新频率越高，频率图像越稳定，如果要用照相机拍摄画面时无水波纹无闪烁，刷新率应设置在 1000Hz 以上，双色显示屏不追求效果一般设置成 60～75Hz 即可。

2）同步刷新：在同步刷新框内打勾，使显示屏与计算机同步，接收卡要按计算机刷新频率的整倍数选择，高刷新模式直接锁定。对于双色显示屏，选与不选此项对效果影响不大，但对于全彩显示屏，必须选此项，可以使计算机与显示屏同步，效果更好，专用芯片，默认同步刷新。

3）提高品质：在高刷新模式下，让低灰效果更佳，会降低亮度有效率。

4）移位时钟：取决于驱动板的性能和设计，如果驱动板的性能好，设计合理，移位时钟就越高，那么单张接收卡带的面积（像素点）就会越大，或者在带面积不变的情况下支持更高的灰度和刷新频率，一般为 16.67MHz。

5）占空比：是指移位时钟的占空比，改变此数据，可以使扫描移位时钟更高，一般设为 50%。

6）灰度级数：根据显示屏的要求提高灰度，灰度越高图片层次越好，画质越好。一般来说，双色显示屏选 256 级即可（低灰效果选标准模式），全彩建议用 65 536 级灰度（低灰效果选高刷新模式），分品质优先、标准、刷新优先、最大刷新四种模式，推荐选用品质优先、标准模式。

7）移位时钟相位：设置时钟的时序起点，如屏体有闪点、花屏等异常现象可调整此项。

8）锁存相位：调整锁存信号时序起点。

9）低灰效果：标准刷新模式与高刷新模式的切换，采用标准刷新模式时"LED 刷新频率"较低，全彩 LED 显示屏应采用高刷新模式。

10）行消隐时间：10～200 000 有效，如果显示屏出现有暗亮的情况，可以通过此项来消除。双色一般设为 300，全彩设为 200，如果仍然不能消除可以提高消隐时间，如果提高到很大，依然无效，应检查接收卡到显示屏的连接是否正确，尤其要注意 OE 信号有没有接反。

11）消隐延迟：通过调整可改善暗亮现象。

12）灰度补偿：大部分 LED 显示屏不用调，正常的灰度显示是由暗到亮，如图 3-19 所示。有些单元板由于质量不好，灰度会显示不均匀，调整此项可使灰度显示正常，调整数值范围：0～15。

13）起灰数值：手动调整红绿蓝的起灰值。

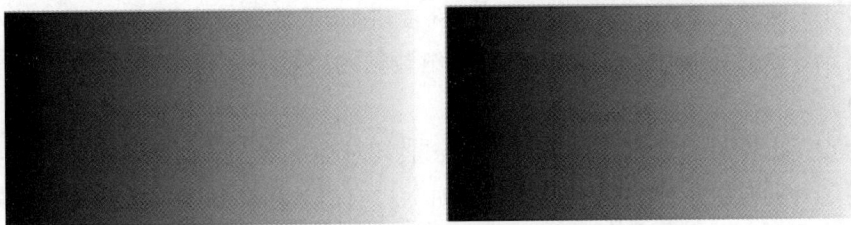

图 3-19 正常灰度示意图

14）Gama 低灰：用伽码表调整低灰起灰值。

15）使用行信号 D 作为第二路时钟使带载高度加倍：使用行信号 D 作为第二路时钟，可提高接收卡的带载高度为 2 倍。

16）模块级连方向：有四个灯板级连方向，无需重做智能设置，只需选中所要的方向即可旋转画面。

17）输出方式：设有二开到八开的输出方式，把高度输出转为宽度输出，可以充分发挥接收卡性能，实现更高刷新率，下面以灯板级连方向从右到左为例说明。

● 正常输出：接收卡 1～16 组数据自上到下高度带载，二到八开输出要求 LED 单元板宽度必须为 8 的整倍数。

● 二开输出：接收卡 1～8 组数据带左半灯板，接收卡 9～16 组数据带右半灯板，带载同样的宽度、高度。

● 三开输出：接收卡 1～5，6～10，11～15 每 5 组数据横向分三部分带载相同宽度、高度。

● 四开输出：接收卡 1～4，5～8，9～12，13～16 每 4 组数据横向分四部分带载相同宽度、高度。

● 五开输出：接收卡 1～3，4～6，7～9，10～12，13～15 每 3 组数据横向分五部分带载相同宽度、高度。

● 六开输出：接收卡 1～2，3～4，5～6，7～8，9～10，11～12 每 2 组数据横向分六部分带载相同宽度、高度。

● 七开输出：接收卡 1～2，3～4，5～6，7～8，9～10，11～12，13～14 每 2 组数据横向分七部分带载相同宽度、高度。

● 八开输出：接收卡 1～2，3～4，5～6，7～8，9～10，11～12，13～14，15～16 每 2 组数据横向分八部分带载相同宽度、高度。

18）使用行信号 DCB 作为时钟使带载高度为 4 倍：用行信号 DCB 作为 4 路时钟，可提高接收卡的带载高度到 4 倍，即一组数据复制成 4 组数据分别由 CLK、D、C、B 信号来带。

19）虚拟显示：如果显示屏是虚拟屏，并且要显示在虚拟模式，此项要打"√"，显示屏连接也要选择"全彩虚拟屏"。

20）更多设置。

- 序号 1～16：代表出厂默认接收卡硬件接口 16 组数据输出顺序。
- 输出顺序：设定接收卡，转接卡 16 组数据输出顺序，可手动交换任意两组数据的信号输出。
- 起始点：设置每组数据的起始位置，一般针对梯形屏、三角屏、圆形屏等异形屏。
- 专用芯片：专用芯片的更多设置，例如 lxy28161，会有温度保护和输出延时设置；MBI5042，会有红色、绿色、蓝色电流增益和 PWM 时钟调整。
- 输出口奇偶交换：接收卡 16 组数据单数与双数交换，如 1 和 2 交换，3 和 4 交换。
- 输出口逆序：接收卡 16 组数据，原 1～16 变成 16～1，即转接卡上的输出口，1 口变 16 口，2 口变 15 口，依次类推。
- 亮度兼容旧卡：新卡（高刷新程序接收卡 RV801D）旧卡（普通程序接收卡）的亮度兼容。
- 2 型卡 4 输出口：RV802D 接收卡 26P 接口的 16 组串行数据，改成 4 组 RGB 并行数据输出。
- 50 口交换：接收卡两个 50pin 数据交换，即 1～8 数据与 9～16 数据交换。
- 数据前插入空时钟：用于一些需插入时钟的芯片。
- 2 型卡 5 输出口：802 型接收卡 26P 接口的 16 组串行数据，改成 5 组 RGB 并行数据输出。
- 二口交换：接收卡 16 组数据改成 1、9、2、10、3、11、4、12、5、13、6、14、7、15、8、16。
- 20 数据口：选中此项接收卡由 16 组数据变为 20 组数据，转接卡要更改，因为接收卡 50pin 数据定义有变。
- 无信号显示：大屏无信号输入时，用户可选显示模式。
- 黑屏：接收卡没信号时，大屏黑屏。
- 随机画面：接收卡没信号时，保留播放内容最后一个画面。
- 图片：接收卡没信号时，显示保存的图片，显示范围为 128×128 像素点，颜色数为 16K 色。
- 自测：接收卡没信号时，可自动分别显示横线、竖线、斜线、全亮、红、绿、蓝等多种模式，用于测试大屏。

（4）带载设置。

1）亮度有效率（含消隐）：当前亮度有效率百分比。

2）最小 OE 宽度（应不小于 40ns）：当前最小 OE 宽度，最小宽度应该不小于 40ns（针对通用芯片）。设置：OE 宽度不够时，或者 LED 显示屏低灰显示不正常可手动设置 OE 宽度。

3）最大宽度：是指一张接收卡能带的最大宽度。它跟刷新频率、灰度级数、扫描移位时钟有着密切的关系，会随着他们的改变而改变。一般来说，刷新频率越高，灰度级别越高，一张接收卡能带最大宽度就越小；扫描时钟越高，一张接收卡能带最大宽度就越大，但扫描时钟的上限是由灯板驱动芯片决定的。

4）实际宽度：是指一张接收卡带载的实际宽度。

5）最大高度：是指一张接收卡能带的最大高度，与驱动板设计有关。

6）实际高度：是指一张接收卡带载的实际高度。

7）设置起始位置：接收卡的起始位置，就是大屏幕显示区域起始的设置，默认状态下起始位置是（0，0）的，也就是显示器的左上角坐标。X 设置接收卡宽度起点，Y 设置接收卡高度的起点，在显示屏连接连不起来的特殊情况下设置接收卡 X/Y 位置。注：起点加上接收卡的宽度和高度不能超过发送卡单网口的控制范围。

（5）智能设置：此项共有七步（根据驱动板不同有些步骤可能跳过），是用来自动检测驱动板的驱动模式和信号走向的，正确地完成这七步，单元板就可以正常工作了。

（6）从文件加载：加载 RCG 文件。

（7）保存到文件：单元板调试完之后，系统会自动检测出该单元板的驱动模式和信号走向，从而生成一个程序文件，文件后缀名为*.RCG。用户可以命名该文件，然后保存该文件到计算机，下次调试相同单元板时，可以直接从计算机里加载就可以了，不必进行智能设置。

（8）发送到接收卡：智能设置完之后，用户应根据 LED 显示屏修改接收卡设置界面上的其他设置项，改变完一项或多项设置后一定要点"发送到接收卡"，改变的设置才能有效，当用户调试相同单元板而从文件加载直接调用程序文件时，也要点击"发送到接收卡"，加载的设置才能有效，否则接收卡不能正常工作。

（9）保存到接收卡：点击此项可以把数据永久地保存到接收卡。

在进入接收卡设置时，设置界面上的各项先不要去改变，首先从点击接收卡对话框的"智能设置"进行智能设置，智能设置完成后，会重新回到接收卡设置界面，再根据显示屏需要来更改接收卡设置界面上的其他各项。

4. 智能设置步骤

首先，把显卡分辨率和发送卡显示模式调成一致，显卡输出为复制模式，此时发送卡和接收卡的绿灯应为闪烁。然后把一块灯板（模组）与转接卡的第一个数据口连接（如整屏来做智能设置，则看转接卡第一个数据口连接的第一个模组，其余不用看）。进入智能设置对话框时，要一边操作，一边仔细地观看单元板的变化，智能设置对话框会提示所有的操作步骤。

（1）智能设置向导 1。

1）点击智能设置，连接的 LED 屏/模组亮起，进入智能设置向导 1，如图 3 – 20 所示。

2）选择显示屏类型和灯板芯片。如果用户显示屏是全彩虚拟，根据灯的排列选择正确的虚拟像素排列方式，如图 3 – 21 所示（一个虚拟像素一般是由两红一绿一蓝组成，上一行的红灯为红 A，下一行为红 B）。

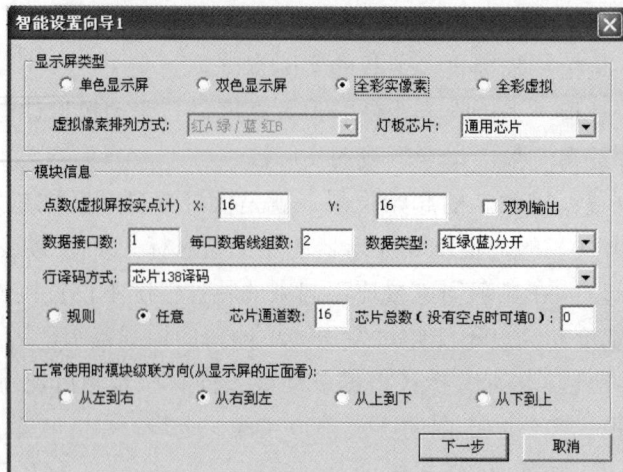

图 3-20　智能设置向导 1 对话框

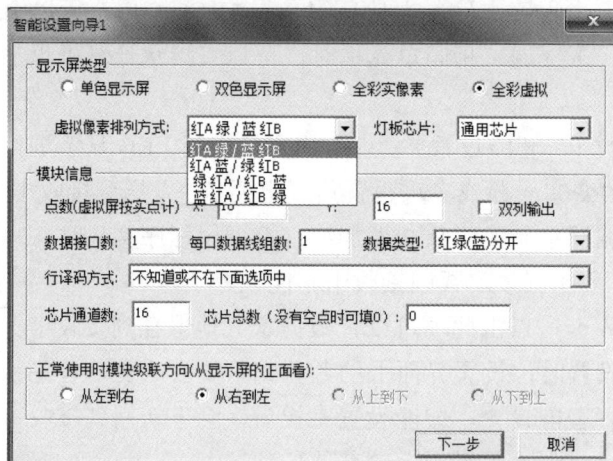

图 3-21　选择虚拟像素排列方式对话框

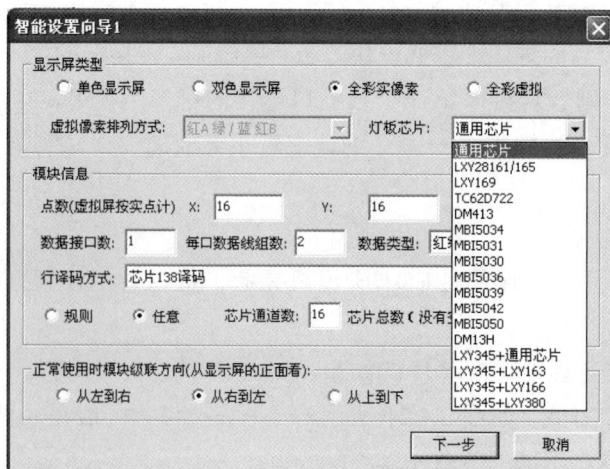

图 3-22　"灯板芯片"选择对话框

3）灯板芯片：查看单元板的 LED 驱动芯片，若是与 MBI5024、74HC595 等芯片类似的或者替代品可选用通用芯片。如是带有 PWM（脉宽调制）的芯片则在"灯板芯片"窗口下选择相对应的选项（MBI5041 的芯片请选 MBI5042 选项），如图 3-22 所示。

4）输入模块信息。

a）点数：一个模组（含驱动芯片的最小显示单元，也称单元板）的像素分辨率（如果是虚拟屏按实点计），X：宽度多少点，Y：高度多少点，如图 3-22 所示。

b）数据接口数：一个模组上有几个排线输入口（数据输入口），如灯板有一进一出数据输入\输出口，那么数据接口数为 1，如图 3-22 所示。

c）每口数据线组数：每个排线接口（数据接口）包含几组 RG（红、绿）、RGB（红、绿、蓝）数据。

d）数据类型：观看灯板数据输入口的接口定义，如有 R、G、B（红、绿、蓝）三个 DATA 数据（并且灯板上控制的红灯、绿灯、蓝灯驱动芯片是分开连接的，红、绿、蓝芯片之间没有串连），则数据类型选择红绿（蓝）分开。如灯板只有一个 DATA 数据或只有一个 R 数据（单色屏除外，并且控制红、绿、蓝 LED 灯的芯片是串连一起），那么选择红、绿、蓝合一串行或红、绿、蓝合一四点串行等数据类型 [一般来说红绿（蓝）分开是用于 LED 图文显示屏，其他各项用于灯饰、彩幕屏]。HUB48 扩展 3 色串行、HUB48扩展 4 色串行为直传串行数据类型，HUB52 扩展红、绿、蓝分开为直传并行数据类型，此两种类型一般用于护栏管和点光源，如图 3-23 所示。

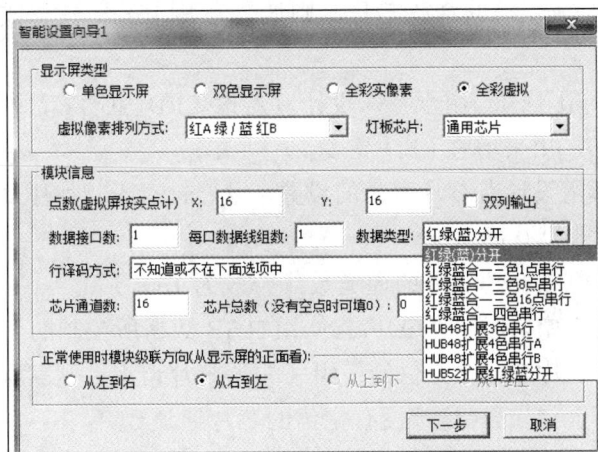

图 3-23　数据类型选择对话框

● 红、绿、蓝合一三色 1 点串行。指灯板驱动芯片其相邻的每三个通道按红（R）、绿（G）、蓝（B）信号输出。

● 红、绿、蓝合一三色 8 点串行。指灯板驱动芯片每 8 个相邻通道输出红色信号（R），8 个相邻通道输出绿色信号（G），8 个相邻通道输出蓝色信号（B）。

● 红、绿、蓝合一三色 16 点串行。指灯板驱动芯片其相邻的每 16 个通道分别输出红、绿、蓝信号，即三个串连的 16 通道芯片各带一种颜色的 LED 灯。

e）行译码方式：行译码选项对话框如图 3－24 所示，在选择行译码方式时，首先观察 LED 驱动板是否有 4953 行管（8 个引脚的小芯片），若没有，则是静态屏，选择"静态不需译码"选项；如有 4953 行管，要做如下判断。

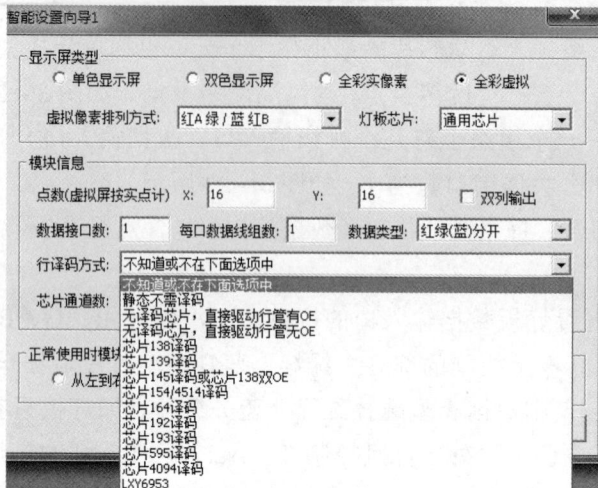

图 3－24　行译码选项对话框

● 看是否有 74HC138 或相类的译码芯片，若没有，则选"直接驱动行管有 OE"或"直接驱动行管无 OE"选项。

● 如有 74HC138 或相类的译码芯片，则选"芯片 138 译码"或相对应的芯片译码选项。

f）双列输出：一般不选。用于特殊设计，是指 LED 驱动芯片相邻两个管脚同时输出信号给同一个 LED，用来增强 LED 亮度。

g）任意：用于模组设计有芯片留空的设置，主要针对无规律驱动芯片脚位留空的模组（如无芯片留空，则默认即可）。

● 芯片通道数：灯板驱动芯片的通道数（一般为 16）。

● 芯片总数（没有空点时可填 0）：指一组 RGB 数据所控制的 LED 驱动芯片总数。

规则：用于驱动芯片有规律空位的模组（如无芯片留空，则默认即可）。

● 每隔点数（不含空点）：连续没有空位的芯片通道数。

● 跳空点数：芯片连续留空的通道数。

h）模块级联方向：从显示屏正面看灯板级连走向（数据走向）。

（2）智能设置向导 2。智能设置向导 2 对话框如图 3－25 所示，在智能设置向导 2 对话框的显示屏变化项有三个选项分别是："状态自动变化"和 1、2 选项。若选择 1、2 选项，则把"状态自动变化"选项前的勾选去掉。在选择 1、2 选项设置时，观看灯板变化，分别在 1、2 选项中选择灯板的显示状态。例如，1 显示白色、2 显示黑色，则选状态 1 显示白色，2 显示黑色。

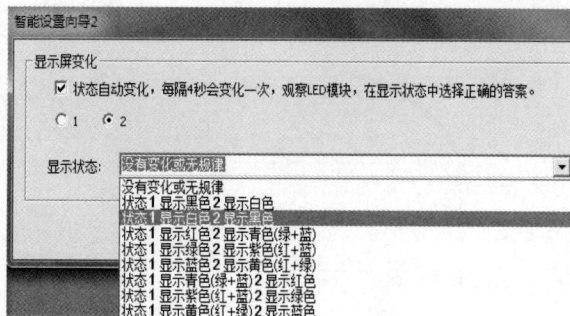

图 3-25　智能设置向导 2 对话框

（3）智能设置向导 3。智能设置向导 3 对话框如图 3-26 所示，在智能设置向导 3 设置时，观看灯板，选择正确的显示状态（可把"状态自动变化"前的勾选去掉，手动选 1 和 2）。

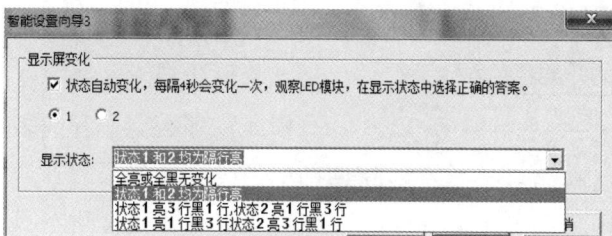

图 3-26　智能设置向导 3 对话框

（4）智能设置向导 4。智能设置向导 4 对话框如图 3-27 所示，在智能设置向导 4 设置时，看灯板，观看状态 1 和 2，比较哪个状态亮，哪个暗，例如 1 比 2 亮，选择状态 1 比 2 亮（可把"状态自动变化"前的勾选去掉，手动选 1 和 2）。

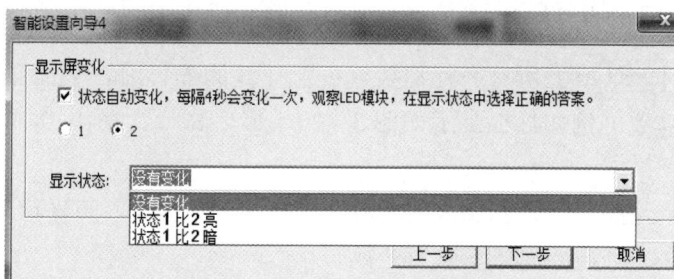

图 3-27　智能设置向导 4 对话框

（5）智能设置向导 5。智能设置向导 5 对话框如图 3-28 所示，在智能设置向导 5 设置时，在相应的状态选项中，看灯板显示什么颜色。比如在 1 时灯板显红色，则显示状态 1 选红色，在 2 时灯板显绿色，则显示状态 2 选绿色，在 3 时灯板显蓝色，则显示状态 3 选蓝色，在 4 时灯板黑屏，则显示状态 4 选黑色（可把"状态自动变化"前的勾选去掉，手动选 1、2、3、4）。

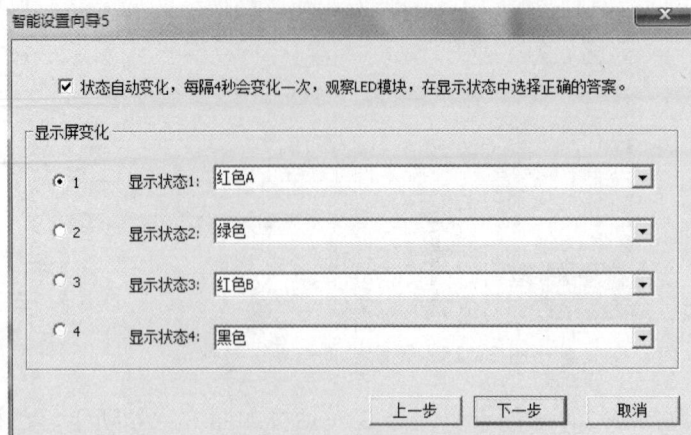

图 3−28　智能设置向导 5 对话框

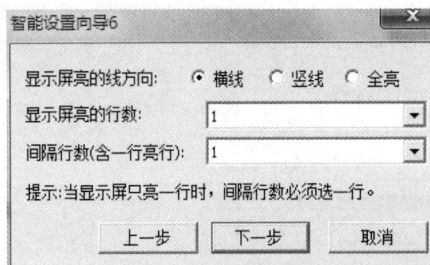

图 3−29　智能设置向导 6 对话框

（6）智能设置向导 6。智能设置向导 6 对话框如图 3−29 所示，在智能设置向导 6 设置时，看灯板是亮横线、亮竖线还是横、竖线都亮，例如：亮横线，那么亮一行或多行，多行的时候，中间间隔多少行（含亮一行）选中即可。

灯板显示有间隔行和无间隔行如图 3−30 和图 3−31 所示，图中实线代表亮行，虚线代表间隔行（不亮行）。

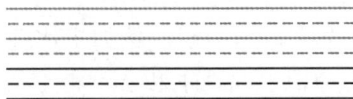

图 3−30　灯板显示有间隔行

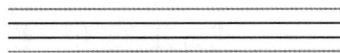

图 3−31　灯板显示无间隔行

在计算亮行时，灯板上所有亮行都要算；但计算间隔行时，只需要计算两亮行间有多少间隔行就可以了。例如灯板显示如图 3−30，那么亮行就是 4，间隔行就是 1＋1＝2（含一亮行）。

有些灯板显示无间隔行，如图 3−31 所示，那么亮是 4，间隔行是 0＋1＝1（无间隔行时，默认为 1，注意：暗亮不视为亮行）。

（7）智能设置向导 7。此项和单元板对应，一个格子代表一个像素点。看灯板显示哪一个点亮，然后点击计算机上相对应的格子。每点完一个格子，灯板会提示点击下一个点，所有点选择完毕后会提示，然后点下一步，如图 3−32 所示。

回退：点错了，点击回退。复位：重新从第一亮点开始点。

5. 驱动芯片任意空位的灯板说明

（1）智能设置向导 1 的 X 和 Y 应按没有空位的像素点数来算，例如：灯板宽 36 点高 16 点，那么 X 应设为 48，Y 为 16。

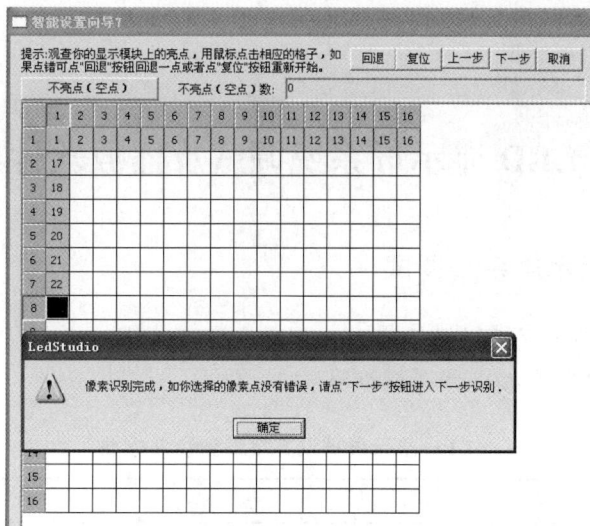

图 3-32　看灯板显示对话框

（2）选中向导 1 的"任意"选项。

（3）到向导 7 时，如灯板没有出现亮点那么在实际宽度后面的格子点上一直点到灯板有亮点出来，然后再按亮点的相应位置点格子。

（4）智能设置完成后，在生成的接收卡扫描文件界面输入"manual"会弹出"manual 手动设置"列表，在"manual 手动设置"列表中找到下面四项修改参数进行设置。

1）VerySkipDot：（实际宽度 -1），如上例输入（36-1=）35。

2）SkipDot：（每行空点 +1），如上例（12+1=）13。

3）WidthExt：0 改为 1。

4）MSkipDot：0 改为 1。

（5）确定，然后把接收卡界面的实际宽度改为所需的宽度发送即可，如图 3-33 所示。

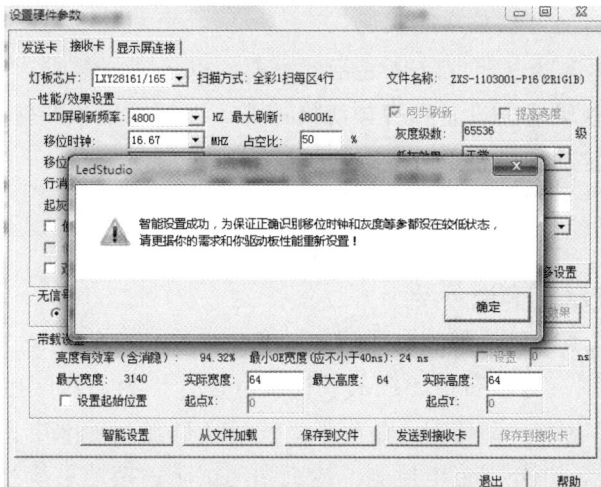

图 3-33　设置硬件参数对话框

（6）根据 LED 显示屏设定自己需要的刷新率和灰度等参数后，LED 显示屏接收卡的设置完成。

3.3 LED 显示屏系统调试及播放软件应用

3.3.1 LED 显示屏系统调试

1. LED 显示屏调试方案编制依据

LED 显示屏调试方案编制参考标准见表 3－1。

表 3－1   LED 显示屏调试方案编制参考标准

标准号	标 准 名
SJ/T 11141	《LED 显示屏通用规范》
GB 2421	《电工电子产品基本环境试验规则总则》
GB 2421	《电工电子产品基本环境试验规则名称术语》
GB 2423.1	《电工电子产品基本环境试验规则低温试验》
GB 2423.2	《电工电子产品基本环境试验规则高温试验》
GB 8898—1988	《电网电源供电的家用和类似一般用途的电子及有关设备的安全要求》
GB 50054—1995	《低压配电设计规范》
GBJ 232—1982	《电气装置安装工程施工及验收规范》
GB 9366—1988	《计算机站场地安全要求》
FVJ 65—1988	《工业与民用电力装置的接地设计规范》
GBJ 79—1985	《工业企业通信接地设计规范》
SDJ 8—1998	《电力设备接地设计技术规范》

2. LED 显示屏调试内容及系统联调

（1）LED 显示屏调试内容。LED 显示屏主要由以下部分组成。

1）视频部分（视频输出设备和视频切换矩阵，视频采集和图像处理单元）。

2）信号发送、传输和接收部分。

3）LED 显示屏。

4）配电系统。

5）工控设备（PLC）和服务器。

LED 显示屏调试工作包括如下几个内容，在调试中依次进行。

1）配电系统调试。对已布电源线的规格质量进行检测，对配电柜的内部线路连接进行测试，检查各种电路标识是否清楚明了。按《LED 显示屏配电系统设计说明及原理图》连接各路电源线，并分别上电检测。检查和测试防雷接地系统是否符合要求。

2）PLC 系统调试。PLC 控制的功能是在控制室内通过计算机对 LED 显示屏的电源进行监控，并可实时采集 LED 显示屏内的火灾报警信息和温度值，PLC 控制系统应性能稳定，运行速度快，易于通信，方便维护。PLC 的调试必须在正常通电，配电系统调试完毕后方可进行，它包括以下几个步骤。

a）检查 PLC 控制线的连接；检查 PLC 模块的安装；软件的安装。

b）对各种功能的测试：手动操作功能；自动操作功能；温度监控功能；烟雾感应功能；火警报警功能；亮度调节功能。

3）控制系统调试。控制系统的调试分为以下几个步骤。

a）控制计算机至视频矩阵的信号传输是否正常，控制计算机至多媒体系统的信号传输是否正常。

b）多媒体系统至 LED 显示屏控制器的信号传输是否正常，LED 显示屏控制器至光纤发送器的信号传输是否正常。

c）光纤发送器至光纤接收器的信号传输是否正常，光纤接收器至单元箱体的信号传输是否正常。

4）应用软件调试。LED 全彩显示系统虽然功能比较单一，但与其他系统的交叉部分较多，牵涉到许多其他系统与专业，因此它的控制软件也相应表现得多样化。从功能来区分可分为以下几个组成部分。

a）应用平台有：单机操作平台：WINXP、VISTA；网络操作平台：WINNT。

b）播放软件：通用显示软件；操作软件；视频播放软件。

c）控制软件：LED 控制面板软件；LECADJ 软件；PLC 控制软件。

应用平台软件已随机安装，需在联网调试时同步调试。播放软件在单屏调试时可进行调试；专用比赛软件需与用户配合并结合实际比赛情况及规则进行调试；控制软件在 LED 显示系统联调时进行调试；非线性编辑软件相对比较独立，在主机房具备且非线性编辑系统安装到位后即可进行调试。

5）单元显示箱体调试。对单元箱体模组进行通电前检查，在检查正常后，进行通电检测，保证其个体运行正常。对组成单屏体的全部单元板进行未通电、通电检测和老化，保证其个体运行正常。若单元显示箱内装有温控电路和无刷风机，在单元显示箱内温度达到设定温度时，应能自动开启风机，确保系统工作安全可靠。在单元显示箱内温度降到设定温度以下时，应自动关闭风机，以延长风机寿命，降低能耗。

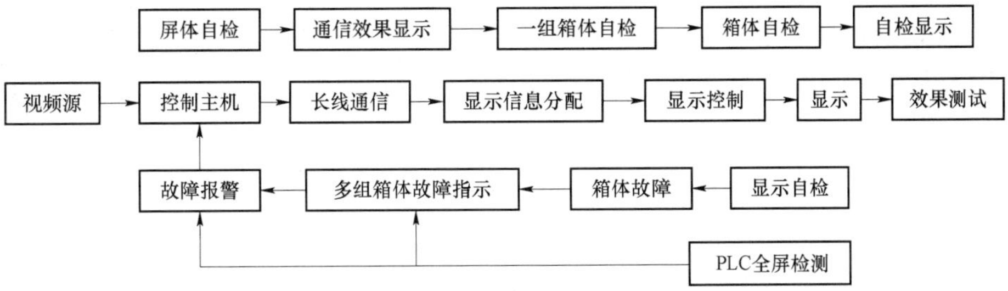

图 3-34　LED 显示屏自检系统控制框图

6）LED 显示屏自检及测试、验证、调节系统。LED 显示屏自检系统控制框图如图 3-34 所示。LED 显示屏测试、验证、调节系统控制框图如图 3-35 所示。

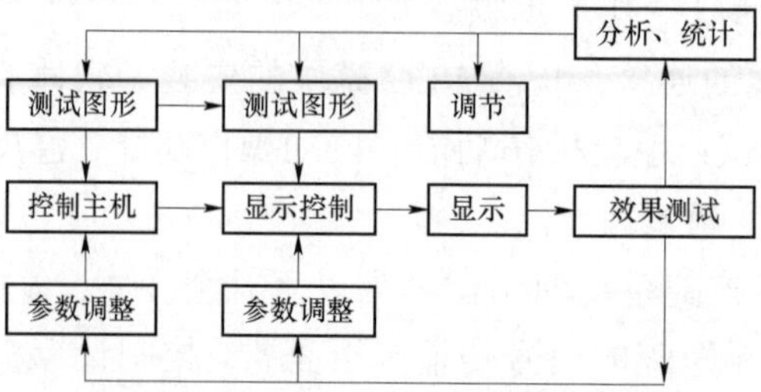

图 3-35　LED 显示屏测试、验证、调节系统控制框图

a）测试 LED 显示屏全屏显示特性，确定配色和 LED 排列组合。以 8 个像素为单位测试恒流源特性，亮度均匀性调节。以每个像素为单位测试 LED 特性，均匀性调节。测试全屏显示特性，确定亮度峰值和各灰度白平衡。

b）验证包括的项目有：验证亮度精度、灰度偏移；验证色空间变换效果；验证低灰度效果；验证屏体反光对显示的影响；验证屏亮度与环境亮度的关系；验证帧频刷新速率与闪烁；验证色温与环境关系；验证显示模块表面物理结构与显示效果的关系；验证 LED 的排列与显示效果的关系。

7）LED 显示屏整屏亮度和非线性校正调节。使用专用软件，对 LED 显示屏整屏亮度和非线性进行调节。适用于全彩色 LED 显示屏亮度参数、1024 级灰度调节。主要功能如下。

a）能对显示屏进行亮度控制。

b）能对显示屏进行非线性校正。在非线性校正下有红色、绿色、蓝色曲线，每种颜色均有 8 种显示曲线可供选择。当进行灰度级测试时，应选择"曲线一"；进行视屏播放时，根据效果选择其他曲线。

c）能对显示屏进行偏移量调整。在偏移量调整里有红色偏移、绿色偏移和蓝色偏移，而且它们是根据显示屏的亮度偏移来决定它们偏移量大小。

8）色彩测量。在进行 LED 显示屏的调校时，需要一台能够同时一次测量整个 LED 显示屏或模块上每个像素的辉度及色度特性的仪器。这个工作可以用影像式色度计来完成，影像式色度计的重要组件包括摄像镜头、符合 CIE 曲线的彩色滤光镜、快门、CCD 相机，以及数据撷取，影像处理等硬件、软件。在运行时，系统会透过三个彩色滤光镜连续撷取待测物的影像，然后组合及处理这些影像以得到影像里每个像素的辉度及色度值。

影像式色度计的性能与装置的构造、运行参数、以及校正技术有关，特别是在 LED 显示屏的调校中，在大动态范围及好的色彩准确性之下，还必须要低噪声。

要使颜色的测量与人眼视觉的经验有很好的关联性，就必须要在一个已经校正过的色彩空间作业，例如：那些由国际照明委员会（CIE）所定义的色彩空间。针对这个要求就必须要使用符合 CIE 定义的 X、Y、Z 三刺激值曲线的检测器来做测量。要符合 CIE 定义的 X、Y、Z 三刺激值曲线，就需要使用外加的彩色滤光镜，如此才能使测量达到较高的准确性。虽然有些 CCD 的彩色滤光镜是直接整合制作在检测器的表面上，但是这些彩色滤光镜对色彩的反应并不符合 CIE 所定义的曲线，使得这些 CCD 并不适合作为高准确度色彩测量用。

一般来说，要能够很好地调校颜色，12 位的数据动态范围是有必要的。CCD 动态范围的定义为检测器的全景深除以读取噪声（两者的单位为电子）。由于全景深和实际像素的尺寸大小成正比，这意味着要使用 CCD 与相对大的像素点。读取噪声可以由减慢读出速度来降低，而且也可由冷却 CCD 来降低噪声。

实际上，为了要达到大动态范围和低噪声的要求，在 LED 显示屏上的每个 LED 都必须用数个 CCD 像素来撷取，所以就必须要用全像 CCD（fullframeCCD），而不是用扫描型 CCD（interlinetransferCCD）。扫描型 CCD 的每一行感光区与每一行感光区间都有一行屏蔽，所以很难符合每个 LED 都必须用数个 CCD 像素来撷取的要求。

9）屏幕校正。在利用 PM－1400 影像式色度计的测量系统对每个模块做调校时，PM－1400 搭配的软件可以驱动显示器，决定修正参数，然后将这些参数储存到面板的驱动电子回路。

在调校过程中，仪器测量面板上每只 LED 的辉度及色度，然后计算各个像素点的 3×3 修正矩阵，这个矩阵包括每个像素点每一个原色的三个换算系数。例如，系统可能告诉某个像素点，若要显示纯红（100%），它需要分别在最大输出的 60%、22%、18% 来驱动红色、绿色和蓝色 LED。纯绿色和纯蓝色也是同样的做法。另外，这些参数可用在不同 DC 电流的输出，所以不管整体的亮度如何，显示器的色彩输出都是不变的。这种调校所需的时间，一般来说，一个面板通常需要数分钟才能完成。

调校的过程也会将面板的输出对应到 NTSC 或 HDTV 色彩空间，这是有必要的，因为 LED 的颜色和电视及平面显示器所使用的磷光粉和滤光片非常不同。因此，除非套用适当的修正参数，否则输入视频信号所要的 100% 红色，在 LED 显示器上看起来就会和 LCD 显示器的很不一样。

此系统也可在 LED 显示屏安装现场使用，当 LED 劣化而需要做微调时，以及当更换模块时，能够在现场使用的系统就显得非常有必要。在户外进行现场调校时，由于白昼的环境光线变化非常大，所以都是在夜间进行调校工作。在这种情况下，为了能够处理一次撷取整个屏幕影像所需的分辨率，通常是以望远镜头搭配 PM－1400 及利用像素点尺寸较大的 CCD（一般是 3072×2048）一起使用。

（2）LED 显示屏的系统联调。LED 显示屏的系统联调需在整个条件具备后进行，PLC 控制系统与配电系统运行正常，功能具备；网络及软件系统通信通畅。其目的是确保系统能在真实环境下正常运行。要必须满足承担各类电视节目播出，能和其他演播室联合工作。全彩 LED 显示屏系统必须能够满足各类视音频信号、计算机信号的输入接口设计。

在主机房设备基本安装完成后，可用控制计算机对单块屏进行调试，检测其显示效果。如显示图形文字、动画、视频信号等。显示箱体内装有电磁继电器，可接收控制系统发送来的控制信号，开启或关闭显示电路，从而最大限度节约能源和方便使用。

信号流程系统的信号必须可以灵活调配，系统设计必须包括必备的应急方案，应急系统必须可靠，且应急操作安全快捷。系统由视频切换矩阵对输入的多路视频信号进行切换，选择所需信号送计算机进行处理，输出 PCI 信号。图像处理仪的视频采集板对 PCI 信号进行处理、变换，转接板对 LVTTL 信号进行驱动锁存，分四路输出至帧控制板，由帧控制板对数据进行分配后输出至通信发送器，通过长距离光纤到通信接收器、LVDS 发送盒，再到显示箱体内的接收板、扫描板，显示模块，显示箱体级联至整个 LED 显示屏。

1）图像输入。

a）Analog 输入：包括 Graphic 从 DB-15 输入或 HDTV 以 YPbPr 输入。

b）Video 输入：支持四路模拟输入，1 路为 Tuner 输入，另外三路分别为一个 S 端子和两个复合视频。

c）DVI 输入：计算机的图形信号从 PCI 输出，需要 PCI 显卡支持。

2）图像处理。

a）数字亮度色度瞬态提升。

b）可编程的亮度对比度和色度饱和度。

c）运动补偿有效消除运动图像混叠，也有助于提升视频的慢动作重放、运动视频图像降噪以及视频去隔行处理的效果。

d）电影模式识别。

e）逐行扫描。像素级补偿技术确保运动图像去隔行处理后的细腻自然，没有人工痕迹；同时对输入图像的类型（即静态、电影模式或者运动图像）自动识别，对不同的输入图像采用不同的函数处理，确保了图像噪声的衰减以及图像边缘的平滑。

f）归一化量化图像缩放技术确保图像缩放流畅平滑，此外，提供了 4:3 以及 16:9 随意切换的显示模式。

3）图像输出。最大显示分辨率 1920×1080；最小 640×480。由于有了归一化量化图像缩放技术和像素共享技术的支持，可以更好地实现在小屏幕上显示大画面图像的功能。

LED 显示屏在出厂前对单元模组都进行过调试，并经过 72h 的通电检测合格后才予以出具合格证明，在出厂前还必须按一定规格将 LED 显示屏的控制系统连接起来进行系统联调，如果 LED 显示屏出现故障，应首先检查计算机操作是否正确，如果属于操作失误可重新启动相应播放软件，必要时，重新启动计算机。如果操作正确，则检查 LED 显示屏电源是否正常，通信线路是否正常。

（3）网络系统调试。LED 显示屏网络系统的调试包括以下几个步骤。

1）局域网的调试（包括所有控制计算机与服务器、集线器间的连接调试）。

2）互联网调试。LED 显示屏的每个箱体拥有四个网络端口，可支持一路输入，三路输出，提高了布线的灵活程度。一条网线支持音频、视频和控制信号的同时传输。通过控制微机实现对全彩屏电力控制柜的自动远端控制，对大屏进行远程操作等；配有网络接口可以与计算机联网，同时播出网络信息，实现网络控制。

3.3.2　LED 显示屏播放软件应用

运行 LED 演播室软件进行一个节目的制作，双击桌面上"LED 演播室"快捷方式启动程序。

1. 节目组成

节目（节目文件）由一个或多个节目页组成。节目页有两种：正常节目页和全局节目页，正常节目页是节目主要构件，可以有多个，各节目页之间按顺序播放；全局节目页只有一个，在整个节目播放过程中一直播放，主要用于时钟，公司标志等固定内容的播放。

节目页由一个或多个节目窗组成。节目窗是用来显示使用者所要播放的文本、图片、动画、多媒体片断等内容。节目窗有如下 12 种。

（1）文件窗：可以播放各种文字、图片、动画、表格等几十种文件。

（2）文本窗：用于快速输入简短文字，例如通知等文字。

（3）单行文本窗：用于播放单行文本，例如通知、广告等文字。

（4）静止文本窗：用于播放静止文本，例如公司名称、标题等文字。

（5）表格窗：用于编辑播放表格数据。

（6）计时窗：用于计时，支持顺计时和倒计时。

（7）数据库窗：用于播放 ACCESS 数据库和 ODBC 驱动数据库。

（8）DVD/VCD 窗：用于播放 DVD/VCD。

（9）外部程序窗：用于把外部程序嵌入到播放窗中，主要用于使用者自己开发小程序的播放。

（10）日期时间窗：用于显示日期及时间。

（11）视频输入窗：用于播放来自电视卡、视频采集卡等的视频信号。

（12）几何图形窗：用于几何图形如线、圆等显示。

2. 节目制作流程

第一步：设定播放窗大小。播放窗大小一定要设置正确，否则节目制作完播放时可能只显示一部分或不够大。

播放窗大小设置方法：菜单—〉设置—〉软件设置—〉播放窗，可启动软件设置窗，在软件设置窗中可选择锁定到 LED 显示屏（最好选择此选项，播放窗与 LED 显示屏大小位置完全相同），也可选择多屏组合、同步、任意位置。

若选择任意位置，屏数设置 1，单击"更新屏数"按钮，如图 3-36 所示。启点（X，Y）分别设为（0，0），宽度、高度根据 LED 显示屏的大小来设置，若 LED 显示屏的屏宽、高是 128×92 点则设置为（192，96）。

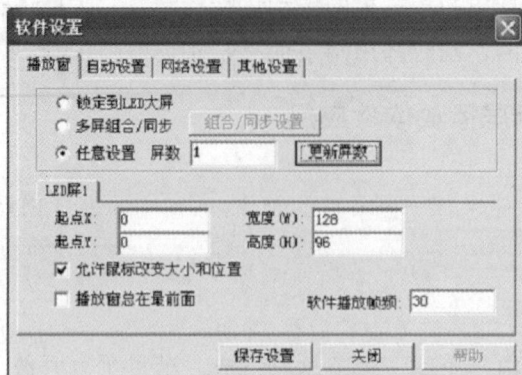

图 3-36　播放窗界面

第二步：新建节目页（节目页是节目的基本元素）。在新建节目页时，在图 3-37 所示的节目工具条对话框上点击新建节目页按钮即可（如见不到节目页工具条，点击工具条上的允许编辑按钮）。

图 3-37　节目工具条

文件中可以包含任意多节目页，删除节目页可用删除节目按钮 ✕，移动节目页顺序可使用移动按钮 ↑、↓，节目页有两种正常节目页和全局节目页，正常节目页按顺序播放，全局节目页就是没有时间限制一直播放（比如时间显示）。

第三步：设定节目页选项。节目页选项对话框如图 3-38 所示，节目页选项有节目页名称、节目页播放时间、背景颜色、背景图片、背景图片绘制方式以及背景音乐。

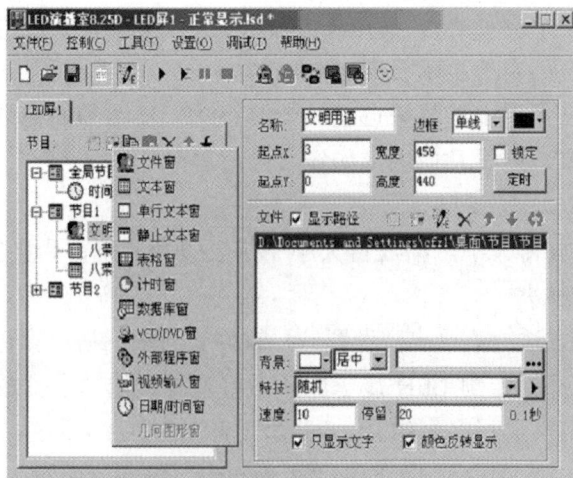

图 3-38　节目页选项对话框

116

第四步：新建节目窗。节目页还只是一个框架，它可包含任意多节目窗，在各个节目窗中可同时播放不同的文字、图片、表格、动画、视频等。有十二种节目窗可选择，点击新建节目按钮 后弹出节目选择菜单如图 3－39 所示，以下分别对节目窗口进行说明。

图 3－39 节目选择菜单

（1）文件窗：是最重要的窗口，所有支持的文件都在该窗口中播出，在该窗口中可添加任意多的文件，支持的文件种类有数十种之多。包含文本文件（TXT）、网页文件（HTM/HEML/MHT）、EXCEL 文件、WORD 文件（DOC/RTF）、所有图片文件（BMP/JPG/GIF/PCX/WMF/ICO）、所有的媒体文件（AVI/MPG/MPEG/WMV/ASF）、VCD文件（DAT）、Flash 文件（SWF）、RealPlay 文件（RM）。

（2）文本窗、单行文本窗、静止文本窗：该三窗口不是必须的，文字可在图文窗中播出，此窗口只为简单文字，如公司名称、欢迎字幕、通知等提供一种快速输入手段。

（3）表格窗：用于编辑播放表格数据。

（4）计时窗：用于计时。

（5）数据库窗：用于播放 ACCESS 数据库和 ODBC 驱动数据库。

（6）DVD/VCD 窗：用于播放 DVD/VCD。

（7）外部程序窗：用于把外部程序嵌入到播放窗中。

（8）日期时间窗：用于日期及时间显示。

（9）视频输入窗：该窗口用于显示外界的视频信号如电视、VCD/DVD、录像机等。该窗口必须要视频输入卡，如各种电视卡、各种视频采集卡等。

（10）几何图形窗：该窗口用于显示几何图形（该功能暂不可用）。

第五步：设定节目窗口选项。所有的节目窗都有共同的选项，如图 3－40 所示，窗口名称、边框线、边框线颜色、位置、宽度、锁定、定时。

（1）文件窗口：文件窗口如图 3－41 所示，文件窗口分为两部分，上部分为播放文件列表，下半部分为文件选项，播放文件列表上面有文件工具条，可用于添加文件、删除、移动文件。下半部分的文件选项与文件类型有关，以下分别予以说明。

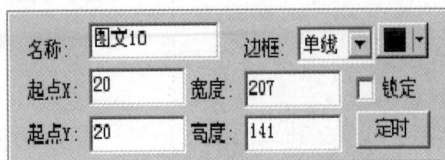

图 3-40 节目选项窗口

图 3-41 文件窗口

1）<文本文件>选项窗口如图 3-42 所示，可选择背景颜色、背景图片、背景图片绘制方法、四十多种特技可供选择、四种效果可选择、行距、速度、停留时间、以及字体等选项（提示：如果文字较少可采用文件窗显示，如果序言复杂排版可采用 WORD 文件）。

2）<图片文件>选项窗口如图 3-43 所示，<图片文件>选项窗口支持所有的图片格式（BMP/JPG/GIF/PCX/WMF…），可选择背景颜色、背景图片、背景图片绘制方法、四十多种特技可供选择、四种效果可供选择、速度、停留时间、五十多种清场、清场速度设置。

图 3-42 <文本文件>选项窗口

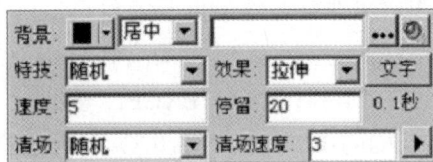

图 3-43 <图片文件>选项窗口

（2）视频输入窗口如图 3-44 所示，所有的选项均与视频输入设备有关。

图 3-44 视频输入窗口

第六步：节目制作完成。经过上面五个步骤，已经完成一个节目页制作，如需多个节目页，请重复第二到第五步即可。制作完节目页，请不要忘记存盘，点击存盘按钮 ▣ 或选择菜单文件—）保存。

第七步：播放节目。要播放当前节目文件，点击播放按钮 ▶ 开始播放，⏸ 暂停，停止 ▪ 或从控制菜单选择。要播放不同的节目文件，点击打开按钮 ☛，打开节目文件后播放。

第4章 LED显示屏故障检测及诊断

4.1 LED显示屏故障分类与维修流程

4.1.1 LED显示屏故障分类

1. LED显示屏故障

LED显示屏故障是不期望但又是不可避免的异常工作状况,分析、寻找和排除故障是LED显示屏维修人员必备的实际操作技能。在LED显示屏的检修过程中,要在大量的元器件和线路中迅速、准确地找出故障是不容易的。一般的故障诊断过程是从故障现象出发,通过反复测试,在综合分析的基础上做出判断,逐步找出故障。故障产生的原因很多,情况也很复杂,有的是一种原因引起的简单故障,有的是多种原因相互作用引起的复杂故障。因此,引起故障的原因很难简单分类。

构成LED显示屏电路的电气电子元器件有晶体管、电阻、线圈、电容器、集成电路、功率器件等,各电路都是由这些电气电子元器件组成的。检查时只要掌握其检查方法和诊断技术,就能早发现有故障的电气电子元器件。对于L、C、R而言,应掌握每个部件在交流(AC)电路和直流(DC)电路中是怎样工作的及其在电路中的作用。

在检修过程中,即使确定了故障电路的范围,还必须进一步将电路细分到某只电气电子元器件的前后,再使用万用表检查各个测试点,以区分和确认具体的有故障的电气电子元器件。为了迅速、准确的判断故障产生的部位和原因,必须注意区分电路的测试点和测量方法。

对于使用一段时间后出现的故障的LED显示屏,故障原因可能是元器件损坏,连线发生短路或断路(如焊点虚焊,接插件接触不良,可变电阻器、电位器、半可变电阻等接触不良,接触面表面镀层氧化等),或使用条件发生变化(如电网电压波动,过冷或过热的工作环境等)影响LED显示屏的正常运行。

对于新安装第一次使用的LED显示屏来说,故障原因可能是:由于LED显示屏在安装过程中,存在LED显示屏内的电路插件松动或脱落,连线发生短路或断路等。在LED显示屏单元板的仓储过程中,由于LED显示屏单元板内元器件或电路板受潮等因素引起的元器件失效,由于使用人员未能按LED显示屏的使用操作步骤操作而导致的故障，也有因 LED 显示屏在出厂前装配和调试时，部分存在质量问题的元器件未能检出，而影响 LED 显示屏的正常运行。LED 显示屏故障无论是发生在线路上，还是发生在电气电子元器件上，一般都是由短路或断路原因引起，其现象与产生的原因如下。

（1）短路故障。当电路局部短路时，负载因短路而失效，这条负载线路的电阻小，而产生极大的短路电流，导致电源过载，导线绝缘损坏，严重时还会引起火灾。如电源"＋"、"－"极的两根导线直接接通；电源未经过负载直接接通；导线绝缘被破坏，并相互接触造成短路；接线螺丝松脱造成与线头相碰；接线时不慎，使两线头相碰；导线头碰触金属部分等。

（2）断路故障。对于断路的电路，在电路断点之后没有电源，所以在电源到负载的电路中某一点中断时，电流不通。故障原因有线路折断；导线连接端松脱；接触不良等。

2. LED 显示屏故障分类

（1）按故障的性质分类。

1）系统性故障。系统性故障是指只要满足一定的条件则一定会产生的确定故障，确定性故障是指 LED 显示屏中的硬件损坏或只要满足一定的条件，LED 显示屏必然会发生的故障。这一类故障现象在 LED 显示屏运行中较为常见，但由于它具有一定的规律，因此也给维修带来了方便。确定性故障具有不可恢复性，故障一旦发生，如不对其进行维修处理，LED 显示屏不会自动恢复正常，但只要找出发生故障的根本原因，维修完成后 LED 显示屏立即可以恢复正常，正确的使用与精心维护是杜绝或避免系统性故障发生的重要措施。

2）随机性故障。随机性故障是指 LED 显示屏在工作过程中偶然发生的故障，此类故障的发生原因较隐蔽，很难找出其规律性，故常称之为"软故障"。随机性故障的原因分析与故障诊断比较困难，一般而言，故障的发生往往与部件的安装质量、参数的设定、元器件的品质、软件设计不完善、工作环境的影响等诸多因素有关。随机性故障有可恢复性，故障发生后，通过重新开机等措施，通常可恢复正常，但在运行过程中，又可能发生同样的故障。加强 LED 显示屏的维护检查，确保 LED 显示屏的正确安装、可靠连接，正确的接地和屏蔽是减少、避免此类故障发生的重要措施。

（2）按故障出现时有无指示分类。按故障出现时有无指示分为有诊断指示故障和无诊断指示故障，当今 LED 显示屏都设计有完善的自诊断程序，实时监控整个系统的软、硬件性能，一旦发现故障则会立即报警或还有简要文字说明在液晶屏上显示出来，结合系统配备的诊断手册不仅可以找到故障发生的原因、部位，而且还有排除方法的提示。LED 显示屏制造商也会针对具体 LED 显示屏设计有相关的故障指示及诊断说明书，结合显示的故障信息加上 LED 显示屏上的各类指示灯使得绝大多数故障的排除较为容易。

无诊断指示故障是因 LED 显示屏的故障诊断程序存在不完整性所致，这类故障则要依靠对产生故障前的工作过程和故障现象及后果，并依靠维修人员对 LED 显示屏的熟悉程度和技术水平加以分析、排除。

LED 显示屏的故障显示可分为指示灯显示与显示器显示两种情况。

1）指示灯显示报警。指示灯显示报警是指通过 LED 显示屏的状态指示灯（一般由

LED 发光管或小型指示灯组成）显示报警信息。根据 LED 显示屏的运行状态指示灯、故障状态指示灯，可大致分析判断出故障发生的部位与性质。因此，在维修、排除故障过程中应认真检查这些状态指示灯的状态。

2）显示器显示报警。显示器显示报警是指可通过显示器显示故障报警信息，由于 LED 显示屏一般都具有较强的自诊断功能，如果 LED 显示屏的诊断软件以及显示电路工作正常，一旦系统出现故障，可以在显示器上以报警符号及文本的形式显示故障信息。LED 显示屏能进行显示的报警信息少则几十种，多则上千种，它是故障诊断的重要信息。

（3）LED 显示屏按故障产生的原因分类。LED 显示屏按产生故障的原因分为自身故障和外部故障，这是按照相对于故障所发生的位置来分类的方法。

1）LED 显示屏自身故障。LED 显示屏自身故障是由于 LED 显示屏自身的原因所引起的与外部使用环境条件无关，LED 显示屏所发生的绝大多数故障均属此类故障。

2）LED 显示屏外部故障。外部故障是指与 LED 显示屏相关的外部器件性能改变及环境条件变化而引发的故障，如由于 LED 显示屏的供电电源的电压不稳定、外界的电磁干扰、环境温度过高；有害气体、潮气、粉尘侵入、外来振动等引起的 LED 显示屏故障。

（4）按故障发生的部位分类。以 LED 显示屏故障发生的部位分为硬件故障和软件故障，硬故障是指 LED 显示屏硬件的物理损坏：① 人为和环境原因，如环境恶劣、供电不良、静电破坏或违反操作规程操作等原因造成；② LED 显示屏构成器件原因，如元器件、接触插件、印刷电路、电线电缆等损坏造成，这是需要修理甚至更换才可排除的故障。

软故障是指由于软件系统错误而引发的故障，常见的软故障有程序错误、操作失误，以及设置错误和盲目操作等，软件故障是需要输入或修改某些数据甚至修改程序方可排除的故障。

（5）按故障出现时有无破坏性分类。按故障出现时有无破坏性分为破坏性故障和非破坏性故障，破坏性故障是指 LED 显示屏以及电气线路由于自身缺陷或环境影响而使电气电子元器件的功能丧失而无法正常工作。此类故障的大多无法通过简单的方法修复或根本无法修复，对于此类故障需要进行更换，对于破坏性故障，维修时不允许重演，这时只能根据产生故障时的现象进行相应的检查、分析来排除，技术难度较高且有一定风险。并且一定要将产生故障的原因查出排除后，才能更换损坏的电气电子元器件，进行必要的测试后，LED 显示屏才能上电运行。

对于 LED 显示屏发生的非破坏性故障，一般还可以运行但是长期运行会发展为破坏性故障或更严重的故障。发生此类故障后应立即停止 LED 显示屏运行进行必要检修，排除故障点后方可运行。

（6）按故障产生原因分类。LED 显示屏的故障按故障产生原因分为使用性和元器件故障，使用性故障是指因为现场工作人员操作不当或错误操作引起的故障，这种故障一般要求现场工作人员在操作前应正确的阅读 LED 显示屏的操作说明书，学会正确的使用

LED 显示屏,以免导致不必要的操作故障发生和经济损失。

元器件故障一般为电气元器件本身有质量缺陷所导致,对元器件故障只有更换,在更换 LED 显示屏损坏的电气电子元器件时,应该确定所用电气电子元器件的电气规格参数准确无误,保证产品完好无损。

(7)按显性和隐性故障分类。显性故障是指故障部位有明显的异常现象,即明显的外部表征,很容易被人发现。此类故障可以通过看、闻、听等人为察觉来判断,比如器件被烧毁时会冒烟,闻有烧焦的味道、有放电声和放电痕迹等。而隐性故障是指故障部位没有明显的异常,即无明显的外部特征,无法通过主观判断出故障部位,一定要借助一定的辅助手段,如仪表仪器等,而有一些则需要依赖于一定的工作经验来判别。隐性故障的查找起来往往需要花费很长的时间和精力,并要根据对电路原理的分析进行判断。

(8)按 LED 显示屏发生故障或损坏的特征分类。根据 LED 显示屏发生故障或损坏的特征一般可分为两种:一种是在运行中频繁出现的自动关机现象,并伴随着一定的故障信息显示,其处理措施可根据 LED 显示屏随机说明书上提供的方法,进行处理和解决。这类故障一般是由于 LED 显示屏运行参数设定不合适,或外部工况、条件不满足 LED 显示屏使用要求所产生的一种保护动作现象。另一类是由于使用环境恶劣,高温、导电粉尘引起的短路;潮湿引起的绝缘能力降低或击穿等突发故障(严重时,会出现打火、爆炸等异常现象)。这类故障发生后,先对 LED 显示屏进行检查,重点查找损坏元器件,根据故障发生区域,进行清理、测量、更换,然后对 LED 显示屏进行综合性能测试后,再运行,以达到排除故障的目的。

(9)按故障影响范围和程度分类。按故障影响范围和程度分为以下几类。

1)全局性故障,是指影响到整个 LED 显示屏正常工作的故障。

2)相关性故障,是指某一故障与其他故障之间有着因果或关联关系。

3)局部性故障,是指故障只影响了 LED 显示屏的某一些项或几项功能。

4)独立性故障,特指某一元器件发生的故障。

如电源熔断器熔丝熔断,使 LED 显示屏不能工作则属全局性故障,而造成原因可能是相关的某一器件短路,即故障的相关性。

(10)按故障发生的时间、周期分类。按故障发生的时间、周期分为固定性故障和暂时性故障。

1)固定性故障指故障现象稳定,可重复出现,其原因主要是由于开路、短路、元器件损坏或某一元器件失效引起。

2)暂时性故障是指故障的持续时间短、工作状态不稳定、时好时坏,造成的原因可能是元器件性能下降或接触不良等引起的。

4.1.2　LED 显示屏维修流程

引发 LED 显示屏故障可能只是某一个电气电子元器件,而对于维修者最重要的就是找到故障的电气电子元器件,需要进行检查、测量后进行综合分析做出判断,才能有针对性地处理故障，尽量减少无用的拆卸，尤其是要尽量减少使用烙铁的次数。除了经验，掌握正确的检查方法是非常必要的。正确的检查方法可以帮助维修人员由表及里，由繁到简，快速的缩小检测范围，最终查出故障并适当处理而修复。

1. LED 显示屏维修过程

从维修 LED 显示屏的经验来看，与强电相关的器件、大功率器件，电源部分以及相应的驱动电路损坏频率较高，当然在维修过程中也会出现各种各样的故障现象，表现与其相应的电子电路有关。LED 显示屏的维修过程就是寻找相应故障点的过程，在维修过程中应该坚持以人为主，设备为辅的原则，充分发挥人的主观能动性，从故障现象入手，分析电路原理、时序关系、工作过程，找出各种可能存在的故障点，然后借助一些维修检测设备，确定故障点，确定故障元器件，（包括定性与定量指标），然后寻找相应的器件进行替换，使 LED 显示屏恢复其固有的性能指标。通常 LED 显示屏维修过程包括以下几个方面。

（1）询问用户在 LED 显示屏发生故障时的故障现象，包括故障发生前后外部环境的变化。例如，电源的异常波动、显示画面的变化等。

（2）根据用户的故障描述，分析可能造成此类故障的原因。

（3）打开被维修的 LED 显示屏的屏体，确认被维修 LED 显示屏的程序，分析维修恢复的可行性。

（4）根据被损坏器件的工作位置，通过分析电路工作原理，从中找出损坏器件的原因，以及一些相关的电子电路。

（5）寻找相关的器件进行替换。

（6）在确定所有可能造成故障的所有原因都排除的情况下，通电进行测试，在做这一步的时候，一般要求所有的外部条件都必须具备，并且不会引起故障的进一步扩大化。

（7）在 LED 显示屏工作正常的情况下，就可以进行 LED 显示屏的系统测试。

2. 维修人员的素质条件

LED 显示屏是一种综合应用了计算机技术、自动控制技术、现代显示技术的高技术含量产品，其系统结构复杂、价格昂贵，因此对 LED 显示屏维修人员素质、维修资料的准备、维修仪器的使用等方面提出了比普通电器维修更高的要求，维修人员的素质直接决定了维修效率和效果，为了迅速、准确判断故障原因，并进行及时、有效的处理，排除 LED 显示屏故障，作为 LED 显示屏的维修人员应具备以下方面的基本条件。

（1）具有较广的知识面。LED 显示屏维修的第一步是要根据故障现象，尽快判别故障的真正原因与故障部位，这一点既是维修人员必须具备的素质，但同时又对维修人员提出了很高的要求。它要求 LED 显示屏维修人员不仅要掌握电子、电气两个专业的基础知识和基础理论，而且还应该熟悉 LED 显示屏的结构与设计思想，熟悉 LED 显示屏的性能，只有这样，才能迅速找出故障原因，判断故障所在。此外，维修时为了对某些电路与元器件进行测试，作为维修人员还应当具备一定的测量技能。要求 LED 显示屏维修人员学习并基本掌握有关 LED 显示屏基础知识，如计算机技术、模拟与数字电路技术、自动控制技术，学习并掌握在 LED 显示屏维修中常用的仪器、仪表和工具的使用方法。

（2）善于思考。LED 显示屏的结构复杂，各部分之间的联系紧密，故障涉及面广，而且在有些场合，故障所反映出的现象不一定是产生故障的根本原因。作为维修人员必须从 LED 显示屏的故障现象，通过分析故障产生的过程，针对各种可能产生的原因，由表及里，透过现象看本质，迅速找出发生故障的根本原因并予以排除。通俗地讲，LED 显示屏的维修人员从某种意义上说应"多动脑，慎动手"，切忌草率下结论，盲目更换元器件，特别是 LED 显示屏的电源模块以及单元电路板。

（3）重视总结积累。LED 显示屏的维修速度在很大程度上要依靠维修人员的素质和平时经验的积累，维修人员遇到过的问题、解决过的故障越多，其维修经验也就越丰富。LED 显示屏虽然种类繁多，性能各异，但其基本的工作过程与原理却是相同的。因此，维修人员在解决了某一故障以后，应对维修过程及处理方法进行及时总结、归纳，形成书面记录，以供今后同类故障维修时参考。特别是对于自己一时难以解决，最终由同行技术人员或专家维修解决的问题，尤其应该细心观察，认真记录，以便于提高。如此日积月累，以达到提高自身水平与素质的目的，在不断的实际维修实践中提高分析能力和故障诊断技能。

（4）善于学习。LED 显示屏维修人员应经过良好的技术培训，不断学习电气、电子技术基础理论知识，尤其是针对具体 LED 显示屏的技术培训，首先是参加相关的培训班和 LED 显示屏安装现场的实际培训，然后向有经验的维修人员学习，更重要的是更长时间的自学。作为 LED 显示屏维修人员不仅要注重分析与积累，还应当勤于学习，善于思考。LED 显示屏说明书内容通常都较多，有操作、编程、连接、安装调试、维修手册、功能说明等。这些手册资料要在实际维修时，全面、系统的学习。因此，作为维修人员要了解 LED 显示屏系统的结构，并根据实际需要，结合维修资料，去指导维修工作。

（5）具备外语基础与专业外语基础。虽然目前国内生产 LED 显示屏的厂家已经日益增多，但 LED 显示屏的关键器件还是主要依靠进口，其配套的说明书、资料往往使用原文资料，LED 显示屏的报警文本显示亦以外文居多。为了能迅速根据系统的提示与 LED 显示屏说明书中所提供信息，确认故障原因，加快维修进程，作为一名维修人员，最好能具备一定的专业外语的阅读能力，提高外语水平，以便分析、处理问题。

（6）能熟练操作 LED 显示屏。LED 显示屏的维修离不开实际操作，特别是在维修过程中，维修人员通常要进行一般 LED 显示屏操作者无法进行的特殊操作方式，如：进行 LED 显示屏参数的设定与调整，通过计算机以及软件联机调试，利用 LED 显示屏自诊断技术等。因此，从某种意义上说，一个高水平的维修人员，其操作 LED 显示屏的水平应比一般操作人员更高、更强。

（7）具有较强的动手能力。动手能力是 LED 显示屏维修人员必须具备的素质，但是，对于维修 LED 显示屏这类高技术设备，动手前必须有明确目的、完整的思路、细致的操作。动手前应仔细思考、观察，找准入手点，动手过程中更要做好记录，尤其是对于电气组件的安装位置、导线号、LED 显示屏参数、调整值等都必须做好明显的标记，以便恢复。维修完成后，应做好"收尾"工作，如：将 LED 显示屏屏体的紧固件安装到位；将电线、电缆整理整齐等。

在 LED 显示屏维修时，应特别注意 LED 显示屏中的某些电路板是需要电池保持参数的，对于这些电路板切忌随便插拔；更不可以在不了解元器件作用的情况下，随意调换 LED 显示屏中的器件、设定端子；任意调整电位器位置，任意改变设置的参数；以避免产生更严重的后果。要做好维修工作，必须掌握科学的方法，而科学的方法需在长期的学习和实践中总结提高，从中提炼出分析问题、解决问题的方法。

3. 技术资料的要求

技术资料是维修工作的指南，它在维修工作中起着至关重要的作用，借助于技术资料可以大大提高维修工作的效率与维修的准确性。一般来说，对于 LED 显示屏故障的维修，在理想状态下，应具备以下技术资料。

（1）LED 显示屏使用说明书。它是由 LED 显示屏生产厂家编制并随 LED 显示屏提供的随机资料，LED 显示屏使用说明书通常包括以下与维修有关的内容。

1）LED 显示屏的操作过程和步骤。

2）LED 显示屏主要部件的结构原理示意图。

3）LED 显示屏安装和调整的方法与步骤。

4）LED 显示屏电气、电子电路的原理图。

（2）LED 显示屏的操作使用手册。它是由 LED 显示屏生产厂家编制的 LED 显示屏使用手册，通常包括以下内容。

1）LED 显示屏的操作说明。

2）LED 显示屏的具体操作步骤（包括手动自动、试运行等方式的操作步骤，以及程序、参数等的输入、编辑、设置和显示方法）。

3）系统调试、维修用的大量信息，如："LED 显示屏参数"说明、报警显示及处理方法、系统的连接图等。它是维修 LED 显示屏中必须参考的技术资料之一。

（3）LED 显示屏参数清单。LED 显示屏参数清单是由 LED 显示屏生产厂根据 LED 显示屏的实际情况，提供的用于对 LED 显示屏进行设置与调整所必须的参数。它不仅直接决定了系统的配置和功能，是维修 LED 显示屏的重要依据与参考。在维修时，应随时参考"LED 显示屏参数"的设置情况来调整、维修 LED 显示屏；特别是在更换 LED 显示屏单元板时，一定要记录 LED 显示屏的原始设置参数，以便 LED 显示屏功能的恢复。

（4）LED 显示屏的功能说明。该资料由 LED 显示屏生产厂家编制，功能说明书不仅包含了比电气原理图更为详细的 LED 显示屏各部分之间连接要求与说明，而且还包括了原理图中未反映的信号功能描述，是维修 LED 显示屏、尤其是检查电气接线的重要参考资料。

（5）维修记录。这是维修人员对 LED 显示屏维修过程的记录及对维修工作的总结，最理想的情况是：维修人员应对自己所进行的每一步维修都进行详细的记录，不管当时的判断是否正确，这样不仅有助于今后进一步维修，而且也有助于维修人员的经验总结与水平提高。

4. 物质条件

（1）必要的通用 LED 显示屏的电子电气元器件备件。

（2）LED 显示屏常备电子电气元器件应做到采购渠道快速畅通。

（3）必要的维修工具、仪器仪表等，并配有笔记本电脑并装有必要的维修软件。

（4）完整的 LED 显示屏技术图样和资料。

（5）LED 显示屏使用、维修技术档案材料。

4.2 LED 显示屏故障诊断技术与检查方法

4.2.1 LED 显示屏故障诊断技术与维修原则

1. LED 显示屏故障诊断技术

所谓 LED 显示屏的"故障诊断"简单地说就是查找 LED 显示屏的故障元器件，如果要从一批类型各异，但相互孤立的电子元器件中挑出失效或不合格的元器件，简单而又直接的办法是逐一进行测试检查。如果这批元器件都已经采用锡焊的方式，被固定在印刷电路板上，相互之间形成了电气关联关系，由于电路中的元器件总数很多，显然不可能、也没有必要将每个元器件都拆下来测试检查。一般是把整个电路看成一个整体，通过一系列的检查、分析、测试、判断，查找出故障的元器件。

LED 显示屏故障诊断的基本环节包括：检查、分析、检测、判断。实际上检查的目的是为分析奠定基础，而分析的目的就是要做出判断，因此也可以认为故障诊断包括检查、分析和检测 3 个基本环节。故障诊断的过程是一个检查、分析与检测交错进行、循环往复、逐次逼近故障点的过程，故障诊断流程图如图 4 - 1 所示。

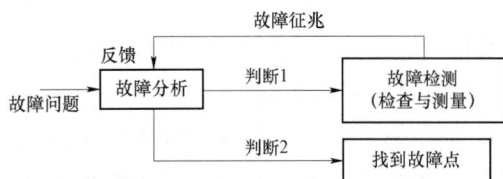

图 4 - 1 故障诊断流程图

在对 LED 显示屏的故障进行诊断时，涉及系统分析方法和使用专业的检测手段，为此学习 LED 显示屏故障诊断技术，可以从检查、分析、检测这 3 个基本环节入手，重点掌握具有共性的基本技术手段和方法。

在 LED 显示屏的故障诊断过程中，少数一些电子电气元器件的故障情况，仅凭借外观检查就可以发现，如断路或短路、熔断器熔断、电解电容器爆裂等。在实际故障诊断工作中，经常也有通过"直观法"解决故障诊断问题。但是，这种情况带有偶然性，不具备故障分析的普遍意义。

随着 LED 显示屏设计和制造技术的发展，使得 LED 显示屏的种类越来越多，功能愈趋完善，结构愈趋复杂。相对而言，对 LED 显示屏故障诊断问题的分析研究却落后了许多。目前的情况是：在 LED 显示屏的制造环节中，解决生产线上成批量的成品 LED 显示屏，或半成品部件的故障诊断问题，有了多种比较成熟的方法，已有一些商品化的诊断设备；而对于 LED 显示屏维修所面临的是零散报修的 LED 显示屏故障诊断问题，由于类型繁杂、不成批量，且故障情况多变，因此较难解决。大多数情况下仍沿用传统的方法，在检查、分析方法和检测技术方面一直都没有本质的进步。

在对模拟电路的故障进行诊断时，由于电路本身具有非线性，以及电路组态多样性等特点，大大增加了故障诊断的难度。虽然数字化技术的发展，使得各种数字电路在 LED 显示屏电路中所占比例在逐步增加，但是 LED 显示屏中的模数转换电路、功率器件的驱动与控制电路、电源电路等，都不可能完全被数字化。恰恰就是这些不能被数字化的电路具有较高的故障发生概率。因此模拟电路的故障诊断问题，始终是 LED 显示屏故障诊断中的难点和重点。

LED 显示屏故障诊断是一门综合性科学，涉及到多方面的知识和技术，除了要掌握 LED 显示屏组成的基本原理、电工电子学知识、元器件特性外，还涉及电子测量技术。更重要的是，对 LED 显示屏进行故障诊断的过程是一个分析过程，具有一系列独特的思维方法，该方法以系统科学和逻辑学为基础，具有自身的规律性和系统性。

LED 显示屏故障诊断是一个从已知探询未知的过程，因此也是一个科学研究的过程。它始于已知的故障现象，止于找到未知的故障部位（故障点），整个过程一般需要经过：收集信息、分析研究、推理判断、参数测试、实测验证等环节。因此，掌握 LED 显示屏故障诊断方法，并且经常进行各种 LED 显示屏的故障诊断实践工作，其价值不仅是修复了几台 LED 显示屏，更重要的是能够提高自身的思维能力，学会观察、分析、判断的科学方法，培养良好的思维习惯，和百折不挠的探索精神。

2. LED 显示屏的维修原则

LED 显示屏故障的检查、分析与诊断的过程也就是故障的排除过程，一旦查明了原因，故障也就几乎等于排除了。因此故障分析诊断的方法也就变得十分重要了。故障的检查与分析是排除故障的第一阶段，是非常关键的阶段，主要应做好下列工作。

（1）熟悉电路原理，确定检修方案。当 LED 显示屏发生故障时，不要急于动手拆卸，首先要了解该 LED 显示屏产生故障的现象、经过、范围、原因。熟悉该 LED 显示屏构成的基本工作原理，分析各个具体电路，弄清电路中各级之间的相互联系以及信号在电路中的来龙去脉，结合实际经验，经过周密思考，确定一个科学的检修方案。并要向现场操作人员了解故障发生前后的情况，故障发生时是否有异常声音和振动、有没有冒烟、冒火等现象。

（2）先分析思考，后着手检修。对故障 LED 显示屏的维修，首先要询问产生故障的前后经过以及故障现象，根据用户提供的情况和线索，再认真地对电路进行分析研究（这一点对初学者尤其重要），弄通弄懂故障 LED 显示屏的电路原理和元器件的作用，做到心中有数，有的放矢。

在现场处理 LED 显示屏故障时，首先应要求操作者尽量保持现场故障状态，不做任何处理，这样有利于迅速精确地分析出故障原因。同时仔细询问故障指示情况、故障现象及故障产生的背景情况，依此做出初步判断，以便确定现场排除故障的方案。

在处理 LED 显示屏故障前，要验证操作者提供的各种情况的准确性、完整性，从而核实初步判断故障的准确度。由于操作者的水平，对故障状况描述不清甚至完全不准确的情况不乏其例，因此不要急于动手处理，应仔细调查各种情况，以免破坏了现场，使排除故障的难度增加。

根据已知的故障状况分析故障类型，从而确定排除故障的原则。由于大多数故障是有指示的，所以一般情况下，对照 LED 显示屏配套的诊断手册和使用说明书，可以列出可能产生该故障的多种原因。

对多种可能的原因进行排查，从中找出本次故障的真正原因，是对维修人员对故障 LED 显示屏熟悉程度、知识水平、实践经验和分析判断能力的综合考验。有的故障的排除方法可能很简单，有些故障则往往较复杂，需要做一系列的准备工作，例如工具仪表的准备、局部的拆卸、零部件的修理，元器件的采购甚至排除故障步骤的制定等。

维修前应了解故障发生时的情况，比如电源电压是否稳定、有无碰撞、是否受潮湿、有无异味异响等情况，根据获得的信息进行故障的初步判断，以做到心中有数。在对 LED 显示屏电路故障检修前，应检查一下电源端电压是否正常，检查 LED 显示屏外部接线是否正常、接口插接件插接的是否牢靠。并要记录 LED 显示屏的型号、使用年限、环境条件等。

引发 LED 显示屏故障的原因可能是多方面的，而故障的现象，发生的时间是不确定的。发现一个故障，首先应分析其可能产生的原因，并列出有关范围，寻找相关范围的技术资料作为理论引导。对于比较生疏的故障 LED 显示屏，不应急于动手，应先熟悉电路原理和结构特点，遵守相应规则。拆卸前要充分熟悉每个电气部件的功能、位置、连接方式以及与周围其他器件的关系，在没有组装图的情况下，应一边拆卸，一边画草图，并记上标记。

（3）先外部后内部。应先检查 LED 显示屏外部有无明显物理损坏，了解其维修史、使用年限等，并应先检查 LED 显示屏的外围电路及电气元器件，特别是 LED 显示屏外部的一些开关、接插件的位置是否完好，外部的引线、插座有无断路、短路现象等。当确认 LED 显示屏外部电气元器件正常时，再对 LED 显示屏内部进行检查。在排除外部故障因素后，再着手进行内部的检修。在检查 LED 显示屏内部故障时，首先应仔细检查一下内部元器件有无损伤、击穿、烧焦、变色等明显的故障，其次可重点检查一下元器件有无断线、虚焊、连线是否松动、插接件插接得是否牢固。

在外观检查无异常后，在进行电路板检测，如果条件允许，最好采用一块与待修板一样的好电路板作为参照，然后使用测量仪表检测相关参数对两块板进行对比，开始的对比测试点可以从电路板的端口开始，然后由表及里进行检测对比，以判断故障部位。

（4）先简单，后复杂。在检修 LED 显示屏故障时，要先用最简单易行、自己熟练的方法，再用复杂、精确的方法。排除故障时，先排除直观、显而易见、简单常见的故障。后排除难度较高、没有处理过的疑难故障。LED 显示屏经常容易产生相同类型的故障，即"通病"。由于"通病"比较常见，积累的经验较丰富，因此可快速排除，这样就可以集中精力和时间排除比较少见、难度高、疑难故障，以简化步骤，缩小范围，提高检修速度。

（5）先静态后动态。所谓静态检查，就是在 LED 显示屏未通电之前进行的检查。当确认静态检查无误时，方可通电进行动态检查。若发现冒烟、闪烁等异常情况，应迅速关机，重新进行静态检查。这样可避免在情况不明时就给 LED 显示屏加电，造成不应有的损坏。

就目前维修中所采用的测量仪器仪表而言，只能对电路板上的器件进行功能在线测试和静态特征分析，发生故障的电路板是否最终完全修复好，必须要装回原单元电路上检验才行。为使这种检验过程取得正确结果，以判断更换了电气电子元器件的电路板是否修理好，这时最好先检查一下 LED 显示屏的电源是否按要求正确供给到相关电路板上，以及电路板上的各接口插件是否可靠插好。并要排除电路板外围电路的不正确带来的影响，才能正确地指导维修工作。

（6）先清洁后维修。对污染较重的 LED 显示屏，先要对其接线端、接触点进行清洁，在检查 LED 显示屏内部时，应着重看 LED 显示屏内部是否清洁，如果发现 LED 显示屏内各组件、引线、走线之间有尘土、污物、蛛网或多余焊锡、焊油等，应先加以清除，再进行检修，这样既可减少自然故障，又可取得事半功倍的效果。实践表明，许多故障都是由于脏污引起的，一经清洁故障往往会自动消失。

（7）先电源电路后功能电路。电源是 LED 显示屏的心脏，如果电源不正常，就不可能保证其他部分的正常工作，也就无从检查别的故障。根据经验，电源部分的故障率在整机中占的比例最高，许多故障往往就是由电源引起的，所以先检修电源电路常能收到事半功倍的效果。在 LED 显示屏的维修时，应按照先检修交流电源部分、直流电源部分，再检修控制电路部分、最后显示部分的顺序。因为电源是 LED 显示屏各部分能正常工作的能量之源，而控制电路又是 LED 显示屏能正常工作的基础。

（8）先普遍后特殊。在没有了解清楚 LED 显示屏故障部位的情况下，不要对 LED 显示屏内的一些可调元器件进行盲目的调整，以免人为地将故障复杂化。遇到屏内熔断器熔体或限流电阻等保护电路元器件被击穿或烧毁时，要先认真检查一下其周围电路是否有问题，在确认没问题后，再将其更换恢复供电。因电源电路元器件的质量或外部因素而引起的故障，一般占常见故障的 50% 左右。LED 显示屏的特殊故障多为软故障，要靠经验和仪表来测量和维修。根据 LED 显示屏的共同特点，先排除带有普遍性和规律性的常见故障，然后再去检查特殊的电路（包括一些特殊的元器件），以便逐步缩小故障范围，由面到点，以达到缩短维修时间。

（9）先外围后更换。在确定损坏的元器件后，先不要急于更换损坏的电气元器件，在确认外围电路正常时，再考虑更换损坏的电气元器件。在检查集成电路时，在检测集成电路各引脚电压有异常时，不要先急于更换集成电路，而应先检查其外围电路，在确认外围电路正常时，再考虑更换集成电路。若不检查外围电路，一味更换集成电路，只能造成不必要的损失，且现在的集成电路引脚较多，稍不注意便会损坏，从维修实践可知，集成电路外围电路的故障率远高于集成电路。

（10）先排除故障后调试。在检修中应当先排除电路故障，然后再进行调试，因为调试必须是在电路正常的前提下才能进行。当然有些故障是由于调试不当而造成的，这时只需直接调试即可恢复正常。在更换元器件时一定要注意焊接质量，不要造成虚焊。另外焊接时间也不宜过长，以免损坏元器件，造成不必要的经济损失。在检修时应避免多次焊接元器件，因多次焊接电气电子元器件，容易造成铜箔从线路板上脱落。更换元器件后，LED 显示屏内的异物要及时清理干净，连线和插接件要重新检查一遍，并安装到位，以免造成另外的人为故障。

（11）先直流后交流。检修时，对于电子电路的检查，必须先检测直流回路静态工作点，再检测交流回路动态工作点。这里的直流和交流是指电子电路各级的直流回路和交流回路。这两个回路是相辅相成的，只有在直流回路正常的前提下，交流回路才能正常工作。

（12）先不通电测量，后通电测试。首先在不通电的情况下，对 LED 显示屏进行静态检查，在正常的情况下，在通电对 LED 显示屏进行检查。若立即通电，可能会人为的扩大故障范围，烧毁更多的元器件，造成不应有的损失。因此，在故障 LED 显示屏通电前，先进行静态检查后，采取必要的措施后，方能通电测试。

（13）先公用电路，后专用电路。LED 显示屏的公用电路出故障，其能量、信息就无法传送，各专用电路的功能、性能就不起作用。如一台 LED 显示屏的电源出故障，整个系统就无法正常运转，向各种专用电路传递的能量、信息就不可能实现。因此遵循先公用电路，后专用电路的顺序，就能快速、准确地排除 LED 显示屏的故障。

LED 显示屏出现故障表现为多样性，任何一台有故障的 LED 显示屏检修完，应该把故障现象、原因、检修经过、技巧、心得记录在专用笔记本上，以积累维修经验，并要将自己的经验上升为理论。在理论指导下，具体故障具体分析，才能准确、迅速地排除故障，只有这样才能把自己培养成为检修 LED 显示屏故障的行家里手。

3. LED 显示屏检修的一般程序

在检修 LED 显示屏过程中，最花时间的是故障判断和找出失效的元器件，故障部位和失效元器件找到后，修理和更换元器件实际上并没有太大的困难。因此，掌握维修技术就要首先学会故障检查、分析、判断方法，并掌握一些技巧。LED 显示屏检修的一般程序如下。

（1）观察和调查故障现象。LED 显示屏故障现象是多种多样的，例如，同一类故障可能有不同的故障现象，不同类故障可能有同种故障现象，这种故障现象的同一性和多样性，给查找故障带来复杂性。但是，故障现象是检修 LED 显示屏故障的基本依据，是LED 显示屏故障检修的起点，因而要对故障现象进行仔细观察、分析，找出故障现象中最主要的、最典型的方面，搞清故障发生的时间、环境、部位等。

（2）了解故障。在着手检修发生故障的 LED 显示屏前除应询问、了解该 LED 显示屏损坏前后的情况外，尤其要了解故障发生瞬间的现象。例如，是否发生过冒烟、异常响声、振动等情况，还要查询有无他人拆卸检修过而造成"人为故障"。

（3）试用待修 LED 显示屏。对于发生故障的 LED 显示屏要通过试听、试看、试用等方式，加深对 LED 显示屏故障的了解。检修顺序为：外观检查、电源引线的检查和测量，无异常后，接通电源，仔细听声音和观察 LED 显示屏有无异常现象，再根据掌握的信息进行分析、判断可能引起故障的部位。

（4）分析故障原因。根据了解的各种表面现象，设法找到故障 LED 显示屏的电路原理图及印制板布线图。若实在找不到该屏型的相关资料，也可以借鉴类似屏型的电路图，灵活运用以往的维修经验，并根据故障屏型的特点加以综合分析，查明故障的原因。

（5）初步确定故障范围、缩小故障部位。根据故障现象分析故障原因是 LED 显示屏故障检修的关键，分析的基础是电工电子基本理论，是对 LED 显示屏的构造、原理、性能的充分理解，是电工电子基本理论与故障实际的结合。某一 LED 显示屏故障产生的原因可能很多，重要的是在众多原因中找出最主要的原因。

（6）归纳故障的大致部位或范围。根据故障的表现形式，推断造成故障的各种可能原因，并将故障可能发生部位逐渐缩小到一定的范围。要善于运用"优选法"原理，分析整个电路包含几个单元电路，进而分析故障可能出在哪一个或哪几个单元电路。总之，对各单元电路在 LED 显示屏中所担负的特有功能了解得越透彻，就越能减少检修中的盲目性，从而极大提高检修的工作效率。

（7）确定故障的部位。确定故障部位是 LED 显示屏故障检修的最终目的和结果，确定故障部位可理解成确定 LED 显示屏故障点，如短路点、损坏的元器件等，也可理解成确定某些设定参数的变异。确定故障部位是在对故障现象进行周密的考察和细致分析的基础上进行的。在这一过程中，往往要采用多种手段和方法。

（8）故障的查找。对照 LED 显示屏电路原理图和印制板布线图，在分析 LED 显示屏工作原理并在维修思路中形成可疑的故障点后，即应在印制板上找到其相应的位置，运用检测仪表进行在路或不在路测试，将所测数据与正常数据进行比较，进而分析并逐渐缩小故障范围，最后找出故障点。

（9）故障的排除。找到故障点后，应根据失效元器件或其他异常情况的特点采取合理的维修措施。例如，对于脱焊或虚焊，可重新焊好；对于元器件失效，则应更换合格的同型号规格元器件；对于短路性故障，则应找出短路原因后对症排除。

（10）还原调试。更换元器件后要对 LED 显示屏进行全面或局部调试，因为即使替换的元器件型号相同，也会因工作条件或某些参数不完全相同导致性能的差异，有些元器件本身则必须进行调整。如果大致符合原参数，即可通电进行调试，若 LED 显示屏工作全面恢复正常，则说明故障已排除；否则应重新调试，直至该故障完全恢复正常为止。

4.2.2 LED 显示屏故障检查方法

1. 直观法

直观法是指不用任何仪器根据 LED 显示屏故障的外部表现，寻找和分析故障。直接观察包括不通电检查和通电观察。在检修中应首先进行不通电检查，利用人的感觉器官（眼、耳、手、鼻）检查有关插件是否松动、接触不良、虚焊脱焊、断路、短路、组件锈蚀、变焦、变色和熔断器熔体熔断等现象。直观法是一种最基本、最简单的方法，维修人员通过对故障发生时产生的各种光、声、味等异常现象的观察、检查，可将故障缩小到某个模块，甚至一块印制电路板。但是，它要求维修人员具有丰富的实践经验。

在进行直观检查前，应向现场人员询问情况，包括故障外部表现、大致部位、发生故障时环境情况。如有无异常气体、明火、热源是否靠近 LED 显示屏、有无腐蚀性气体侵入、有无漏水，是否有人修理过，修理的内容等。

直观法的实施过程应坚持先简单后复杂、先外面后里面的原则，在实际操作时，首先面临的是对 LED 显示屏内的各式各样的电子元器件的形状、名称、代表字母、电路符号和功能都能一一对上号，即能准确地识别电子元器件。采用直观法检修时，主要分成以下三个步骤。

（1）LED 显示屏外观检查。检查 LED 显示屏的外观，看有无碰伤痕迹，LED 显示屏外部的连线有无损坏等。

（2）LED 显示屏内部检查。观察线路板及屏内各种装置，看熔断器的熔体是否熔断；元器件有无相碰、断线；电阻有无烧焦、变色；电解电容器有无漏液、裂胀及变形；印制电路板上的铜箔和焊点是否良好，有无维修过，在对 LED 显示屏内部进行检查时，可用手拨动一些元器件、零部件，以便充分检查。

（3）通电后检查。这时眼要看 LED 显示屏内部有无打火、冒烟现象；耳要听 LED 显示屏内部有无异常声音；鼻要闻 LED 显示屏内部有无炼焦味；手要摸一些晶体管、集成电路等是否烫手，如有异常发热现象，应立即关机。

直观法的特点是十分简便，不需要其他仪器，对检修 LED 显示屏的一般性故障及损坏型故障很有效果。直观法检测的综合性较强，它与检修人员的经验、理论知识和专业技能等紧密相关，直观检查法需要在大量地检修实践中不断的积累经验，才能熟练地运用。直观法检测往往贯穿在整个修理的全过程，与其他检测方法配合使用时效果更好。

2. 对比法

对比法是用正确的特性与错误的特征相比较来寻找故障的原因，怀疑某一电路存在问题时，可将此电路的参数与工作状态相同的正常电路的参数（或理论分析的电流、电压、波形等）进行一一对比，此法对没有电路原理图时最适用。在检修时把检测数据与图纸资料及平时记录的正常参数相比较来判断故障。对无资料又无平时记录的 LED 显示屏，可与同型号的完好 LED 显示屏相比较，从中找出电路中的不正常情况，进而分析故障原因，判断故障点。对比法可以是自身相同回路的类比，也可以是故障线路板与已知好的线路板的比较，这可以帮助维修者快速缩小故障检查范围。

3. 替换法

替换法是用规格相同、性能良好的电气元器件或电路板，替换故障 LED 显示屏上某个被怀疑而又不便测量的电气元器件或电路板，从而来判断故障的一种检测方法。有时故障比较隐蔽，某些电路的故障原因不易确定或检查时间过长时，可用相同规格型号良好的元器件进行替换，以便于缩小故障范围，进一步查找故障。并证实故障是否由此元器件引起的。运用替换法检查时应注意，当把 LED 显示屏上怀疑有故障的电气元器件或电路板拆下后，要认真检查该电气元器件或电路板的外围电路，只有肯定是由于该电气元器件或电路板本身因素造成故障时，才能换上新的电气元器件或电路板，以免替换后再次损坏。

另外，由于某些元器件的故障状态（例如电容器的容量减小或漏电等）在用万用表不能确定时，应该用正品加以替换或是并连接上正品器件，看故障现象有否变化。若怀疑电容器绝缘不好或短路，检测时需将一端脱开。在替换元器件时，替换上的元器件应尽可能和损坏的元器件规格型号相同。

当故障分析结果集中于某一印制电路板上时，由于电路集成度的不断扩大而要把故障落实于其上某一区域乃至某一电气元器件上是十分困难的，为了缩短故障检查时间，在有相同备件的条件下可以先将备件换上，然后再去检查修复故障板。在更换备件板要注意以下问题。

（1）更换任何备件都必须在断电情况下进行。

（2）许多印制电路板上都有一些开关或短路棒的设定以匹配实际需要，因此在更换备件板时一定要记录下原有板上的开关位置和设定状态，并将新板作好同样的设定，否则会产生报警而不能正常工作。

（3）某些印制电路板的更换，还需在更换后进行某些特定操作以完成其中软件与参数的建立，这一点需要仔细阅读相应电路板的使用说明。

（4）有些印制电路板是不能轻易拔出的，例如含有工作存储器的板，或者有备用电池板，它会丢失有用的参数或者程序，必须更换时也必须遵照有关说明操作。

利用备用的同型号的电路板确认故障，是缩小故障检查范围的非常行之有效的方法。若是 LED 显示屏的控制板出问题常常只有更换别无他法，因为大多数用户几乎不会得到原理图及布置图，从而很难做到芯片级维修。

鉴于以上条件，在拔出旧电路板更换新电路板之前，一定要先仔细阅读相关资料，弄懂要求和操作步骤之后再动手，以免造成更大的故障。替换法在确定故障原因时准确性较高，但操作时比较麻烦，有时很困难，对线路板有一定的损伤。所以使用替换法要根据 LED 显示屏故障具体情况，以及检修者现有的备件和代换的难易程度而定。在替换电气元器件或电路板的过程中，连接要正确可靠，不要损坏周围其他组件，这样才能正确地判断故障，提高检修速度，而又避免人为的造成故障。

在 LED 显示屏故障检修中，如怀疑两个引脚的元器件开路时，可不必拆下它们，而是在这个元器件引脚上再焊接上一个同规格的元器件，焊好后故障消失，证明被怀疑的元器件是开路时，在将故障元器件剪除。当怀疑某个电容器的容量减小时，也可以采用直接并联的方式进行判断。使用替换法应注意的事项如下。

（1）严禁大面积地的使用替换法，这不仅不能达到修好故障 LED 显示屏的目的，甚至会进一步扩大故障的范围。

（2）替换法一般是在其他检测方法运用后，对某个元器件有重大怀疑时才采用。

（3）当所要代替的电气元器件在底部时，也要慎重使用替换法，若必须采用时，应充分拆卸，使元器件暴露在外，有足够大的操作空间，以便于代换处理。

4. 插拔法

通过将功能电路板插件"插入"或"拔出"来寻找故障的方法虽然简单，却是一种常用的有效方法，能迅速找到故障的原因。具体步骤如下。

（1）先将故障 LED 显示屏与所有连接辅助电路的所有插件板拔出，再合上故障 LED 显示屏电源开关，若故障现象仍出现，则应仔细检查主电路、母版部分是否有故障。

（2）若故障消失，仔细检查每块插件板，观察是否有相碰和短路，（如碰线、短接、插针相碰等），若有，则排除；若无，则插上检查的电路板插件，再检查余下的电路插件，直至找出故障插件板，再根据故障现象和性质判断是哪一个集成电路或电子元器件损坏，这样很快就能发现哪块插件板上有故障。

5. 系统自诊断法

充分利用 LED 显示屏的自诊断功能，根据显示的故障信息及发光二极管等器件的指示，可判断出故障的大致起因。进一步利用系统的自诊断功能，还能显示 LED 显示屏的各类接口信号状态，找出故障的大致部位，它是故障诊断过程中最常用、有效的方法之一。

所有的 LED 显示屏都以不同的方式给出故障指示，对于维修者来说是非常重要的信息。通常情况下，LED 显示屏会针对电压、电流、温度、通信等故障给出相应的故障信息。

6. 参数检查法

LED 显示屏参数是保证其正常运行的前提条件，它直接影响着 LED 显示屏的性能。参数通常存放在系统存储器中，一旦电池不足或受到外界的干扰，可能导致部分参数的丢失或变化，使 LED 显示屏无法正常工作。通过核对、调整参数，有时可以迅速排除故障：特别是对于 LED 显示屏长期不用的情况，参数丢失的现象经常发生，因此，检查和恢复 LED 显示屏参数是维修中行之有效的方法之一。另外，LED 显示屏经过长期运行之后，由于电气元器件性能变化等原因，也需对有关参数进行重新调整。

LED 显示屏设置许多可修改的参数以适应不同的应用和不同工作状态的要求，这些参数不仅能使系统与具体 LED 显示屏相匹配，而且更是使 LED 显示屏各项功能达到最佳化所必需的。因此，任何参数的变化（尤其是模拟量参数）甚至丢失都是不允许的；而随着 LED 显示屏长期运行所引起的元器件的电气性能变化，会打破最初的匹配状态和最佳化状态，这需要重新调整相关的一个或多个参数。这种方法对维修人员的要求是很高的，不仅要对具体系统主要参数十分了解，而且要有较丰富的 LED 显示屏系统调试经验。

7. 断路法

断路法就是人为地把电路中的某一支路或某个元器件的某条引脚焊开来查找故障的

方法，有时又称开路法。它是一种快速缩小故障范围的有效方法。割断某一电路或焊开某一组件的接线来压缩故障范围。如某一 LED 显示屏电源电路电流过大，可逐渐断开可疑部分电路，断开哪一级电流恢复正常，故障就出在哪一级，此法常用来检修电流过大，熔断器熔体熔断故障。

若遇到难以检查的短路或接地故障，换上新熔断器逐步或重点地将各支路一条一条的接入电源，重新试验。当接到某一电路时熔断器熔体又熔断，故障就在刚刚接入的这条电路及其所包含的电器组件上。

对于多支路交联电路，应有重点地在电路中某点断开，然后通电试验，若熔断器熔体不再熔断，故障就在刚刚断开的这条电路上。然后再将这条支路分成几段，逐段地接入电路。当接入某段电路时熔断器熔体又熔断，故障就在这段电路及某元器件上。这种方法简单，但容易把损坏不严重的电器组件彻底烧毁。

8. 短路法

LED 显示屏的故障大致归纳为短路、过载、断路、接地、接线错误、LED 显示屏的外围电路故障等。在诸类故障中出现较多的为断路故障，它包括导线断路、虚连、松动、触点接触不良、虚焊、假焊、熔断器熔体熔断等。对这类故障除用电阻法、电压法检查外，更为简单可靠的方法是短路法。短路方法是用一根良好绝缘的导线，将所怀疑的断路部位短路接起来，如短接到某处，电路工作恢复正常，说明该处断路。在应用短路法检测电路过程中，对于低电位，可直接用短接线直接对地短路；对于高电位，应采用交流短路，即用 20μF 以上的电解电容对地短接，保证直流高电位不变；对电源电路不能随便使用短路法，短路法实质上是一种特殊的分割法。

9. 仪器测量比较法

使用常规电工仪表，对各组交、直流电源电压、脉冲信号等进行测量，从中寻找引起故障的元器件。例如用万用表检查各电源工作情况，对某些电路板上设置的相关信号状态测量点的测量，用示波器观察相关的脉冲信号的幅值、相位。这种方法比较简单直接，针对故障现象，一般能判断出故障所在，借助一些测量工具，能进一步确定故障的原因，帮助分析和判断故障。

LED 显示屏的印制电路板在制造时，为了调整维修的便利都设置有检测用的测量端子。维修人员利用这些检测端子，可以测量、比较正常的印制电路板和有故障的印制电路板之间的电压或波形的差异，进而分析、判断故障原因及故障所在位置。在检修 LED 显示屏时运用测量比较法有时还可以纠正被维修过的印制电路板上因调整、设定不当而造成的“故障”。

测量比较法使用的前提是：维修人员应了解正常的印制电路板关键部位、易出故障部位的正常电压值，正确的波形，才能进行比较分析，而且这些数据应随时做好记录并作为资料积累。常见的测量比较方法如下。

（1）电压测量比较法。电压测量比较法是通过测量电子线路或元器件的工作电压并与正常值进行比较来判断故障的一种检测方法。经常测试的电压是各级电源电压、晶体管的各极电压以及集成电路各引脚电压等。一般而言，测得电压的结果是反映 LED 显示屏工作状态是否正常的重要依据。电压偏离正常值较大的地方，往往是故障所在的部位。电压测量比较法可分为直流电压检测和交流电压检测两种。

1）交流电压的检测。在 LED 显示屏电路中，因交流回路较少，相对而言电路不复杂，测量时较简单。一般可用万用表的交流电压挡从 LED 显示屏电源输入端开始测量，若正常，在检测开关电源的交流端电压是否正常，以判断前端电源故障部位。

2）直流电压的检测。对直流电压的检测，首先检测开关电源电路的输出，根据测得的输入端及输出端电压高低来进一步判断哪一部分电路或某个元器件有故障。测量单元电路电压时，首先应测量该单元电路的电源电路，通常电压过高或过低均说明电路有故障。用直流电压法检测集成电路的各脚工作电压时，要根据维修资料提供的数据与实测值比较来确定集成电路的好坏。

通常检测交流电压和直流电压可直接用万用表测量，但要注意万用表的量程和挡位的选择。电压测量是并联测量，测量过程中必须精力集中，以免万用表表笔将两个焊点短路。

（2）电流测量比较法。电流测量比较法是通过检测晶体管、集成电路的工作电流，各局部电路的电流和电源的负载电流来判断 LED 显示屏故障的一种检修方法。采用电流法检测电子线路时，可以迅速找出晶体管发热、电气元器件发热的原因，也是检测集成电路工作状态的常用手段。采用电流法检测时，常需要断开电路，把万用表串入电路，因这一步实现起来较困难，为此，电流法检测有直接测量法和间接测量法两种。

间接测量电流法实际上是用测得的电压来换算电流或用特殊的方法来估算电流的大小，如要测晶体管某极电流时，可以通过测量其集电极或发射极上串联电阻上的压降换算出电流值。这种方法的好处是无需在印制电路板上制造测量口。另外有些电器在关键电路上设置了温度熔断电阻。通过测量这类电阻上的电压降，再应用欧姆定律，可估算出各电路中负载电流的大小。若某电路温度熔断电阻烧断，可直接用万用表的电流挡测电流大小，来判断故障原因。

遇到 LED 显示屏熔断器熔体熔断或局部电路有短路时，采用电流法检测效果明显。电流是串联测量，而电压是并联测量，在实际操作时往往先采用电压法测量，在必要时才进行电流法检测。

（3）电阻测量比较法。电阻测量比较法是测量元器件对地或自身电阻值来判断故障的一种方法，它对检修开路、短路故障和确定故障组件有实效，通过测量电阻、电容、电感、线圈、晶体管和集成电路的电阻值可判断出故障的具体部位。

电阻测量比较法是检修故障的最基本的方法之一，一般而言，电阻法有"在线"电阻测量和"离线"测量两种方法。"在线"测量电阻时，由于被测元器件接在整个电路中，所以万用表所测得的阻值受到其他并联支路的影响，在分析测试结果时应给予考虑，以免误判。正常所测的阻值会与元器件的实际标注阻值相等或小，不可能存在大于实标标注阻值，若是，则所测的元器件存在故障。

"离线"测量电阻时，需要将被测元器件一端或将整个元器件从印制电路板上脱焊下来，再用万用表测量元器件的电阻，这种方法操作起来较麻烦，但测量的结果准确、可靠。

采用电阻测量比较法测量时，一般是先测试在线电阻的阻值。测得各元器件阻值后，并需互换万用表的红、黑表笔后，再测试一次阻值，这样做可排除电路对测量结果的干扰。要对两次测得的电阻值的结果进行分析，对重点怀疑的元器件可脱焊一端进一步检测。在线测试一定要在断电情况下进行，否则测得结果不准确，还会损伤、损坏万用表。在检测一些低电压（如 5、3V）供电的集成电路时，不要用万用表的 R×10k 挡，以免损坏集成电路。

电阻测量比较法在实际应用中应注意的有以下几点。

1）注意检测中的公共"接地"。为使检修正常进行，检测仪器与被检修的 LED 显示屏须有共同的"接地"点。

2）注意高压"串点串线"现象。出现故障的 LED 显示屏往往存在绝缘击穿现象，造成高压串点、串线，将危及人身安全和损坏测量仪表，并影响测量数据，对此应加以注意。

3）遵守"测前先断电，断后再连线"的检修程序。尤其测量高电压，更应先切断电源，为防止大容量电容储存的电荷电击人身，在连接测试线之前，应进行充分的放电，以确保人身安全。

4）测试线要具有良好的绝缘。

5）测试前对检测仪器和被检测电路原理要有充分了解。

10. 波形法

波形法是利用示波器跟踪观察信号电路各测试点信号的变化，根据波形的有无、大小和是否失真来判断故障的一种检修方法。波形法的特点在于直观、迅速有效，采用示波器可直接显示信号波形，也可以测量信号的瞬时值。有些高级示波器还具有测量电子元器件的功能，为检测提供了十分方便的手段。不能用示波器去测量高压或大幅度脉冲部位，当示波器接入电路时，应注意它的输入阻抗的旁路作用。通常采用高阻抗、小输入电容的探头，测量时示波器的外壳和接地端要良好接地。

通常 LED 显示屏的原理图都在测试位置上注有明显的波形图，这些波形图便是波形法检测的重要基础。波形法是利用测量仪器观察电路中的波形、波幅、频率、位置特性，还可以观察到各类寄生振荡、寄生调制等现象。波形法是寻找和发现乃至排除故障很有效的方法，尤其是排除疑难故障，使用这种方法非常方便。波形法也叫动态观察法，该方法是电路处于工作状态时的一种检测方法，因此在操作时务必注意安全。

应用波形法检修时，通常使用的测试仪器有两种，一是示波器，它可以观察脉冲的波形宽度、幅度、周期以及稳定电源的纹波电压和音频放大器的输出波形；二是频率特性测试仪，即通称为扫频仪，它可以用来检测各种电路的频率特性、频带宽度，电路增益以及滤波网络的吸收特性。

11. 状态分析法

LED 显示屏发生故障时，根据 LED 显示屏所处的状态进行分析的方法称为状态分析法。LED 显示屏的运行过程总可以分解成若干个连续的阶段，这些阶段也可称为状态。LED 显示屏的故障总是发生于某一状态，而在这一状态中，各种单元电路及电气元器件又处于什么状态，这正是分析故障的重要依据。状态划分得超细，对分析和判断故障越有利，查找时必须将各种工作状态区分清楚，在对各单元电路及电气元器件的工作状态进行分析，找出故障的原因。

12. 回路分割法

回路分割法是把与故障有牵连的电路从总电路中分割出来，通过检测，肯定一部分，否定一部分，一步步地缩小故障范围，最后把故障部位孤立出来的一种检测方法。

一个复杂的电路总是由若干个回路构成，每个回路都具有特定的功能，发生故障就意味着该单元电路中的某种功能的丧失，因此故障也总是发生在某个或某几个单元电路中。将回路分割，实际上简化了电路，缩小故障查找范围，查找故障就比较方便了。

分割法对由多个模块或多个电路板及转插件组合起来的电路，应用起来较方便，如 LED 显示屏电源电路的熔断器熔体熔断，说明负载电流过大，同时导致电源输出电压下降。要确定故障原因，可将电流表串在熔断器处，然后应用分割法将怀疑的那一部分电路与总电路分割开。这时看总电流的变化，若分割开某部分电路后电流降到正常值，说明故障就在分割出来的电路中。分割法依其分割法不同有对分法、特征点分割法、经验分割法及逐点分割法等。

分割法是根据人们的经验，估计故障发生在哪一单元电路，并将该单元电路的输入、输出端作为分割点。逐点分割是指按信号的传输顺序，由前到后或由后到前逐级加以分割。应用分割法检测电路时要小心谨慎，对不能随便断开的电路要给予重视，不然故障没排除，还会引发新的故障。分割法严格说不是一种独立的检测方法，而是要与其他的检测方法配合使用，才能提高维修效率。

13. 升温法

升温法是人为地将环境温度或局部器件温度升高（用电吹风可使局部器件的环境温度升高，注意不可将温度升得太高，以致将正常工作的器件烧坏），对可疑组件进行升温，加速一些高温参数比较差的元器件产生故障，来帮助寻找故障的一种方法。有时 LED 显示屏工作较长时间或环境温度升高后会出现故障，而关机检查时却是正常的，再工作一段时间又出现故障，这时可用"升温法"来检查。

有些 LED 显示屏常是在开始运行时正常，但过不了多久，少则几分钟，多则一两个小时出现故障，这往往是由于 LED 显示屏内个别元器件的热稳定性较差所引起的。因为这种故障本身的不固定性，在修理过程中，通常要根据自己的经验和故障现象的特征，初步对故障部位做大致的判断。利用电烙铁或灯泡等发热组件烘烤可疑部位的元器件，如利用 20W 的电烙铁，将烙铁头距可疑组件 1cm 左右进行烘烤，其目的是进行局部加热。如烘烤到某一组件时，故障现象立即再现，就可以立即判断是该组件热稳定性不良引起的故障。加温的顺序是先晶体管、集成电路、后电容、电阻。

通常加温有两种含义，一是加速组件的损坏，使故障尽快出现。其二是由于电路板受潮，利用加热的办法直接排除故障。与加温法相反的方法是降温法，这种方法通常和加温法联合使用。其最简单的方法是在 LED 显示屏出现故障时用棉花蘸上酒精贴在怀疑的组件上，让其冷却，如果冷却到某个组件时故障消失，则这个组件就是有故障的组件。降温法特别适用于刚开机时正常，用一段时间后出现故障的 LED 显示屏。

14. 敲击法

敲击法用小起字柄、木槌轻轻敲击电路板上某一处，观察情况来判定故障部位（注意：高压部位一般不易敲击），此法尤其适合检查虚假焊和接触不良故障。LED 显示屏是由各种电路板和模块用接插件组成，各个电路板都有很多焊点，任何虚焊和接触不良都会出现故障。打开 LED 显示屏后，用绝缘的橡胶棒敲击有可疑的不良部位，如果 LED 显示屏的故障消失或再现则很可能问题就出在那里。

15. 逻辑推理分析法

逻辑推理分析法是根据 LED 显示屏出现的故障现象，由表及里、寻根溯源、层层分析和推理的方法。LED 显示屏中各组成部分和功能都有其内在的联系，例如信号传输、电流流向、电压分配等都有其特定的规律，因而某一部件、组件、元器件的故障必然影响其他部分，表现出特有的故障现象。在分析故障时，常需要从这一故障联系到对其他部分的影响或由某一故障现象找出故障的根源，这一过程就是逻辑推理过程。逻辑推理分析法又分为顺推理法和逆推理法。顺推理法一般是根据故障现象，从外围电路、电源、控制电路、功率电路、信号电路来分析和查找故障。逆推理法则采用与顺推理法相反的顺序来分析和查找故障。

采用逻辑推理分析法，对故障现象作具体分析，划出可疑范围，提高维修的针对性，可以收到判断故障准而快的效果。分析电路时先从主电路入手，了解各单元电路之间的关系，结合故障现象和电路工作原理，进行认真的分析排查，既可迅速判定故障发生的可能范围。当故障的可疑范围较大时，不必按部就班地逐级进行检查，这时可在故障范围的中间环节进行检查，来判断故障究竟是发生在哪一部分，从而缩小故障范围，提高检修速度。

16. 原理分析法

原理分析法是故障排除的最根本方法，在其他检查方法难以奏效时，可以从电路的基本原理出发，一步一步地进行检查，最终查出故障原因。运用这种方法必须对电路的原理有清楚的了解，掌握各个时刻各点的逻辑电平和特征参数（如电压值、波形），然后用万用表、示波器测量，并与正常情况相比较，分析判断故障原因，缩小故障范围，直至找到故障。运用这种方法要求维修人员有较高的水平，对整个系统或各部分电路有清楚、深入的了解才能进行。

总的来说，对有故障的 LED 显示屏检查要从外到内，由表及里，由静态到动态，由主回路到控制回路，再到信号回路。虽然检查 LED 显示屏故障的方法很多，实际检修中到底采用哪一种检查方法更有效，要看故障现象的具体情况而定。

在检修 LED 显示屏时，通常先采用直观法，一些典型的故障，往往用直观法检测就能一举奏效。对于较隐蔽的故障，可以采用示波器法。对不便于测试的故障，常采用替换法、短路法和分割法。这些方法的应用，往往能把故障压缩到较小范围之内，使维修工作的效率提高。要强调的是每一种检测方法都可以用来检测和判断多种故障；而同一种故障又可用多种检测方法来进行检修。检修时应灵活地运用各种检测方法，才能保证检测工作事半功倍。

当找出 LED 显示屏的故障点后，就要着手进行修复、试运行、记录等，然后交付使用，但必须注意以下事项。

（1）在找出故障点和修复故障时，应注意不能把找出的故障点作为寻找故障的终点，还必须进一步分析查明产生故障的根本原因。

（2）找出故障点后，一定要针对不同故障情况和部位采取正确的修复方法。

（3）在故障点的修理工作中，一般情况下应尽量做到复原。

（4）故障修复完毕，需要通电试运行时，应按操作步骤进行操作，避免出现新的故障。

（5）每次排除故障后，应及时总结经验，并做好维修记录。记录的内容包括：LED 显示屏型号、编号、故障发生的日期、故障现象、部位、损坏的电气元器件、故障原因、修复措施及修复后的运行情况等。记录的目的是对维修经验的总结，以作为档案以备日后维修时参考，并通过对历次故障的维修过程经验的积累，提高维修水平和维修的实际操作技能。

总之，LED 显示屏的检修过程是一种综合性分析的过程，它建立在对电路结构的深刻理解、正确无误地逻辑思维判断和熟练地操作技能之上。因判定故障要有良好的理论知识作为基础，只有认真掌握检修的一般规律，并不断地总结积累经验，才能准确、及时发现问题和解决问题。另外，查找故障时，尽量拓宽自己的思路，把各方面能造成故障的因素都想到，仔细地分析和进行排除。

在实际检修时，寻找故障原因的方法多种多样，这些方法的使用可根据设备条件、故障情况灵活掌握，对于简单的故障用一种方法即可查找出故障点，但对于较复杂的故障则需采取多种方法互相补充、互相配合，才能迅速准确找出故障点。

第 5 章　LED 显示屏维护及故障处理

5.1　LED 显示屏寿命及维护

5.1.1　影响 LED 显示屏寿命的因素及使用注意事项

1. 影响 LED 显示屏寿命的因素

LED 显示屏是由众多的半导体电子元器件、电力电子元器件和电器元件组成的复杂装置，结构多采用单元化或模块化形式。它由显示电路、信号电路、驱动电路、控制回路、电源回路及保护回路、冷却风扇等几部分组成。由于 LED 显示屏电路板多采用 SMT 表面贴装技术，在 LED 显示屏故障诊断中，因检测仪器、技术资料及技术水平等因素，在工程上一般只限于根据故障情况找出故障的单元或模块，即只作单元级或板级检查维修。

尽管 LED 显示屏已采用多种新型部件和优化结构，但从目前的元器件技术水平和经济性考虑，仍不可避免采用寿命相对较短的元器件。与此同时，还不排除元器件受到安装环境的影响，其寿命可能比预期的要短。LED 显示屏的可靠性遵循着"浴盆曲线"特性，LED 显示屏的故障率与使用时间的关系曲线如图 5-1 所示。

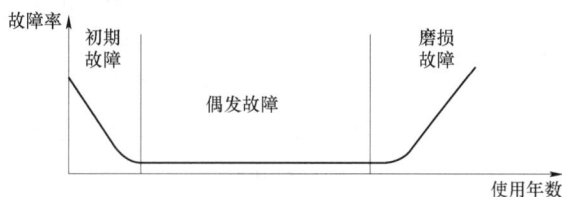

图 5-1　LED 显示屏的故障率与使用时间的关系

图 5-1 中的初期故障指的是 LED 显示屏在安装调试和初期运行阶段，由于元器件的某种缺陷或某种外部原因而发生的故障。元器件经过器件制造厂家出厂检测，LED 显示屏生产厂家进厂入库前的抽样检测，以及 LED 显示屏出厂前经过严格的整机检测，能使 LED 显示屏故障率降低到最低程度。由于个别元器件存在隐患和现场安装及初期运行时的误操作，致使这一期间 LED 显示屏故障率较高。

当 LED 显示屏投入正常使用后，在较长的一段时间内出现故障的情况明显减少，这时的故障可能有 LED 显示屏内部某个元器件发生突发性故障，也可能是由于使用环境差，使 LED 显示屏内部进水或金属屑以及灰尘、潮湿引起的故障。由于偶然性强、较难预料，故称为偶发故障。一般来说，在 LED 显示屏设计阶段有针对性地增加元器件的额定余量，在使用阶段加强维护保养是解决偶发故障的主要手段。

磨损故障是临近 LED 显示屏使用寿命后期发生的故障，主要特征是随着时间的推移故障率明显增加。为了延长 LED 显示屏的使用寿命，需要对 LED 显示屏进行定期的检查和保养，在预计元器件即将到达使用寿命时进行更换，做到有备无患。影响 LED 显示屏寿命的主要因素如下。

（1）电源。电源是影响 LED 显示屏寿命的主要因素，由于电源在不同的温度条件下，其工作稳定性、输出电压值和带负载能力会有所不同，由于它担负着能源保障作用，所以它的保障能力直接影响到 LED 显示屏的寿命。

（2）温度。理论上 LED 显示屏最理想工作温度应在 25℃左右，由于 LED 显示屏对环境温度非常敏感，户外 LED 显示屏在应用中环境温度相对复杂，夏天最高温度可能在 60℃以上，冬天的最低温度可能在 −20℃以下。在不同的温度条件下，红、绿、蓝三种 LED 的亮度衰减值是不同的，在 25℃时，其白平衡是正常的，但在 60℃时，三种颜色 LED 的亮度都有所下降，而且其衰减值不一致，所以会产生整屏亮度下降和偏色现象，导致 LED 显示屏的整屏显示效果下降。

（3）箱体设计。箱体设计对 LED 显示屏是非常重要的，一方面是对电路起到保护作用，另一方面是安全作用，同时还有防尘、防水作用。但对 LED 显示屏更重要的是通风散热的热回路系统设计是否良好，随着 LED 显示屏开机时间的延长和外界温度的升高，元器件的热漂移也会增加，从而导致显示质量变差，良好的通风散热设计是箱体设计的必备指标。

LED 显示屏存在着技术与成本间的矛盾，如何在技术上来保证 LED 显示屏质量同时又降低成本，是 LED 显示屏设计和应用必须关注的问题，注重以下技术是保障 LED 显示屏质量的前提。

（1）LED 显示屏的散热性能。如果 LED 显示屏的散热性能差，温度过高会影响 LED 显示屏的稳定性，长期下去会让 LED 显示屏加速性能衰减。所以在这方面，必须要做好 LED 显示屏内的 PCB 的散热设计和箱体的散热通风。

（2）虚焊问题。当 LED 显示屏不亮的时候，最有可能的情况是因为虚焊引起的。虚焊包括很多方面，所以在细节上必须做好，出厂时也必须做严格的检查。

（3）直插的 LED 显示屏必须控制好垂直度，一个很小的偏差都会直接影响到 LED 显示屏亮度的一致性，会导致出现不一致的色块。

（4）LED 混灯。同一种颜色不同亮度挡的 LED 需要混灯，这一环节如果出了问题会导致 LED 显示屏在亮度上出现局部不一样的情况，直接影响到 LED 显示屏的显示效果。

（5）LED 电热值。通常情况下，LED 的最大使用电流不能高于标准值 20mA 的 80%，对于间距小的 LED 显示屏就必须降低电流值。

（6）驱动电路设计。如果驱动电路设计得不好，就会出现 LED 显示屏周围的 LED 亮度比中间的低。

（7）严格控制波峰焊的温度和时间，预热温度 100℃±5℃，最高不超过 120℃，且预热温度上升要求平稳，焊接温度为 245℃±5℃，焊接时间不超过 3s，过炉后切忌振动或冲击 LED，直到恢复常温状态。

2. 使用 LED 显示屏应注意的事项

为提高 LED 显示屏的使用寿命，在使用时应注意以下事项。

（1）控制湿度。LED 显示屏在湿度高的环境下运行，会导致 LED 显示屏器件腐蚀，进而造成永久性损坏；所以要保持 LED 显示屏使用环境的湿度，不要让湿气进入 LED 显示屏。

（2）积极防护。做到积极主动地防护，尽量把可能对 LED 显示屏造成伤害的物品远离；并且在清洁 LED 显示屏时要尽可能轻轻擦拭，把伤害的可能性降到最小。

（3）保持电源稳定。保持供电电源稳定，并做好接地保护避免雷击，在恶劣的自然条件特别是强雷电天气下不要使用 LED 显示屏。

（4）LED 显示屏的屏体内严禁进水、铁粉等易于导电的金属物。LED 显示屏尽量安装在低灰尘的环境，大的灰尘会对显示效果造成影响，同时灰尘过多会对电路造成损害。如果因为各种原因进水，应立即断电进行维修，直至 LED 显示屏屏体内显示板干燥后方可使用。

（5）控制屏体电流。播放时不要长时间处于全白色、全红色、全绿色、全蓝色等全亮画面，以免造成电流过大，电源线发热过大及 LED 损坏，影响 LED 显示屏的使用寿命。

（6）控制使用时间。LED 显示屏每天连续播放的时间最好不要超过 12h，LED 显示屏每天休息时间大于 2h，在梅雨季节 LED 显示屏一个星期至少使用一次以上。一般每月至少开启 LED 显示屏一次，点亮 2h 以上。

（7）定期检查箱体里边的风扇是否正常工作，如不工作要及时更换。下雨天要检查屏体是否漏水，有漏水的地方要及时修补。

5.1.2　LED 显示屏保养及日常维护

LED 显示屏在使用过程中会因为污染、振动、发热、环境温度变化等因素引发各种故障，影响 LED 显示屏的正常使用，甚至会造成严重事故。因此，对 LED 显示屏做定期维护保养，即可以使 LED 显示屏处于最佳的运行状态，又可以有效地预防 LED 显示屏发生故障，对 LED 显示屏的正常运行达到了事半功倍的作用。做好 LED 显示屏的保养，对延长 LED 显示屏的使用寿命，保障 LED 显示屏的正常工作有着至关重要的作用。

1. LED 显示屏定期维护

（1）定期清洁。LED 显示屏长时间暴露在户外环境风吹、日晒，时间长了 LED 显示屏的屏幕上肯定是有灰尘的，这需要定期清灰、除尘，保持 LED 显示屏的屏幕的干净、清洁，从而提高画面的亮丽、均匀性。

采用超极细纤维为原料的清洁布、高纯度蒸馏水，抗静电液等可以有效的清洁 LED 显示屏上的灰尘、手指印及其他污印记，或者使用毛刷、吸尘器进行除尘，不能直接用湿布擦拭。

（2）定期检查。

1）定期检查 LED 显示屏挂接处的牢固情况，如有松动现象应及时调整，重新加固或更新吊件。

2）屏体散热孔的疏通，保持屏体内部和外界空气的对流交换，使 LED 显示屏的工作温度、湿度始终保持在标准范围值内，从而大幅度提高 LED 显示屏的使用寿命。

3）定期检查线路有无损坏，及时更换氧化老化严重的电源线，防止 LED 显示屏因线路老化严重导致短路故障发生。LED 显示屏内部线路非专业人士禁止触碰，以免触电，或者造成线路损坏；如果出现故障应专业人员进行检修。

4）定期检查 LED 显示屏内部的电子元器件有无损坏，如有损坏要及时更换。

（3）定期清理。对于防护等级较低的 LED 显示屏，特别是室外 LED 显示屏，大气中的灰尘由通风孔进入设备内，对于风扇等设备会加快磨损甚至损坏。灰尘还会落在显示屏内部控制器件表面，降低导热和绝缘性能，遇潮湿天气时灰尘吸收空气中水分导致短路，还可以导致 PCB 和电子元件的霉变，致使设备的技术性能下降，出现故障。所以，LED 显示屏的清理工作看似简单，实际上是维护保养工作中很重要的一个环节。

（4）定期紧固。LED 显示屏属于高耗电设备，运行相当一段时间后，因多次启停和运行，其中供电部分的接线端子由于冷热会造成松动，接触不牢，形成虚接，严重时会发热，甚至引燃旁边的塑料元件。信号接线端子也会由于环境温度冷热变化松动，湿气侵蚀导致接触不良，随之导致设备故障，因此必须对 LED 显示屏的连接件进行定期紧固。在紧固件调节时，应该用力均匀恰当，确保坚固有效。

2. LED 坏点（失控点）维护

LED 坏点是经过单灯（LED）检测确认为 LED 损坏，则根据实际需求，选择性采用下列维护方法。

（1）正面维护。用对应型号的螺丝刀从正面将固定面罩螺丝拆除掉（注意保留好螺丝），取下面罩，进行换灯（更换 LED），换灯和胶体密封结束后，将原面罩复原，上紧螺丝（上螺丝时应注意不要压住灯），若有胶体残留在 LED 表面应细心清除胶体。

（2）背面维护。用对应型号的螺丝刀从背面将螺丝拆除掉（注意保留好螺丝），拔掉信号排线，为安全应不要拔掉电源连接线，以防止意外，小心将模组从钣金孔中取出，移到箱体背面，然后依照正面维护方法对单个模组进行维护换灯。

（3）换灯。将损坏 LED 周围的胶体用尖利工具（如镊子）去除掉，并使 LED 针脚清楚的表露在视线中，右手用镊子夹住 LED，左手用烙铁（温度大约为 40℃，过高温度将对 LED 造成损伤）接触焊锡，并做稍许停留（不超过 3s，如超过时间但并不达到拆卸要求，应冷却后再重新尝试）将焊锡融化，用镊子将 LED 去掉。将符合要求的 LED 正确的插入 PCB 的孔中，（LED 的长脚为正极，短脚为负极，PCB 上"方孔"为 LED 正极针脚插孔，"圆孔"为 LED 的负极针脚插孔），将少许焊锡丝融化，黏合在烙铁头上，用镊子调整好 LED 方向，使其平稳，将焊锡焊于 LED 和 PCB 相连处，用相同类型的胶体（pH 值＝7）密封好 LED。

用万用表检查 LED 是否损坏方法如下。

（1）把万用表打到电阻 R×100 挡，将万用表两表笔短接，调整欧姆零位后，用万用表的黑笔接 LED 的正极，红表接负极，测 LED 的反相阻值，所测的 LED 无阻值，是好的，有阻值的为不良。

（2）将万用表打到测量二极管的挡上，直接用万用表红笔接 LED 的正极，黑笔接 LED 的负极，所测的 LED 亮，则正常，所测的 LED 不亮，则 LED 损坏。

5.2　LED 显示屏故障检查及诊断处理实例

5.2.1　LED 显示屏故障检查

1. LED 显示屏故障判断流程

LED 显示屏故障判断流程如下。

（1）首先确定 LED 显示屏是同步 LED 显示屏还是异步 LED 显示屏；同步 LED 显示屏的显示依赖显示器的设置，异步 LED 显示屏不依赖显示器设置。

（2）确定 LED 显示屏是局部的显示问题还是整屏显示均有问题，局部显示不正常可排除通信方面的问题，一般可确定是显示屏硬件出现故障。整屏显示不正常可能产生的原因有多种：对于同步 LED 显示屏，应该确认显示器的设置是否改变，通信是否正常，发送是否正常，接收是否正常；对于异步 LED 显示屏，首先应该确认 LED 显示屏的参数：硬件地址、宽度、高度、IP 是否有改变，如果这些参数正确，再测试通信是否正常，最后确定 LED 显示屏控制是否正常。

2. 系统故障检查

第 1 步：检查显卡设置部分是否设置好。

第 2 步：检查系统基本连接，如 DVI 线、网线插口是否正确，主控卡与计算机 PCI 插槽的连接、串口线连接等。

第 3 步：检查计算机及 LED 显示屏的电源系统是否满足使用需求。当 LED 屏体电源功率小时，当显示接近白色（耗电多）会引起画面闪烁，应根据 LED 显示屏的电源需求配置合适供电电源。

第 4 步：检查发送卡的绿灯是否有规律闪烁，闪烁转第 6 步，如果不闪烁，重新启动，在没进入操作系统（Win2003/Xp）之前检查绿灯是否有规律闪烁，如闪烁转第 2 步，检查 DVI 线连线是否连接好，如果问题没解决，可判断发送卡、显卡和 DVI 线三者之一有故障，分别更换后重复第 3 步。

第 5 步：按软件说明进行设置或重新安装后再设置，直到发送卡绿灯闪烁，否则重复第 3 步。

第 6 步：检查接收卡绿灯是否与发送卡绿灯同步闪烁，如果同步闪烁转第 8 步，检查红灯是否亮，如果亮转第 7 步，不亮检查黄灯是否亮，如不亮检查电源是否接反或电源无输出，如亮检查电源电压是否为 5V，如是则关掉电源，去掉转接卡及排线再试，如问题没解决则为接收卡故障，更换接收卡，重复第 6 步。

第 7 步：检查网线是否连接良好或太长（必须使用标准的超 5 类网线，无中继器的网线最长距离小于 100m），检查网线是否按标准制作（查阅统安装与设置），如问题没解决则为接收卡故障，更换接收卡，重复第 6 步。

第 8 步：检查 LED 显示屏电源灯是否亮，如不亮转第 7 步，检查转接卡接口是否与单元板匹配。

当 LED 显示屏的大部分箱体连接好后，都有可能出现局部某箱体无画面或者花屏，由于网线的 RJ－45 接口连接不牢固，或者接收卡电源没有连接，导致信号没有传过去，所以应重新拔插网线（或者调换），或重新拔插接收卡电源（注意方向）都能解决问题。

5.2.2　LED 显示屏故障诊断处理实例

实例 1

故障现象：LED 显示屏的某个单元模组不亮。

故障诊断处理：针对 LED 显示屏的某个单元模组不亮故障，首先检查为该模组的供电的开关电源输出端的输出电压（＋5V 电源）是否正常，若正常，检查＋5V 电源输出接线是否正确，电源线是否插反或接反；确保红色接正极，黑色接负极。若正确，检查插座是否有松动；若松动插好电源插座；若正常，检查信号接插方向是否正确；拆出信号线重新按正确方向接插或更换排线。检查信号输入是否正常；若正常，检测模组元件是否损坏。若正常，使用万用表测量 74HC245 输出是否正常，若不正常，用替换法替换74HC245。

实例 2

故障现象：LED 显示屏抖动，有横条。

故障诊断处理：针对 LED 显示屏抖动，有横条故障，首先检查连接计算机的共地线是否松动，若松动重新紧固，若正常，检查通信电缆是否松动，若松动重新紧固。

实例 3

故障现象：LED 显示屏某个单元红（或绿）常亮。

故障诊断处理：针对 LED 显示屏某个单元红（或绿）常亮故障，可初步判断其故障原因有：连接这个单元的数据线有问题；对应的分配板有问题；某块单元板有故障；首先重新插接一下数据线，并对数据线进行检查；若正常，分别对分配板、单元板进行测试，若损坏，更换分配板或单元板。

146

实例 4

故障现象：LED 显示屏通信不正常。

故障诊断处理：针对 LED 显示屏通信不正常故障，应检查软件设置是否正确；若正确，检查通信线是否连通；若通信线正常，测试 MAX323 是否正常，若损坏，更换 MAX232。

实例 5

故障现象：LED 显示屏整屏横向隔几行亮，隔几行不亮。

故障诊断处理：针对 LED 显示屏整屏横向隔几行亮，隔几行不亮故障，可判断为通信线没有插好；检查通信线是否插好，重新插接通信线。

实例 6

故障现象：LED 显示屏显示正常，计算机黑屏。

故障诊断处理：针对 LED 显示屏显示正常，计算机黑屏故障，分析其故障原因是计算机设置不对；应重新对计算机进行设置。

实例 7

故障现象：LED 显示屏前几屏信息正常，后几屏不正常。

故障诊断处理：针对 LED 显示屏前几屏信息正常，后几屏不正常故障，分析其故障原因是 LED 显示屏的容量有限，发的信息太多；存储器没有擦除；处理方法是减去一些不必要的信息；重新发送。

实例 8

故障现象：LED 显示屏信息对，但字体缺笔划。

故障诊断处理：针对 LED 显示屏信息对，但字体缺笔划故障，分析其故障原因是制作的信息大小和 LED 显示屏的大小不一致，处理方法是重新制作信息，大小要设置的和 LED 显示屏的大小一致。

实例 9

故障现象：LED 显示屏提示"请连接 LED 显示屏控制器"字样。

故障诊断处理：针对 LED 显示屏提示"请连接 LED 显示屏控制器"字样故障，分析其故障原因是由于 LED 显示屏在测试的时间内未检测到控制系统硬件。此时，将 LED 显示屏控制系统硬件的一端与计算机相连，另一端与 HUB 分配板相连，HUB 分配板的排线插座与 LED 显示屏的各个单元部分的接口相连接。连接完毕后，即可进入到"设置"→"设置屏参"界面，设置相关参数，完成后关闭计算机，重新启动后打开"LED 显示屏控制系统"软件，这时，软件上方会出现"连接成功"字样，即已检测到 LED 显示屏控制系统硬件，便可正常使用。

实例 10

故障现象：LED 显示屏在刚上电时出现几秒钟的亮线或"花屏"。

故障诊断处理：针对 LED 显示屏在刚上电时出现几秒钟的亮线或"花屏"故障，首先检查 LED 显示屏控制器与计算机及 HUB 分配板和 LED 显示屏的连接是否正确，若正确，检查控制器 +5V 电源是否正常。若正常，则在上电瞬间，LED 显示屏上出现几秒钟的亮线或"花屏"，该亮线或"花屏"均是正常测试的现象，以提醒用户 LED 显示屏即将开始正常工作，在 2s 内该现象自动消除，显示屏进入正常工作状态。

实例 11

故障现象：LED 显示屏整屏隔 16 行数据闪或常亮。

故障诊断处理：针对 LED 显示屏整屏隔 16 行数据闪或常亮故障，分析其故障原因是 LED 演播室软件设置不正确，打开 LED 演播室→打开调试→硬件设置（密码 168）→系统设置，把行顺序设置为+0 或+1。

实例 12

故障现象：LED 显示屏一单元板上半部分或下半部分不亮或显示不正常。

故障诊断处理：针对 LED 显示屏一单元板上半部分或下半部分不亮或显示不正常故障，首先检查 74HC138 的第 5 脚的 OE 信号是否正常；若正常，再分别检查 74HC595 的第 11、12 脚的信号是否正常（SCLK、RCK）；20P 金针与 74HC138 相连的 OE 信号是否正常（断路或短路）；双排 20P 插针与 74HC245 相连的 SCLK、RCK 信号是否正常（断路或短路）；若 OE、SCLK、RCK 信号有短路或断路点，则把断路点连好，把短路点断开。

实例 13

故障现象：LED 显示屏一单元板上一行或相应一个模块的行不亮或不正常显示。

故障诊断处理：针对 LED 显示屏一单元板上一行或相应一个模块的行不亮或不正常显示故障，分别检查其所对应模块的行信号的引脚是否虚焊或漏焊；检查其行信号与 TIP127 或 4953 所对应的引脚是否断路或与其他信号短路，检查其行信号的上、下拉电阻是否虚焊或漏焊，检查 74HC138 输出的行信号与相对应的 TIP127 或 4953 之间是否断路或与其他信号短路，若上述检查有虚焊、漏焊，把虚焊的点补上，把漏焊的点焊好；若检测有断路或短路点，则把断路点连好，把短路点断开。

实例 14

故障现象：LED 显示屏一单元板有两行同时亮（显示文字时其中一行正常、一行常亮）。

故障诊断处理：针对 LED 显示屏一单元板有两行同时亮（显示文字时其中一行正常、一行常亮）故障，首先检查模块所对应的两行信号是否短路；若正常，再分别检查 74HC138 的输出引脚、上下拉电阻和模块引脚及 TIP127 的输出引脚是否短路；若短路，把短路点断开。

实例 15

故障现象：LED 显示屏上半部分或下半部分红色或绿色不亮或不正常显示。

故障诊断处理：针对 LED 显示屏上半部分或下半部分红色或绿色不亮或不正常显示故障，首先检查输入排针的 1、3、5、7 脚是否正常，是否与 GND、+5V 短路；若正常，再检查输入排针到 74HC245 之间的信号是否正常（短路或断路），若有短路或断路点，把断路点连好；把短路点断开；若正常，检测 IC74HC245 是否损坏，若损坏更换

IC74HC245。若正常，分别检查 74HC245 到 AUR1、AUG1、BUR1、BUG1 的 14 脚是否正常（短路或断路）；若有短路或断路点，把断路点连好，把短路点断开；若正常，检测 AUR1、AUG1、BUR1、BUG1 的 11、12 脚是否短路；若短路，把短路点断开。

实例 16

故障现象： LED 显示屏单元板不亮。

故障诊断处理： 针对 LED 显示屏单元板不亮故障，可初步判断为没有 +5V 电源；首先检测开关电源是否正常工作，若开关电源损坏，更换开关电源；若开关电源正常，检查 +5V 电源是否正常；+5V 跟 GND 是否短路；若正常，检查数据线是否损坏；若损坏，更换数据线。若正常，再检查 74HC138 第 5 脚的 OE 信号是否有；若 OE 信号正常，检查与 74HC245 相连的 OE 信号是否正常（断路或短路）；若有短路或断路点，把断路点连好，把短路点断开；若正常，检测保护电路是否损坏，若损坏，处理的方法是把 74HC138 第 4 脚和第 5 脚短路。

实例 17

故障现象： LED 显示屏整屏不亮或出现方格。

故障诊断处理： 针对 LED 显示屏整屏不亮或出现方格故障，首先检查控制主机是否开启；若主机未开启，打开主机；若故障仍未排除，在分别检查通信线是否插好；发送卡是否已插好；多媒体卡与采集卡、发送卡之间的数据线是否连好；若上述检查正常，再检查接收卡 JP1 或 JP2 开关位置是否正确，若不正确，重新设置 JP1、JP2 开关位置。若正确，检查计算机显示器是否保护（同步屏 LED 显示屏显示领域是黑色或纯蓝），对此，重新对计算机保护进行设置。

实例 18

故障现象： LED 显示屏单元板出现无规则现象。

故障诊断处理： 针对 LED 显示屏单元板出现无规则现象故障，首先目测单元板上的连接线、16P 排线的连接是否正常。分别检测时钟信号、74HC595 锁存信号、74HC138 的 EN 端的信号（16P 共分为 13 组，其中 16 脚为时钟、7 脚 OE 端、14 脚为锁存时钟）输入是否正常，如不正常，则是前面单元板输出端有问题，若正常，则再检查信号送至 74HC245 后有无驱动，若不正常，则判断为 74HC245 损坏，用同型号的 IC 替换。若正常，检测 74HC595 的 11 脚、12 脚的输入端及 74HC138 的 4 脚、5 脚输入端有无短路、断路、虚焊，它们各引脚的电压是否正常，如不正常，则判断为所对应的 74HC595、74HC138 损坏，用同型号的 IC 替换。

实例 19

故障现象： LED 显示屏整屏不亮。

故障诊断处理： 针对 LED 显示屏整屏不亮故障，可初步判断为无电或无信号，分别检查开关电源是否有电压输出；开关电源输出端接线是否正确。若正常，检查信号线是否连接；检查测试卡是否已识别接口，测试卡红灯闪动则没有识别，检查灯板是否与测试卡同电源地，或灯板接口信号是否与地短路，导致无法识别接口；若短路，则将短路点断开，若正常，检测 74HC245 有无虚焊或短路，74HC245 上对应的使能（EN）信号输入、输出脚是否虚焊或短路到其他线路；检查各种信号是否有断线或短路，若有短路或断路点，把断路点连好，把短路点断开。.

实例 20

故障现象：LED 显示屏显示缺色。

故障诊断处理：针对 LED 显示屏显示缺色故障，首先检查排针与 74HC245 间是否有断线或短路现象；若无，分别检查 74HC245 到驱动芯片是否有断线或与其他信号短路，检测 74HC245 缺色的数据端是否有输入、输出。若正常，分别检测缺色的数据信号是否短路到其他线路；检测缺色的驱动 IC 之间的级连数据口是否有断路或短路、虚焊。可使用电压检测法查找故障部位，即检测数据口的电压与正常的是否不同，以确定故障区域。若单元板缺色，检查 74HC245 的 R、G 数据是否有输出，若正常。比较正常的 74HC595 输出脚与异常的 74HC595 输入脚的电压是否有异常，若异常，替换异常的 74HC595。

实例 21

故障现象：LED 显示屏显示混乱，但输出到下一块板的信号正常。

故障诊断处理：针对 LED 显示屏显示混乱，但输出到下一块板的信号正常故障，初步判断为时钟（CLK）或锁存（STB）信号不正常，对此首先检查 74HC245 对应的 STB 锁存输出端与驱动 IC 的锁存端是否连接或信号是否被短路到其他线路。可沿着信号线路检测 74HC245 的时钟（CLK）输入、输出是否正常，当判断为 74HC245 可能有问题，可用替换法替换 74HC245。

实例 22

故障现象：LED 显示屏整屏过亮。

故障诊断处理：针对 LED 显示屏整屏过亮故障，分析其故障原因是消隐信号（OE）短路，首先检查 74HC245 输入、输出消隐（OE）信号是否正常，即有无短路或断路现象，若正常，检测 74HC245 是否损坏，若损坏用同型号 IC 替换。

实例 23

故障现象：LED 显示屏全亮时有单点或多点（无规律的）不亮。

故障诊断处理：针对 LED 显示屏全亮时有单点或多点（无规律的）不亮故障，分析其故障原因有：短路、虚焊、LED 损坏，对此可采用万用表检查该模块对应的控制脚是否短路，LED 的接线是否短路或虚焊，若正常，用替换法检查 LED 是否损坏。

实例 24

故障现象：LED 显示屏多块模组连续不亮或有异常。

故障诊断处理：针对 LED 显示屏多块模组连续不亮或有异常故障，首先检查信号方向第一块不正常模组的排线和电源线是否接触良好，如模组无 LED 亮，则表明无电源输入，再检查电源部分（可用万用表检查），若正常，检查第一块不正常模组的排线的输入端是否接触紧密，可多次拔插测试，如问题依旧，可以更换新的排线。

实例 25

故障现象：LED 显示屏单模组不亮，或整块模组出现颜色混乱或者色彩不一致（但有信号输入，有正确的画面）。

故障诊断处理：针对 LED 显示屏单模组不亮故障，首先检查该模组的电源供应是否良好，主要是检查模组上的电源插座是否有松动。针对整块模组出现颜色混乱或者色彩不一致（但有信号输入，有正确的画面）故障，可判断为信号传输排线接触不良，重新插拔排线，或更换测试过的排线。如更换良好的排线仍有同样问题，再检查 PCB 的接口是否出现问题。

实例 26

故障现象：LED 显示屏上部分显示正常，部分不显示。

故障诊断处理：针对 LED 显示屏上部分显示正常，部分不显示故障，分析其故障原因是：开关电源损坏；信号线损坏或 5V 电源线脱落；单元板损坏。对此首先检查开关电源坏是否正常，若正常，检查信号线、5V 电源线是否正常，若正常，采用替换法对单元板进行替换。

实例 27

故障现象：LED 显示屏上部分显示正常，部分显示全红或一行亮，一行不亮。

故障诊断处理：针对 LED 显示屏上部分显示正常，部分显示全红或一行亮，一行不亮故障，可判断为信号线损坏或插针氧化接触不好或单元板自身有故障。首先检查信号回路是否正常，若正常，采用替换法判断单元板是否故障。

实例 28

故障现象：LED 显示屏有几块单元板显示很暗。

故障诊断处理：针对 LED 显示屏有几块单元板显示很暗故障，分析其故障原因是给这几块单元板供电的电源线脱落，对此检查这几块单元板的电源线连接是否正常，若正常，检测电压是否正常，若不正常，检查电源部分。

实例 29

故障现象：LED 显示屏在显示时伴随着几行暗亮或是亮线。

故障诊断处理：针对 LED 显示屏在显示时伴随着几行暗亮或是亮线故障，应检测驱动 IC4953 是否损坏，若损坏更换 IC4953。

实例 30

故障现象：LED 显示屏有一列常亮。

故障诊断处理：针对 LED 显示屏有一列常亮故障，分析其故障原因有移位寄存器损坏；此列的负极与地短路，首先检测移位寄存器是否正常，若正常，检查负极是否与地短路，若短路，则将短路点断开。

实例 31

故障现象：LED 显示屏不显示。

故障诊断处理：针对 LED 显示屏不显示故障，分析其故障原因有：无交流 220V 电源；给主控卡供电的 5V 电源损坏；屏内主控卡损坏；74HC245 信号回路断路，74HC04 损坏导致 OE 信号中断，或 IC 短路到高电平；74HC138 损坏无法输出行信号，正负极短路。首先检查交流 220V 电源是否正常，若正常，检查主控卡 5V 电源是否正常，若正常，检测主控卡是否正常，若正常，检查 74HC245 信号回路是否正常，若正常，检查 74HC245 是否正常，若 74HC245 损坏，替换 74HC245IC。

实例 32

故障现象：LED 显示屏有 8×8 的范围不显示或全亮或无规律的亮。

故障诊断处理：针对 LED 显示屏有 8×8 的范围不显示或全亮或无规律的亮故障，分析其故障原因是 ST 信号不通或输出 ST 信号的 IC 损坏，首先检查 ST 信号回路是否正常，若正常，检测输出 ST 信号的 IC 是否损坏，若损坏，更换输出 ST 信号的 IC。

实例 33

故障现象：LED 显示屏一行亮一行不亮。

故障诊断处理：针对 LED 显示屏一行亮一行不亮故障，分析其故障原因是：74HC138 损坏或是 A、B、C 三个信号中的一个中断。检查 74HC138 第一脚的 L0 信号是否有；L0 信号是否与 GND 或 +5V 短路；20P 金针与 U3 相连的 L0 信号是否正常；20P 输出 13 脚有无信号（断路或短路）；若断路，把断路的连好；若短路，把短路的断开。

对于 P10 模组表现为 1、3、5、7、9、11、13、15 行一直亮着，2、4、6、8、10、12、14、16 行不亮，此故障通常是由于行扫数据 A 信号中断造成的，在 P10 模组中行扫数据只有 A 和 B，A 没有就相当于是 0，则 74HC138 只能解码出 00 和 01 两种状态，对应第 1 行和第 3 行有输出，而第 1 行与第 5 行、第 3 行与第 7 行是共一个触发信号的，第 1 行与第 9 行，第 3 行与第 11 行、第 5 行与第 13 行、第 7 行与 15 行是相通的，所以就造成了 1、3、5、7、9、11、13、15 行一直亮着的故障现象，对此，查找中断点并修复。

实例 34

故障现象：LED 显示屏单元板一列不亮。

故障诊断处理：针对 LED 显示屏单元板一列不亮故障，分析其故障原因是：74HC595、62726 某个引脚虚焊，检查 74HC595、62726 引脚是否有虚焊，若正常，检查 74HC595、62726 接线是否正确和可靠，若正常，用替换法检测 74HC595、62726 是否正常。

实例 35

故障现象：LED 显示屏单元板一行常亮。

故障诊断处理：针对 LED 显示屏单元板一行常亮故障，分析其故障原因是：译码器、74HC4953、74HC138、74HC138、74HC245、LS74HC138 或 LS145 损坏或引脚到功率管的连线断开。首先检查各 IC 到功率管的连线是否断开，若正常，对上述 IC 进行测试，若损坏更换同型号 IC。

实例 36

故障现象：LED 显示屏单灯不亮。

故障诊断处理：针对 LED 显示屏单灯不亮故障，分析其故障原因是：LED 损坏、虚焊、断路。首先检查 LED 连接线路是否断路或虚焊，若正常，用万用表检查 LED 是否损坏，具体测灯方法是：把万用表打到电阻 R×1 挡，万用表黑表笔接 LED 的正极，红表笔接负极，如果 LED 亮，所测的 LED 是好的，如果 LED 不亮，所测的 LED 是坏的。若损坏，更换 LED。

实例 37

故障现象：LED 显示屏扫描不规律，在点斜扫描时，规律性的隔行不亮，显示画面重叠。

故障诊断处理：针对 LED 显示屏扫描不规律，在点斜扫描时，规律性的隔行不亮，显示画面重叠故障，检查 A、B、C、D 信号输入口到 74HC245 之间是否有断线或虚焊、短路；检测 74HC245 对应的 A、B、C、D（行信号）输出端与 74HC138 之间是否断路或虚焊、短路；检测 A、B、C、D 各信号之间是否短路或某信号接错或不通或与地短路，若有断路或虚焊则将断路点连好，对虚焊点补焊，若有短路点，则将短路点断开，若接线错误，更正接线。

实例 38

故障现象：LED 显示屏在扫描时没有正常扫描。

故障诊断处理：针对 LED 显示屏在扫描时没有正常扫描故障，首先检查时钟（CLK）或锁存（STB）信号与测试卡的接线是否有接错或不通，若接线正确、线路正常，对测试卡进行检测，若故障更换测试卡。

实例 39

故障现象：LED 显示屏全亮时有一行或几行不亮。

故障诊断处理：针对 LED 显示屏全亮时有一行或几行不亮故障，首先目测单元板上的行管引出脚是否虚焊；若有引脚虚焊，将引脚焊好。若正常，用万用表测量行管输出端电压是否正常（万用表测量方法：黑表笔接 GND、红表笔去测量各个管脚的电压）；若正常，则判断行输出端与所对应的模块管脚断路；若不正常，测量行管的输入端是否正常；若正常，则行管坏、用同型号行管替换；若正常，测量所对应 74HC138 的输出端是否正常；若正常，则判断 74HC138 的输出端与行管的输入端断路；若不正常，则检查 74HC138H 是否损坏。若正常，分别检测 74HC138 到 IC4953 之间的线路是否断路、虚焊、短路，若正常，检测 IC4953 输出是否正常，一般情况下 IC4953 功率比较大，常见严重的烧毁情况，线路板有黑色或者 IC4953 芯片有明显的烧焦痕迹及煳味或者发烫。如果以上测量均属正常，则行管本身存在质量问题，用同型号行管替换。

实例 40

故障现象：LED 显示屏在行扫描时，两行或几行（一般是 2 的倍数，有规律性的）同时点亮。

故障诊断处理：针对 LED 显示屏在行扫描时，两行或几行（一般是 2 的倍数，有规律性的）同时点亮故障，首先检测 A、B、C、D 各信号之间是否短路；若正常，检测 IC4953

输出端是否与其他输出端短路。若正常，检查 IC4953 是否损坏，若损坏更换 IC4953。

实例 41

故障现象：LED 显示屏全亮时有一列或几列不亮。

故障诊断处理：针对 LED 显示屏全亮时有一列或几列不亮故障，首先目测单元板上故障列所对应的模块管脚及 IC 是否虚焊、短路、断路；若有虚焊、短路、断路点，则将虚焊点、断路点焊好，将短路点断开。若正常，用万用表测量 74HC595 的输出端（74HC595 的输出引脚：1、2、3、4、5、6、7、15 共八列控制端；测量时应区分红、绿集成电路、顺序排列为：红、绿（R、G））电压是否正常；若正常，则判断 74HC595 输出端与模块输入端断路；若不正常，则判断 74HC595 损坏、用同型号的 IC 替换。

实例 42

故障现象：LED 显示屏有单点或单列亮度过高，或整行亮度过高，并且不受控。

故障诊断处理：针对 LED 显示屏有单点或单列亮度过高，或整行亮度过高，并且不受控故障，首先检查该列是否与电源地短路；检测该行是否与电源正极短路；若正常，检查驱动 IC 是否损坏，若损坏，更换损坏的驱动 IC，如果是行，更换 IC4953；如果是列更换 74HC595。

实例 43

故障现象：同步视频 LED 显示屏在打开计算机后，显示屏无任何反应。

故障诊断处理：针对同步视频 LED 显示屏在打开计算机后，显示屏无任何反应故障，分析其故障原因是通信线路有故障（如连接不好），首先检查接口端插接是否正常，若正常，检查通信线路是否正常，若正常，再对接口电路进行检测，若接口电路损坏，更换接口电路。

实例 44

故障现象：同步视频 LED 显示屏打开计算机后，显示屏有闪动，但无信号。

故障诊断处理：针对同步视频 LED 显示屏打开计算机后，显示屏有闪动，但无信号故障，分析其故障原因是驱动软件 LEDSETUP 没有启动，点击计算机"开始"，在开始菜单中，点击"LED 显示屏驱动程序"项，启动 LED 显示屏驱动程序。

实例 45

故障现象：同步视频 LED 显示屏显示正常，但全屏有闪动。

故障诊断处理：针对同步视频 LED 显示屏显示正常，但全屏有闪动故障，分析其故障原因有：通信线路、发送卡或接收卡有故障。首先对通信线路进行检查，若正常，在对发送卡、接收卡进行测试。若正常，因有些开关电源有过载保护功能，当所接 LED 超过其功率时会频闪警告；若开关电源过载，则更换功率更大的开关电源。

实例 46

故障现象：同步视频 LED 显示屏显示的颜色不正常。

故障诊断处理：针对同步视频 LED 显示屏显示的颜色不正常故障，分析其故障原因是显示模式设置有问题，对此，则按 LED 显示屏使用说明书要求的显示模式重新设置。

实例 47

故障现象：同步视频 LED 显示屏部分显示不正常。

故障诊断处理：针对同步视频 LED 显示屏部分显示不正常故障，分析其故障原因有：扫描板无电源，或 HC541、74F74HC245、1016 有故障，也可能是接触不良。首先检查扫描板电源是否正常，若正常，检查接线和板插接是否正确牢靠，若正常，对 HC541、74HC245、1016 进行测试，若有 IC 异常，则替换异常的 IC。

实例 48

故障现象：异步文字 LED 显示屏开机无显示。

故障诊断处理：针对异步文字 LED 显示屏开机无显示故障，分析其故障原因有：主控板可能无电源，或电压太低。检查主控板电源端电压是否正常，若无电压，检查主控板电源线路，若正常，检查开关电源输出是否正常，若不正常，检查开关电源交流输入是否正常，若正常，用替换法替换开关电源。

实例 49

故障现象：异步文字 LED 显示屏开机有旧内容显示，不能通信。

故障诊断处理：针对异步文字 LED 显示屏开机有旧内容显示，不能通信故障，分析其故障原因有：通信线路不正常，接线不正确；通信接口芯片 232 损坏或计算机通信接口损坏。首先对通信线路进行检查，若正常，再对通信接口进行检测，若通信接口损坏，更换通信接口。

实例 50

故障现象：LED 显示屏黑屏。

故障诊断处理：LED 显示屏在工作的过程中，偶尔也会遇到 LED 显示屏出现屏幕全黑现象。同样的一种现象可能是由各种不同的原因导致的，LED 显示屏屏幕变黑的故障现象会因不同操作或因不同环境而异。比如它可能是在上电的瞬间就是黑的，也可能在载入过程中变黑，还可能是在发送信号完毕后变黑等。

对此首先检查 LED 显示屏供电是否正常，是否有 220V 交流输入，用万用表检测开关电源输入输出端电压是否正常。若正常，检查电源线路是否断线。若正常，检查并确认包括控制系统在内的所有硬件已全部正确上电（+5V，勿接反、接错）。若正常，检测通信线是否接通，先检查发送卡的绿灯是否有闪烁，如无闪烁，检查发送卡是否插好，重新插接发送卡，若正常，检查接收卡通信绿灯有无闪烁，如无闪烁，检查网线是否松动、检查水晶头是否压好，如正常，可能是通信线质量有问题，更换通信线。若正常，检查并确认用于连接控制器的串口线是否有松动或脱落现象，如果在载入过程中变黑，很可能是因为该原因造成，即在通信过程中由于通信线松动而中断，而使屏幕变黑，若通信线松动或脱落，则重新插接。若正常，分别检查并确认连接 LED 显示屏及与主控制卡相连的 HUB 分配板的是否紧密连接、是否插反，检测通信线是否接通，有无接错（同步屏）。

上述检查若正常，则检查计算机显示器是否保护，若 LED 显示屏显示领域是黑色或纯蓝（同步屏），则检查计算机是否进入休眠状态；如果进入休眠，先进入控制面板，点击电源管理，在系统等待和关闭监视器选项中，选择"从不"选项，这样，计算机不会休眠，LED 显示屏可正常工作；如果没进入休眠，可以打开机箱，查看控制卡和通信电缆是否插接牢靠，检查通信电缆是否有断线。

实例 51

故障现象：LED 显示屏整块单元板不亮或连续几块单元板横方向不亮、或连续几块单元板纵方向不亮。

故障诊断处理：针对 LED 显示屏整块单元板不亮故障，首先检查单元板供电是否正常；供电电源线与信号线是否连接；电源正负极是否接反（接反会损坏单元板上所有 IC）。

分别用万用表测量单元板电源电压是否正常，若不正常，再测量电源模块电压输出是否正常，若不正常，则判断为电源模块坏，用同型号电源模块替换。若测量电源模块电压低，则调节微调（电源模块靠近指示灯处的微调）使电压达到标准。若单元板电源电压正常，检查输入排线是否插反；输入输出是否颠倒，若正常，检查测试卡是否已识别接口，测试卡红灯闪动则没有识别，若测试卡红灯闪动，检查单元板板是否与测试卡同电源地，或灯板接口有信号线与地短路导致无法识别接口（智能测试卡）。若正常，检查 74HC245 有无虚焊、短路，74HC245 上对应的使能（EN）信号输入输出脚是否虚焊或短路到其他线路。若有虚焊、短路点，则将虚焊点补焊，将短路点断开。

针对连续几块单元板横方向不亮故障，检查正常单元板与异常单元板之间的排线连接是否接通，若正常，检查芯片 74HC245 是否正常。针对连续几块单元板纵方向不亮故障，检查此列电源供电是否正常。

实例 52

故障现象：LED 显示屏单元板行不亮。

故障诊断处理：针对 LED 显示屏单元板行不亮故障，首先检查行脚与 4953 输出脚之间是否导通，若正常，检查 4953 是否发烫或者损坏，检查 4953 是否有高电平，再检查 74HC138 与 4953 控制脚之间是否导通，若正常，检测 74HC138 是否正常，若 74HC138 损坏，更换此 IC。

实例 53

故障现象：LED 显示屏单元板隔三行有一行不亮。

故障诊断处理：针对 LED 显示屏单元板隔三行有一行不亮故障，可初步判断为 4953 损坏，检测 4953 是否损坏，若损坏，更换 IC4953。

实例 54

故障现象：LED 显示屏单元板隔两行亮，两行不亮。

故障诊断处理：针对 LED 显示屏单元板隔两行亮，两行不亮故障，可初步判断为信号回路有问题，即 1、2、5、6、9、10、13、14 行一直亮着，3、4、7、8、11、12、15、16 行不亮，此故障是由于行扫数据 B 信号中断造成的，在 P10 模组中行扫数据只有 A 和 B，B 没有就相当于是 0，则 74HC138 只能解码出 00 和 10 两种，对应第 1 行和第 2

行有输出，而第 1 行与第 5 行、第 2 行与第 6 行是共一个触发信号的，而第 1 行与第 9 行，第 2 行与第 10 行、第 5 行与第 13 行、第 6 行与第 14 行是相通的，所以就造成了 1、2、5、6、9、10、13、14 行一直亮着的故障现象。首先检查 74HC245 和 74HC138 是否有虚焊；并仔细检查信号回路是否有短路和断路，若有虚焊、短路和断路点，则将虚焊点补焊，将短路点断开，将断路点连接。若正常，则用万用表量 74HC138 第 2 脚电压是否有 2.5V 左右电压，如果有，可判断为 74HC138 损坏，用同型号 IC 替换。

实例 55

故障现象：LED 显示屏单元板上半板正常下半板全亮或不亮。

故障诊断处理：针对 LED 显示屏单元板上半板正常下半板全亮或不亮故障，如果采用的是 T08A 接口，因单元板的上半板和下半板 STB 和 CLK 信号是共同的，数据是分开的（如果是 T12 接口数据也是 1 个）。在检查 T08A 板时，上下半板要分开检查。应检查下 8 行 DR 数据信号是否接通，若正常，用替换法替换 74HC245，如仍不正常。用替换法替换 74HC595。

实例 56

故障现象：LED 显示屏单元板上有 1 只 LED 不亮。

故障诊断处理：LED 显示屏单元板上有 1 只 LED 不亮是常见的故障，也常称为死灯，对此类故障，首先检查 LED 引脚是否虚焊，若虚焊重新焊接；若正常，检测 LED 是否损坏，若损坏更换该 LED。

实例 57

故障现象：LED 显示屏单元板纵向有 4 只 LED 不亮。

故障诊断处理：针对 LED 显示屏单元板纵向有 4 只 LED 不亮故障，首先检查 74HC595 是否有虚焊；若虚焊重新焊接；若正常，检测 74HC595 是否损坏，若损坏，则更换 74HC595；若 74HC595 正常，检查控制该列的 74HC595 引脚至 LED 之间的 PCB 连接铜箔是否有断点，若找到中断点重新连接。若无断点，则检测 LED 是否损坏，若损坏，则更换 LED。

实例 58

故障现象：LED 显示屏纵向连着 4 个 LED 常亮。

故障诊断处理：针对 LED 显示屏纵向连着 4 个 LED 常亮故障，首先检测控制该列的 74HC595 引脚与地是否短路，若找到短路点并排除（这类故障主要是由于在组装显示屏时产生的铝屑、铁屑没有清理干净造成的比较多见）；若无短路点，检测控制该列的 74HC595 是否损坏，若损坏，更换 74HC595。

实例 59

故障现象：LED 显示屏单元板上纵向 4 只 LED 有 3 只 LED 不亮，只有 1 只 LED 正常。

故障诊断处理：针对 LED 显示屏单元板上纵向 4 只 LED 有 3 只 LED 不亮，只有 1 只 LED 正常故障的处理方法是，更换正常的那只 LED。

实例 60

故障现象：LED 显示屏单元板从中间或别的位置往后显示不正常。

故障诊断处理：针对 LED 显示屏单元板从中间或别的位置往后显示不正常故障，首先检查数据信号是否正常，若正常，因每个 74HC595 控制 8 点宽×4 点高个 LED，74HC595 是用 DR 数据信号串联起来的，也就是 DR 信号从 74HC595 的第 14 脚入到第 9 脚出，在接到下一片 74HC595 的第 14 脚上至最后一个 74HC595，即 DR 数据从金针到 74HC345 放大后到 UR1、到 UR2、到 UR3、一直到 UR8 后到输出金针。首先替换最后一个正常显示 LED 的控制 IC（74HC595）；如故障未排除，在替换第一个显示不正常 LED 的控制 IC（74HC595）。

实例 61

故障现象：在 LED 显示屏调试的过程中，前面的模组到后面的模组显示不正常。

故障诊断处理：针对在 LED 显示屏调试的过程中，前面的模组到后面的模组显示不正常故障，分析其故障原因是排线没有插好或损坏；可用稍长些排线把下面正常的模组排线插到上面不正常的模组上来，看显示如何，也可以把上面不正常处前面正常模组输出接到下一排模组上去看显示如何，来判断到底是那个模组出了问题，对怀疑有问题的模组进行替换。

实例 62

故障现象：LED 显示屏显示不正常，黑屏，花屏。

故障诊断处理：针对 LED 显示屏显示不正常，黑屏，花屏故障，首先检查 LED 显示屏的电源是否正常工作；若正常，检查信号传输线是否正常；若正常，检查单个模组是否正常。若正常，再检查控制计算机显卡设置是否正确，检查 LED 控制卡参数设置是否正确，检查信号是否传输到 LED 显示屏控制系统；若没有信号，检查通信线是否正常，若正常，检查接收卡是否有信号输入；若正常，检查接收卡 5V 供电是否正常，若不正常，检查 5V 电源部分，若电源故障，更换 5V 电源电。

实例 63

故障现象：LED 显示屏整板不亮。

故障诊断处理：针对 LED 显示屏整板不亮故障，首先检查＋5V 电源是否供给；＋5V 端是否与 GND 端短路；电源座是否虚焊；若正常，检查测试卡是否以识别接口，测试卡红灯闪动则没有识别，检查灯板是否与测试卡同电源地，或灯板接口有信号与地短路导致无法识别接口（智能测试卡）。若正常，检查模组输入插针接口与控制卡接口是否正常；74HC245 是否正常工作。若正常，检查 74HC138 第 5 脚的 OE 信号是否有；若没有，检查 74HC138 第 5 脚与电源正极是否短路，检测 74HC138 是否损坏，若损坏更换同型号 IC。检查 20P 金针输出 17 脚有无信号；是否断路。若正常，再检测 74HC04 第 1 脚与地是否短路，74HC04 是否损坏；若正常，检查 R 列信号在 74HC245 第 11 脚之前是否与电源正极短路，若有短路点，则将短路点断开。

实例 64

故障现象：LED 显示屏显示混乱，输出不正常。

故障诊断处理：针对 LED 显示屏显示混乱，输出不正常故障，首先检测输出接口输出的信号是否有相互短路的或短路到地的，检查输出排线是否良好。若正常，检测输出口的时钟、锁存信号是否正常；若正常，检测 74HC245 的时钟 CLK 是否有输入输出；检测时钟信号是否短路到其他线路。检测单元板的输出端有无短路现象。单元板上的连接线、26P 排线及其他一些电路是否正常。检测最后一个驱动 IC 之间的级连输出数据口是否与输出接口的数据口断路或短路，若有断路点，则将短路点连接，若有短路点，则将短路点断开。

故障若未排除，在分别检测时钟信号（74HC595 的 OE 端）、锁存信号（74HC138 的 EN 端）输入是否正常（26P 共分为 13 组，其中 4 组为时钟、6 组为 74HC595 的 OE 端、7 组为锁存时钟、12 组为 74HC138 的 EN 端），若不正常，则前面单元板输出端有问题，若正常，则再检查信号送至 74HC244 后有无驱动，若无驱动，则判断为 74HC244 损坏，用同型号的 IC 替换。若有驱动，检测 74HC595 的 11 脚、12 脚、13 脚的输入端及 74HC138 的 4 脚、5 脚输入端有无短路、断路、虚焊，若无短路、断路、虚焊，检查检测 74HC595 的 11 脚、12 脚、13 脚的输入端及 74HC138 的 4 脚、5 脚输入端的电压是否正常，若正常，则判断为所对应的 74HC595、74HC138 损坏，用同型号的集成电路替换。

实例 65

故障现象：LED 显示屏在行扫描时，两行或几行（一般是 2 的倍数，有规律性的）同时点亮。

故障诊断处理：针对 LED 显示屏在行扫描时，两行或几行（一般是 2 的倍数，有规律性的）同时点亮故障，首先检查 A、B、C、D 各信号之间是否短路；若正常，检查 4953 输出端是否与其他输出端短路。若正常，检查单元板上的行管引出脚是否虚焊；若行管引出脚虚焊，将引脚焊好。用万用表测量行管输出端电压是否正常（万用表测量方法：黑表笔接 GND、红表笔去测量各个管脚的电压）；若正常，则判断行输出端与所对应的模块管脚断路；若不正常，测量行管的输入端是否正常；若正常，则行管损坏、用同型号行管替换；若不正常，测量所对应 74HC138 的输出端是否正常；若正常，则判断 74HC138 的输出端与行管的输入端断路；若正常，则判断 74HC138 损坏，用同型号 IC 替换。如果以上测量均属正常，则判断为行管本身存在质量问题，用同型号行管替换。

实例 66

故障现象：LED 显示屏整屏某行单元板整行的一半区域没有显示或者全红（绿）或者每隔一行全红（绿）。

故障诊断处理：针对 LED 显示屏整屏某行单元板整行的一半区域没有显示或者全红（绿）或者每隔一行全红（绿）故障，分析其故障原因有：对应的一行转接板输出口故障，将数据线从另外一个输出口取信号，看正常与否（一块单元板的上下半区信号都要更换调试），若不正常，说明输出口没有问题；若正常，说明单元板没有问题，应检查转接卡，若正常，应检查排线是否问题，若排线有问题，更换排线后，在检测第一块单元板是否有问题，因后面的数据是从它传输过去的，可用一根长排线直接跨接到第二块单元板，看显示是否正常（跨接后会出现汉字错位现象，只要无开始的故障现象，属于正常），若显示正常，则判断为第一块单元板故障，用同型号单元板替换。

实例 67

故障现象：LED 显示屏某行单元板的半区从某个单元板后出现显示不正常现象（全红或全绿、没有显示或显示隔行显示及显示不全）。

故障诊断处理：针对 LED 显示屏某行单元板的半区从某个单元板后出现显示不正常现象（全红或全绿、没有显示或显示隔行显示及显示不全）故障，分析其故障原因是数据线或单元板损坏，首先检查数据线，若正常，故障可能在单元板，判断故障的单元板方法是用长排线向后跨接下一块单元板或向下跨接，若显示正常，则此单元板损坏，用同型号单元板替换。

实例 68

故障现象：LED 显示屏某单元板的某上、下半区出现红色或绿色常亮。

故障诊断处理：针对 LED 显示屏某单元板的某上、下半区出现红色者绿色常亮故障，分析其故障原因有：某个控制红或绿的 74HC595 的第 11、12 两脚的时钟和消隐信号出现问题，用万用表检查其两端有没有短路，若正常，检查其与本单元板上的其他的 74HC595 的两脚是否相通，若没有相通，直接用跳线连接即可。但这两脚之间的电阻值不能太小，若太小，显示也会不正常，若电阻值太小，有可能是其中的一个 74HC595 损坏，应对 74HC595 进行测试，若损坏，用同型号 IC 替换。

实例 69

故障现象：LED 显示屏某个单元板上的一行不亮。

故障诊断处理：针对 LED 显示屏某个单元板上的一行不亮故障，分析其故障原因是该单元板对应行的管脚虚焊或者印刷线断路，若虚焊，对虚焊点进行补焊，若为印刷线断路，可从同样单元板同一行的任一点飞一根线与此对应行的管脚相连。

实例 70

故障现象：LED 显示屏某个单元板上的一列不亮。

故障诊断处理：针对 LED 显示屏某个单元板上的一列不亮故障，分析其故障原因是该单元板对应列的管脚虚焊或者印刷线断路，若虚焊，对虚焊点进行补焊，若为印刷线断路，可从同样单元板同一列的任一点飞一根线与此对应列的管脚相连。

实例 71

故障现象：LED 显示屏每个单元板上的同一行不亮。

故障诊断处理：针对 LED 显示屏每个单元板上的同一行不亮故障，分析其故障原因是行驱动管 TP127（或者 4953）损坏或者虚焊或者印刷电路断路，首先检查 TP127（或者 4953）是否有虚焊，若检查到虚焊点，进行补焊或采用飞线。若正常，在检测 TP127

（4953）是否损坏，若损坏更换 TP127（4953）。

实例 72

故障现象：LED 显示屏单元板出现一行长亮、暗亮、不亮。

故障诊断处理：针对 LED 显示屏单元板出现一行长亮、暗亮、不亮故障，首先目测单元板上行管的引出脚是否虚焊；若有虚焊，将引脚焊好。若正常，测行管电压是否正常（万用表测量方法：黑表笔接 GND、红表笔去测量各个管脚的电压）；若正常，用万用表测量行管输出端是否和模块脚断路，若有断路点：将断路点连上，若正常，再测是否和地短路，若无短路，测量行管的输入端是否正常；若正常，则行管损坏，用同型号行管替换；若不正常，测量所对应 74HC138 的输出端是否正常；若正常，则判断 74HC138 的输出端与行管的输入端是否断路；若不正常，则判断 74HC138 损坏。如果以上测量均属正常，则判断行管本身存在质量问题，用同型号行管替换。

实例 73

故障现象：LED 显示屏单元板上一列长亮、暗亮、不亮。

故障诊断处理：针对 LED 显示屏单元板上一列长亮、暗亮、不亮故障，首先目测单元板上故障列所对应的模块管脚及集成电路是否虚焊、短路、断路；若有虚焊、短路、断路，将引脚焊好，将短路点断开，将断路点接通。若正常，用万用表测量 74HC595 的输出端［74HC595 的输出引脚：1、2、3、4、5、6、7、15 共八列控制端；测量时应区分红、绿集成电路、顺序排列为：红、绿（R、G）］电压是否正常；若正常，则判断 74HC595 输出端与模块输入端断路；若不正常，则判断 74HC595 损坏，用同型号的 IC 替换。若 74HC595 正常，可判断是模块坏，用同一型号的模块替换。

实例 74

故障现象：LED 显示屏单元板上 8 点或 16 点行、列或单点不亮、长亮、暗亮。

故障诊断处理：针对 LED 显示屏单元板上 8 点或 16 点行、列或单点不亮、长亮、暗亮故障，首先目测故障所对应模块的引脚及引线有无短路、虚焊、断路，若正常，检查每小区（单元板共分上下两小区）的上下、左右模块之间共用连接线是否正常，若正常，则判断为模块损坏，用同型号的模块替换。若不正常，可直接用数据线代替接通即可消除。也可用万用表直接测量单个模块是否正常，若正常，则判断为电路板与模块间的内部短路，若不正常，则判断为模块坏，用同型号模块替换。

实例 75

故障现象：LED 显示屏单元板上几行或整小区（单元板共分上下两小区）不亮、长亮、暗亮。

故障诊断处理：针对 LED 显示屏单元板上几行或整小区（单元板共分上下两小区）不亮、长亮、暗亮故障，首先目测所对应的行管、穿心电感、集成电路是否虚焊、短路、断路，若有虚焊、短路、断路，将短路处断开及虚焊、断路处重新焊好。若正常，用万用表测量各个行管输出端电压是否正常（万用表测量方法：黑表笔接 GND、红表笔去测量各个管脚的电压）；若正常，则判断行输出端与所对应的模块管脚断路；若不正常，测量行管的输入端是否正常；若正常，则行管损坏，用同型号行管替换；若不正常，测量所对应 74HC138 的输出端是否正常；若正常，则判断 74HC138 的输出端与行管的输入端断路；若不正常，则判断 74HC138 损坏，用同型号的 IC 替换。

也可用好的 16P 排线替换试一下，测量 74HC138 地址输入端 1、2、3 引脚电压、选通端 4、5（低电平有效）、6（高电平有效）及集成电路供电是否正常，若正常，则判断为 74HC138 损坏，再续查两小区之间的 5V 连接线是否断开，若正常，可直接用同等电源线连通（一般现象为整小区不亮、暗亮）。

若经上述处理，故障仍未排除，在测量单元板输入端的行信号（16P 可视为 12 组其中 2、4、6、8 脚分别为 A、B、C、D，4 组行信号）有无内部短路、断路及输入 74HC245 后驱动是否正常，若正常，则测量经 74HC245 驱动输入 74HC138 的信号是否正常，若不正常，则判断为 74HC245 坏，用同型号的 IC 替换。

实例 76

故障现象：LED 显示屏单元板出现整屏不亮、暗亮。

故障诊断处理：针对 LED 显示屏单元板出现整屏不亮、暗亮故障，首先目测电源连接线、单元板之间的 16P 排线及电源模块指示灯是否正常。用万用表测量单元板有无正常电压，再测量电源模块电压输出端的电压是否正常，若不正常，则判断为电源模块坏，用同型号的模块替换。测量电源模块电压低，调节微调（电源模块靠近指示灯处的微调）使电压达到标准。

实例 77

故障现象：LED 显示屏单元板上小区（单元板共分上下两小区）无红色或无绿色。

故障诊断处理：针对 LED 显示屏单元板上小区（单元板共分上下两小区）无红色或无绿色故障，首先目测故障所对应的集成电路、16P 排线有无虚焊、断路及 5V 电源供电是否正常，若正常，用万用表测量单元板之间的 16P 连接线（16P 排线的 9、11 脚为红信号，10、12 脚为绿信号）及前面的单元板输出（判断方法：拿一根长的 16P 排线交叉互换连接出现正常，则判断为后面有问题；反之，则前面有问题）是否正常，若正常，再分别测量输入到 74HC245 红信号、驱动后送至 74HC595 的 14 脚信号是否正常，若正常，并且 74HC595 其他引脚都正常，则判断 74HC595 损坏，用同型号的 IC 替换，若不正常，则检查 16P 排线连接是否正常，若不正常，更换 16P 排线。

实例 78

故障现象：LED 显示屏单元板出现小区（单元板分上下两小区）中间的上下两个模块都缺红、缺绿或从不正常处开始至最后都缺红、缺绿。

故障诊断处理：针对 LED 显示屏单元板出现小区（单元板分上下两小区）中间的上下两个模块都缺红、缺绿或从不正常处开始至最后都缺红、缺绿故障，首先目测单元板上故障单元板所对应的集成电路如 74HC595 是否虚焊、短路、断路；若有虚焊、短路、断路点，将虚焊、短路点焊好，将短路点断开。若正常，检测 5V 供电是否正常，若正常，用万用表测量故障单元板所对应 74HC595 的输入端 14 脚电压是否正常，若正常，则判断 74HC595 损坏（在其他供电正常的情况下），用同型号的 IC 替换；若不正常，则检查前面对应 74HC595 的 9 脚输出端电压及电路连接线有无断路，如否，则判断为 74HC595 损坏，用同型号的 IC 替换。

实例 79

故障现象： LED 显示屏载入不上或通信不上。

故障诊断处理： 引起 LED 显示屏载入不上或通信不上的原因大致相同，LED 显示屏加载不正常的原因有可能是 LED 显示屏本身的问题，也可能是在使用过程中操作不当所造成的。针对 LED 显示屏载入不上或通信不上故障应做如下检查。

（1）检查控制系统硬件是否正确上电（+5V）。

（2）检查并确认用于连接控制器的串口线为直通线，而非交叉线。

（3）检查并确认串口连接线完好无损，并且两端没有松动或脱落现象。

（4）检查所使用的控制卡和在软件上所选择的控制组件是否相对应；检查计算机的串口和软件上的串口设置是否对应；检查控制卡上的跳线是否在所选择的通信模式上。

（5）检查所选择的通信方式是否和软件上设置的相一致：比如 232/485 通信方式、网络通信方式，还是 GPRS 通信方式。

（6）检测通信线是否接通，有无接错（同步屏），检测同步屏的发送卡通信绿灯是否有闪烁，如无闪烁，检查发送卡是否插好，检查接收卡通信绿灯有无闪烁，如无闪烁，检查网线是否松动，如否，水晶头是否压好，若正常，可能是网线质量有问题。

（7）检查计算机显示器是否保护（同步 LED 显示屏的显示领域是黑色或纯蓝）。

（8）将控制器拿到离计算机较近的地方进行测试，或用较低的波特率进行测试。

如经过以上检查并校正后仍然出现载入不上，检查所连接的计算机或控制系统硬件的串口是否损坏；检查计算机和控制卡的通信线（或网线、或 GPRS 连接线）是否连接正常；检查控制卡上的波特率和屏号的拨码开关是否和软件的设置相对应（可试着先把拨码开关全拨过去后，再全部重新拨回来，靠近数值这边），包括波特率和屏号。

实例 80

故障现象： LED 显示屏上部分 LED 不亮。

故障诊断处理： 针对 LED 显示屏上部分 LED 不亮故障，首先检查接插方向是否正确；若错误，拆出，重新按正确方向接插。若正常，检查电源输出接线是否正确；电源线是否插反、接反；确保红色线接正极，黑色线接负极；若查出电源线插反，重新插接。

实例 81

故障现象： LED 显示屏所有 LED 都不亮。

故障诊断处理： 针对 LED 显示屏所有 LED 都不亮故障，首先检查开关电源有无电压输出；若无输出，断开开关电源输出端测量，若无输出，检测开关电源输入端电压是否正常，若不正常，对 LED 显示屏交流输入电源端进行检查，首先检查熔断器熔体是否熔断，若正常，检查 LED 显示屏交流电源开关是否关断，检查交流电源线是否断路。

实例 82

故障现象：LED 显示屏每次启动 LED 演播室时都提示"找不到控制系统"。

故障诊断处理：针对 LED 显示屏每次启动 LED 演播室时都提示"找不到控制系统"故障，首先检查 COM 口至数据发送卡之间的信号采集线是否连接，若正常。检查计算机本身 COM 口是否损坏，若损坏，更换计算机 COM 口。

实例 83

故障现象：LED 显示屏播放时图像模糊。

故障诊断处理：针对 LED 显示屏播放时图像模糊故障，首先检查接收卡扫描方式是否正确，或设置是否正确，检查方法是打开 LED 演播室→打开设置→软件设置（代码：LINSN 密码 168）→接收卡设置→重新设置参数。

实例 84

故障现象：LED 显示屏整屏隔 8 列数据闪或常亮、不亮。

故障诊断处理：针对 LED 显示屏整屏隔 8 列数据闪或常亮、不亮故障，首先检查扫描板上的 U5（26LS32）的 1～4 列是否损坏；U4（26LS32）的 5～8 列是否损坏；采集卡上的 UT2（26LS31）的 1～4 列是否损坏；UT1（26LS31）的 5～8 列是否损坏；若是，更换扫描板上的 U5 或 U4；更换采集卡上的 UT2 或 UT1。

实例 85

故障现象：LED 显示屏整屏出现抖动、闪烁或重影。

故障诊断处理：针对 LED 显示屏整屏出现抖动、闪烁或重影故障，分别检查扫描板上的 U1（26LS32）是否损坏；采集卡的 UT5（26LS31）是否损坏；若损坏，更换扫描板上的 U1；更换采集卡的 UT5；若正常，检查扫描板供电是否良好；重新连连好电源线，若正常，检查时钟信号是否没有校对；若没校对，调节多媒体卡上的 JP10、11、12、13 跳线；调节采集卡上的 CLK 跳线。

实例 86

故障现象：LED 显示屏整屏画面晃动或重影。

故障诊断处理：针对 LED 显示屏整屏画面晃动或重影故障，首先检查计算机与 LED 显示屏之间的通信线，若正常，检查多媒体卡与发送卡的 DVI 线，若不正常，更换 DVI 线，若多媒体卡与发送卡的 DVI 线正常，检测发送卡，若损坏，更换发送卡。

实例 87

故障现象：LED 显示屏整板全亮或从中间开始部分全亮。

故障诊断处理：LED 显示屏的行扫描信号是固定的动态扫描信号，列数据信号是受文字图案调制后的负极性二进制信号，而且还是像蛇一样爬行的数据流（串联），从一个 74HC595 的第 14 脚进，第 9 脚出，进入下一个 74HC595 的第 14 脚进，并一直循环下去的。针对出现整板全亮或从中间开始出现部分全亮故障，分析其原因是由 R 列数据信号出现中断或与地短路造成的。对此，首先检查输入插针 R 信号接触是否不良或前一块模组是否出现 R 信号中断，若正常。检查 74HC245 是否损坏，若正常，检查 74HC245 的第 9 脚、11 脚是否虚焊；若正常。检查 R 列数据信号与地是否短路；若短路，则将短路点断开。针对从中间开始部分全亮故障，则是中间的某个 74HC595 损坏或该 IC 第 9 脚、14 脚虚焊；若虚焊，重新焊接牢固。

实例 88

故障现象：LED 显示屏从中间开始部分不亮。

故障诊断处理：这种故障现象与故障实例 87 故障现象刚好相反，分析其故障原因是 R 列数据信号与电源正极短路造成的，表现在 LED 显示屏上会出现一整条的不亮带，解决方法是找到 R 列数据信号与电源正极短路点，将短路点断开。

实例 89

故障现象：LED 显示屏一行或两行不亮。

故障诊断处理：针对 LED 显示屏一行或两行不亮故障，首先检查 1 和 9 行，2 和 10 行，3 和 11 行，4 和 12 行，5 和 13 行，6 和 14 行，7 和 15 行，8 和 16 行是否相通，如果出现只有一行不亮，可以判断是 PCB 上连接的铜箔断路，如果是有规律的 1 和 9 行，或 2 和 10 行……或 8 和 16 行不亮，则是对应的 IC4953 虚焊或损坏，首先重新焊接，若正常，用替换法替换 IC4953。

实例 90

故障现象：LED 显示屏一行或两行暗亮。

故障诊断处理：针对 LED 显示屏一行或两行暗亮故障，可分为两情况：一种情况是在有显示内容（即有文字显示）的时候才出现暗亮，分析其原因是因某一只 LED 出现漏电（正向反向电阻值偏小）造成的，如果某一只 LED 漏电，则流经该 LED 的电流就大，造成限流电阻上的压降减小，该行由于电压低而变暗；找出是哪只 LED 漏电的方法是将模组全亮，全亮时不亮（偏暗或很亮）的那只就是漏电的 LED，更换该只 LED。另一种情况是在没有显示内容时就一直是暗亮，则是控制该行的 4953 损坏（漏电），如果是 IC4953 漏电会有两行同时暗亮现象，与有规律的 1 和 9 行，或 2 和 10 行……或 8 和 16 行不亮类似，处理方法是用替换法替换 IC4953。

实例 91

故障现象：LED 显示屏乱码、乱显示。

故障诊断处理：针对 LED 显示屏乱码、乱显示故障，可初步判断为缺时钟信号、锁存信号造成的，在时钟信号和锁存信号缺失时，列驱动 74HC595 会工作在一种无序的状态下，所以显示的是乱码。维修这类故障关键是找到中断点，因 74HC595 的 11 脚为时钟信号输入脚，12 脚为锁存信号输入脚，并且全部都是并联的，所以当整板都是乱码，则是 74HC245 或输入插针有问题；如果是某一小部分乱码，则是控制该部分的 74HC595 有问题（虚焊或断路），查找到虚焊或断路点后，对其进行补焊。

实例 92

故障现象：LED 显示屏整板隔 2 行亮。

故障诊断处理：针对 LED 显示屏整板隔 2 行亮故障，首先检查 74HC138 第 2 脚的

L1 信号是否有；L1 信号是否与 GND 或 +5V 短路；若短路，把短路点断开；若正常，检查 20P 金针与 U3 相连的 L1 信号是否正常（断路或短路）；若有断路或短路，把断路的连好；把短路的断开；若正常，检查 20P 输出 14 脚有无信号；若无，则有断路点，把断路的连好。

实例 93

故障现象：LED 显示屏整板隔 4 行亮。

故障诊断处理：针对 LED 显示屏整板隔 4 行亮故障，首先检查 74HC138 第 3 脚的 L2 信号是否有；L2 信号是否与 GND 或 +5V 短路；若短路，把短路点断开；若正常，检查 20P 金针与 U3 相连的 L2 信号是否正常（断路或短路）；检查 20P 的 15 脚有无信号；若不正常或无信号，查找短路或断路点，把短路点断开；把断路点连好。若正常，用替换法检测 U3 是否损坏。

实例 94

故障现象：LED 显示屏整板隔 8 行亮。

故障诊断处理：针对 LED 显示屏整板隔 8 行亮故障，首先检查 74HC138 上下选通端 L3 信号是否有（上 4 脚、下 6 脚）；若信号线有断路点，查找断路点，把断路点连好。若正常，检查 L3 信号是否与 GND 或 +5V 短路；若短路，把短路的断开。若正常，检查 20P 金针与 U3 相连的 L3 信号是否正常（断路或短路）；若断路，把断路的连好，若短路，把短路点断开。若正常，检查 U3 的 16 脚有无信号；若无，用替换法检测 U3 是否损坏。

实例 95

故障现象：LED 显示屏整个板上某一行亮度比其他的低或高。

故障诊断处理：针对 LED 显示屏整个板上某一行亮度比其他的低或高故障，首先检查上拉、下拉电阻是否损坏，若损坏，更换电阻；若正常，检测 TI127 或 4953 是否损坏；若损坏，更换 TIP127 或 4953；若正常，检查其中有两行是否短路（查看 74HC138 的输出脚、上下拉电阻和模块管脚）；查找到短路点后，将短路点断开。

实例 96

故障现象：LED 显示屏整个板上某一行特亮而其余的暗亮。

故障诊断处理：针对 LED 显示屏整个板上某一行特亮而其余的暗亮故障，首先检查此行是否与 GND 短路（查看 74HC138 的输出引脚、上下拉电阻和模块管脚及 TIP127 的输出脚）；若短路，查找短路点，把与 GND 短路点断开。

实例 97

故障现象：LED 显示屏有 8 或 16 点的红、绿不亮或特亮。

故障诊断处理：针对 LED 显示屏有 8 或 16 点的红、绿不亮或特亮故障，分别检查 74HC595 的输出脚有无虚焊或漏焊；检查所对应的模块管脚有无虚焊或漏焊；若虚焊或漏焊，把虚焊和漏焊的焊好；若无，检查 74HC595 的输出脚和所对应的模块管脚有无跟 +5V 或地短路；若短路，把短路点断开。

实例 98

故障现象：LED 显示屏有两列一起暗亮。

故障诊断处理：针对 LED 显示屏有两列一起暗亮故障，检查 74HC595 的输出脚或所对应的模块管脚是否短路；若短路把短路点断开；若正常，用替换法检测 74HC595 是否损坏。

实例 99

故障现象：LED 显示屏连续几块单元板横方向不亮、连续几块单元板纵方向不亮。

故障诊断处理：针对 LED 显示屏连续几块单元板横方向不亮故障，检查正常单元板与异常单元板之间的排线连接是否接通；用替换法检查芯片 74HC245 是否正常。针对连续几块板纵方向不亮故障，检查此列电源供电是否正常。+5V 电源是否正常，若正常，检查 +5V 跟 GND 是否短路，若短路，将短路点断开。

实例 100

故障现象：LED 显示屏单元板上一行或相应一个模块的行不亮或不正常显示。

故障诊断处理：针对 LED 显示屏单元板上一行或相应一个模块的行不亮或不正常显示故障，首先检查其所对应模块的行信号的管脚是否虚焊或漏焊；查看其行信号的上、下电阻是否虚焊或漏焊，若虚焊或漏焊重新补焊。

实例 101

故障现象：LED 显示屏局部 8 点（宽）×16 点（高）范围全亮绿色、红色或者黄色。

故障诊断处理：针对 LED 显示屏局部 8 点（宽）×16 点（高）范围全亮绿色、红色或者黄色故障，分析其故障原因是该模块对应的控制芯片 74HC595 虚焊，通常为 74HC595 的电源引脚和地线引脚虚焊，若虚焊重新焊接。

实例 102

故障现象：LED 显示屏显示正常，但下一块板显示紊乱。

故障诊断处理：针对 LED 显示屏显示正常，但下一块板显示紊乱故障，首先检测 74HC245 对应的 STB 锁存输出端与级联的锁存端是否连接或信号被短路到其他线路，如果是下一块板及以后都显示红色、绿色或者黄色，首先检查本级的最后一个 74HC595 输出是否正常；如果输出正常，则检查数据线是否正常；如果数据线正常，就检查下一块板的数据驱动 74HC245 是否正常，若不正常，用替换法替换 74HC245。

实例 103

故障现象：LED 显示屏的显示单元板一行常亮或者不亮，单元板上一行或相应一个模块的行不亮或不正常显示。

故障诊断处理：针对 LED 显示屏的显示单元板一行常亮或者不亮故障，首先检查 74HC138、4953 是否正常，若正常，检查其所对应模块的行信号的管脚是否虚焊或漏焊，若虚焊或漏焊，则重新焊接。针对单元板上一行或相应一个模块的行不亮或不正常显示故障，检查其行信号的上、下电阻是否没焊或漏焊，若虚焊或漏焊，重新焊接。

实例 104

故障现象：LED 显示屏上半部分或下半部分红色或绿色不亮或不正常显示（单元板缺色）。

故障诊断处理：针对 LED 显示屏上半部分或下半部分红色或绿色不亮或不正常显示（单元板缺色）故障，首先检查 74HC245 的 R、G、B 数据是否有输出，若有，在检查正常的 MBI5026 输出脚与异常的 MBI5026 输入脚是否断路；若正常，检查输入排针脚是否正常，是否与 GND、+5V 短路，若短路，将短路点断开。

实例 105

故障现象：LED 显示屏显示文件不全或位置不对。

故障诊断处理：针对 LED 显示屏显示文件不全或位置不对故障，首先检查软件设置是否正确，软件设置中的软件播放窗起始点位置和屏宽屏高的参数应与实际参数一致。如不知道参数，可先在屏体上数一下长和宽的像素点数，当屏体大小确定后，再看屏体上的显示区域相差多少，然后对计算机进行设置，直到位置吻合为止。如果出现显示不全面，应检查所做的文件大小是否与屏体的大小一致。

实例 106

故障现象：LED 显示屏整屏不亮或出现方格，整屏小竖条、整屏晃动，闪烁、整屏画面晃动或重影。

故障诊断处理：针对 LED 显示屏整屏不亮或出现方格，整屏小竖条、整屏晃动，闪烁、整屏画面晃动或重影故障，检查控制主机是否开启，计算机与显示屏之间的通信线是否短路、断路；若正常，检查水晶头与通信线接触是否良好；多媒体卡与发送卡之间的 DVI 线松动或损坏；发送卡是否已插好；多媒体卡与采集卡、发送卡之间的数据线是否连好。若上述检查正常，在检查通信线是否正常，若不正常，更换通信线。

实例 107

故障现象：LED 显示屏显示时，部分 LED 昏暗。

故障诊断处理：针对 LED 显示屏显示时，部分 LED 昏暗故障，首先检查电源端的电压是否正常（+5V），确保电源电压与 LED 电压一致（+5V），若正常，分别检查 LED 极性是否接反；LED 串联的是否过多；若正常，检测 LED 是否老化，若 LED 老化，则更换 LED。

实例 108

故障现象：LED 显示屏显示时某个单元板常亮。

故障诊断处理：针对 LED 显示屏显示时某个单元板常亮故障，初步判断故障的原因是连接这个单元的数据线有问题、对应的分配板有问题、该单元板故障，针对上述问题，应做如下处理：检查数据线是否正常；若正常，检查分配板是否正常；若正常，检查对应的单元板是否正常；若不正常，替换对应的单元板。

实例 109

故障现象：整屏出现超亮条、不亮或无规则现象。

故障诊断处理：针对 LED 显示屏整屏出现超亮条、不亮或无规则现象故障，首先检查系统板指示灯有无闪烁、系统板间的连接线是否正常、接收板的 5V 供电是否正常。出现上述故障现象一般是接收板上靠近 5V 电源座的第一块 MC3486 损坏，可直接用同型的 MC3486 换上；如换上 MC3486 后还不正常，则检测接收板上靠近 5V 电源座的 HC244 驱动是否正常，如不正常，则用同型号的 HC244 替换。

实例 110

故障现象：整屏出现行不正常，例如几行亮，几行暗亮。

故障诊断处理：针对 LED 显示屏整屏出现行不正常，例如几行亮，几行暗亮故障，首先目测接收板（即与屏体驱动板连接的板子）有无虚焊、短路、断路及 MC3486 接插件是否松脱。检查接收板上靠近 5V 电源座的第二块 MC3486，也可直接拿好的 MC3486 替换（MC3486 的管脚排列为：1、2 脚输入，3 脚输出；4、12 脚为电源端；6、7 脚输入端、5 脚输出端；9、10 脚输入端、11 脚输出端；14、15 脚输入端、13 脚输出端；8、16 脚为 5V 电源端）。检查屏体传输线有无脱落、虚焊，再测量靠近 5V 电源座的 HC244 驱动是否正常，如否，则判断为 HC244 损坏，用同型号的 HC244 替换。

实例 111

故障现象：LED 显示屏出现某区无红、无绿或其他不规则现象。

故障诊断处理：针对 LED 显示屏出现某区无红、无绿或其他不规则现象故障，首先目测系统板的传输线及接收板上的 MC3486 有无脱落、虚焊等迹象。单独出现无红、绿，可直接拿好的 MC3486 替换（以 5V 电源座为起点，3～6 块 MC3486，四块 MC3486 分别一一对应着八区），也可将以上四块互换，这样可更快的判断出是哪块 MC3486 坏。找到故障所对应的一区，测量 26 针输出与其他的几区是否正常（测量时，最好处于画笔全黄色，测量结果比较正确），如是，则判断为驱动板、排线的问题，如否，测量所对应的 HC244 驱动及 HC244 与其他电路连接线是否正常，如否，则是 MC3486 损坏，用同型号 MC3486 替换。

实例 112

故障现象：LED 屏不能显示输入信号源的全部图像，只能显示部分图像。

故障诊断处理：针对 LED 屏不能显示输入信号源的全部图像，只能显示部分图像故障，首先设置视频处理器的"输出宽度"值为 LED 屏宽度像素点，"输出高度"值为 LED 屏高度像素点。并在输入信号为电脑信号时，需要设置视频处理器为"全屏显示"状态。

实例 113

故障现象：选择 VGA 输入信号时，LED 显示屏显示的画面偏移。

故障诊断处理：针对选择 VGA 输入信号时，LED 显示屏显示的画面偏移故障，首先选择 VGA 输入，并保持显示 VGA 信号。按 VGAAUTO 按键自动校正，有些机型需要先按一下 VGA 按键，再按一下 AUTO 按键启动自动校正。确保进入 VGA 输入端口的信号不受干扰，信号幅度满足要求。

实例 114

故障现象：LED 显示屏闪烁。

故障诊断处理：针对 LED 显示屏闪烁故障，若 LED 显示屏整屏花点、图影扭动，一般是驱动加载程序不对，重新检查驱动加载程序，实在不行卸载重装。若 LED 显示屏是不规则的闪烁，一般是系统频率问题。更换系统或者调节设置参数，基本可以解决。若 LED 显示屏是星星点点的闪烁状态，有可能是显卡驱动问题，也有可能是发送卡分辨率设置问题。如果伴随文字闪烁的（文字周围有不规则白边，不规则闪烁，文字消失后消失），这种是显卡设置问题，在显示属性里取消"菜单下显示隐影"、"边缘平滑过渡效果"，可以解决此类问题。

实例 115

故障现象：LED 显示屏上显示的文字，上一行与下一行字体重叠，或字体只有一半能正常显示，并且位置错落不齐。

故障诊断处理：针对 LED 显示屏上显示的文字，上一行与下一行字体重叠，或字体只有一半能正常显示，并且位置错落不齐故障，首先检查电源连接是否有松动脱落的迹象，其次检查排线是否连接牢固，如果检查无误之后，问题依然存在。将模组串联之后，接到转接板上，再将转接板与控制卡进行连接，这样就可以找出问题所在了。因为转接板的接线顺序和模组行是一一对应的关系，但是由于上一行模组接到下一行去了，所以顺序就被打乱了。正常情况是一一对应，这样文字内容才能按正常行显示，所以这是造成该故障的原因所在。只要把对应关系一一整齐接好，一切就恢复正常了。如果对应关系没有问题，那就要考虑转接板的输出问题了。

实例 116

故障现象：单元板出现整片屏幕不亮、暗亮。

故障诊断处理：针对 LED 显示屏单元板出现整片屏幕不亮、暗亮故障，首先目测电源连接线、单元板之间的 26P 排线及电源模组指示灯是否正常，若正常，用万用表测量单元板有无正常电压，再测量电源模组电压输出是否正常，如否，则判断为电源模组坏。测量电源模组电压低，调节微调（电源模组靠近指示灯处的微调）使电压达到标准。

实例 117

故障现象：LED 显示屏没有显示。

故障诊断处理：针对 LED 显示屏没有显示故障，首先检查屏体的供电情况，用试电笔或万用表检测电源开关连接处的用电器端是否有电。电源开关是否出现问题，或者检查线路是否断线。对于与计算机同步的显示屏，首先检查计算机是否进入休眠状态；如果进入休眠，先进入控制面板，点击电源管理，将系统等待和关闭监视器的选项选择"从不"选项，这样，计算机不会休眠，显示屏可正常工作；如果没进入休眠，可以打开机箱，查看控制卡和通信电缆是否插接牢靠，检查通信电缆是否有断线。

实例 118

故障现象：同步 LED 显示屏整屏不亮（黑屏）。

故障诊断处理：针对同步 LED 显示屏整屏不亮（黑屏）故障，首先检测电源是否通电。检测通信线是否接通，先检查发送卡，绿灯是否有闪烁，如无闪烁，检查发送卡是否有插好。接收卡通信绿灯有无闪烁，如无闪烁，检查网线是否松动，如否，水晶头是否压好，如好，可能是网线质量有问题。若正常，检查电脑显示器是否休眠，若是，对电脑显示器进行设置。或者显示屏显示领域是黑色或纯蓝。

实例 119

故障现象：LED 显示屏控制卡软件在发送左移文字特效到 LED 显示屏时字符闪烁抖动。

故障诊断处理：造成 LED 显示屏控制卡软件在发送左移文字特效到 LED 显示屏时字符闪烁抖动故障，是因每个显示屏的大小不一样，软件设置同样的速度在不同的显示屏上移动速度不一样，这是芯片运算速度造成的正常现象；当 LED 显示屏横向点数大于500 点时，应将左移速度调整到 10 最高，这样 LED 显示屏上会达到最好的视觉效果；当 LED 显示屏横向点数小于 300 点时，应将左移速度调整到 8 以内，这样 LED 显示屏上会达到最好的视觉效果。

实例 120

故障现象：LED 显示屏上笔画多了或者少了。

故障诊断处理：针对 LED 显示屏上笔画多了或者少了故障，首先用 LED 显示屏控制卡软件重新发送数据，有的台式机或笔记本电脑若使用到比如 32 点阵以上的大字体，通信后会发现字体缺点、缺笔画等现象，显示效果很难看。在<显示卡属性>中可通过设置解决，在桌面按鼠标右键，选<属性>，在<显示属性><外观><效果>，把<使用下列方式使屏幕字体的边缘平滑>前面的打勾去掉，确定后则问题可解决。

实例 121

故障现象：LED 显示屏上该显示的区域显示为暗，不该显示的区域显示发送内容。

故障诊断处理：针对 LED 显示屏上该显示的区域显示为暗，不该显示的区域显示发送内容故障，首先将 LED 控制软件中的数据极性与当前参数反向，以前为数据正向时，现在改成数据反向，以前为数据反向时，现在改成数据正向。

附录 A LED 电子显示屏安装合同

甲方：

乙方：

甲乙双方经友好协商，就甲方委托乙方制作、安装 LED 显示屏事宜，依据《中华人民共和国合同法》达成一致，特签订本合同。

一、安装地点

二、工期及安装日期

乙方应在签订合同之日起（　　）日内安装交付使用。

三、LED 显示屏的外观尺寸

LED 显示屏的外观尺寸为高（　　）m×长（　　）m，均用（P）单元板（　　）块，并且每平方米为（　　）点的（　　）色单元板。

四、付款方式

签订合同时，甲方应付货款的 50%作为定金，预付（　　）元，余下（　　）元货到安装调试并运行验收合格后，甲方一次性付清剩余货款。

五、售后服务责任

1. 乙方负责提供所有设备在质保期内的技术支持和售后服务。

2. LED 显示屏使用中由于甲方使用不当造成的问题及意外情况造成的损失，乙方可协助甲方进行解决，但有关费用由甲方承担。

3. 乙方负责免费为甲方培训、操作基本维护人员。

4. LED 显示屏免费保修期 12 个月，期间内出现非人为因素的故障，乙方免费维修。

5. 由于电压升高（380V 进户）、掉线或电压低于额定电压 220V 的 20%以下时，或雷电、计算机（电脑）系统损坏或计算机病毒引起的、不可抗拒的自然灾害，暴风雨、暴风雪等引起的损坏不在保修范围之内。

6. LED 显示屏正常使用环境温度为 +35～ −30℃，超出范围运行异常。

六、违约责任

1. 甲、乙双方保证信守合同全部条款，除不可抗拒外力因素，任何一方违反本合同任何一条款即视违约，违约方负责承担由此给另一方造成的全部损失，并按照每日合同总额的千分之五处以罚金。

2. 乙方未按照合同要求提供设备及安装，或质量不能满足合同要求，甲方将有权追究乙方的违约责任，甚至终止合同。

3. 合同签订后，甲方未按照合同条款履行，并中途违约，乙方把 30%的定金作为违约金不得退回给甲方，并终止合同。

4. 执行本合同过程中，如发生其他纠纷，经双方协商解决，如果协商未果可仲裁或通过司法部门解决。

七、生效

本合同一式 2 份，甲乙双方各执一份。双方代表签字、单位盖章后生效。

甲方：　　　　　　　　　　　　乙方：

甲方地址：　　　　　　　　　　乙方地址：

法人代表（盖章）：　　　　　　法人代表（盖章）：

委托代理人（签字）：　　　　　委托代理人（签字）：

经办人：　　　　　　　　　　　经办人：

联系电话：　　　　　　　　　　联系电话：

　　　　　　　　　　　　　　　签订日期：　　　年　　月　　日

附录 B LED 显示屏工程竣工验收报告

工程名称：

验收日期：

建设单位（盖章）：

监理单位（盖章）：

施工单位（盖章）：

一、工程概况（见附表 B-1）

附表 B-1　　　　　　　　　　　工　程　概　况

工程名称		工程地点	
显示面积		工程造价	
结构类型		合同工期	
开工日期		验收日期	
建设单位			
设计单位			
施工单位			
监理单位			

二、工程竣工验收申请表（见附表 B-2）

附表 B-2　　　　　　　　　工程竣工验收申请表

工程名称		工程地址	
建设单位		质量评定	
设计单位		开工日期	
监理单位		完工日期	
施工单位		合同日期	

竣工条件具备情况	项目内容	施工单位自检情况
	完成工程设计和合同约定的情况	
	技术档案和施工管理资料	
	安检资料	
	监督站责令整改问题的执行情况	

已完成设计和合同约定的各项内容，工程质量符合有关法律、法规和工程建设强制性标准，特申请办理工程竣工验收手续。

项目经理：

技术负责人：　　　（施工单位盖章）

法人代表：

　　　　　　　　　　　　　　　　　　　　　年　月　日

监理单位意见：

总监理工程师签名：

　　　　　　　　　　　　　　　　　　　　　年　月　日

三、工程质量评定表（见附表 B-3）

附表 B-3　　　　　　工　程　质　量　评　定　表

工程名称：LED显示屏

监理单位：

序号	项目名称		评定结果			备　注
			不合格	需整改	合格	
1	基础工程	桩位是否符合设计要求				
2		桩孔成孔深度、桩径、清孔质量是否符合设计及规范要求				
3		钢筋笼材料、加工、连接、安装是否符合设计要求				
4		钢筋笼吊放、深度、垂直度、保护层厚度等是否符合设计及规范要求				
5		混凝土浇筑原材料质量、配比设计、施工质量等是否符合要求				
1	钢结构工程	钢结构长、宽、高尺寸是否符合设计要求				
2		所用材料材质、型号、加工、焊接、安装等是否符合设计及规范要求				
3		钢结构防雷、防火、防腐蚀是否符合设计要求及规范要求				
4		钢结构外装饰是否符设计要求				
1	显示屏部分	显示屏显示尺寸是否符合合同文件要求				
2		箱体尺寸和材质是否符合合同文件要求				
3		显示屏配件如：空调、管芯、电源、控制IC是否符合招标合同要求				
4		显示屏显示尺寸				
5		显示屏解析度				
6		标准箱体尺寸				
7		标准单元箱体数				
8		像素分辨率				
9		最佳观看距离				
10		全彩显示屏亮度				
11		屏幕水平可视视角				
12		屏幕垂直视角				
13		存储温度				
14		工作温度				

序号	项目名称		评定结果		备注
		不合格	需整改	合格	
15	相对湿度				
16	屏体质量				
17	工作电压				
18	平均功耗				
19	最大功耗				
20	整屏最大功耗				
21	驱动方式				
22	对比度				
23	刷新频率				
24	换帧频率				
25	衰减度				
26	灰度等级				
27	显示颜色				
28	色彩校正技术				
29	均匀性要求				
30	箱体结构				
31	色温调节				
32	亮度级				
33	图像调节				
34	输入信号				
35	供电要求				
36	配电要求				
37	播放方式				
38	信号处理能力				
39	保护技术				
40	计算机显示模式				
41	图像切换				
42	反 γ 校正曲线				
43	控制系统采用				
44	平均无故障时间				
45	屏体寿命				
46	连续工作时间				
47	箱体及整屏平整度				
48	均匀性				
49	失控点				
50	可维护性				

（序号 15～50 项目归属「显示屏部分」）

续表

序号	项目名称		评定结果			备注
			不合格	需整改	合格	
51	显示屏部分	电气防护				
52		外部防护				
53		电阻:				
54		有效通信距离				
55		抗盐雾能力				
56		控制主机				
57		操作系统				
58		控制方式				
59		质保期限				
60		显卡				
61		播放软件				
62						
检查人员（签名）	总监理工程师（签名）： 年　　月　　日					

四、验收人员签名（见附表 B-4）

附表 B-4　　　　　　　　验 收 人 员 签 名 表

姓名	工作单位	职称	职务

五、工程竣工验收结论（见附表 B-5）

附表 B-5　　　　　　　　　　　工程竣工验收结论表

竣工验收结论：

建设单位： （签章） 法人代表： 年　月　日	监理单位： （签章） 法人代表： 年　月　日	施工单位： （签章） 法人代表： 年　月　日	设计单位： （签章） 法人代表： 年　月　日

附录C LED显示屏安装维修常用工具仪表操作技能

一、验电器操作技能

1. 低压氖泡式验电器结构及使用方法

（1）低压氖泡式验电器结构。低压氖泡式验电器是工矿企业电工作业必备的安全工具，它用于检测 500V 以下线路或设备是否带有工频电压，以确保在停电检修的工作人员的人身安全。常用的氖泡式低压验电器又称试电笔，检测电压范围一般为 60～500V，低压氖泡式验电器常做成钢笔式或改锥式，如附图 C-1 所示。

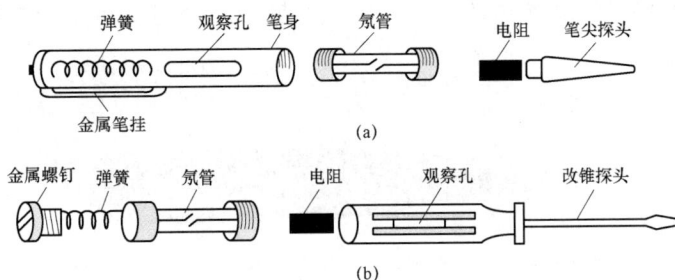

附图 C-1 低压氖泡式验电器
（a）钢笔式低压氖泡式验电器；（b）改锥式低压氖泡式验电器

（2）低压氖泡式验电器使用方法及注意事项。在使用低压氖泡式验电器时，必须手指触及低压氖泡式验电器尾部的金属部分，并使氖管小窗背光且朝自己，以便观测氖管的亮暗程度，防止因光线太强造成误判断，其使用方法如附图 C-2 所示。当用低压氖泡式验电器测试带电体时，电流经带电体、验电器、人体及大地形成通电回路，只要带电体与大地之间的电位差超过 60V 时，低压氖泡式验电器中的氖管就会发光。在使用低压氖泡式验电器时应注意以下事项。

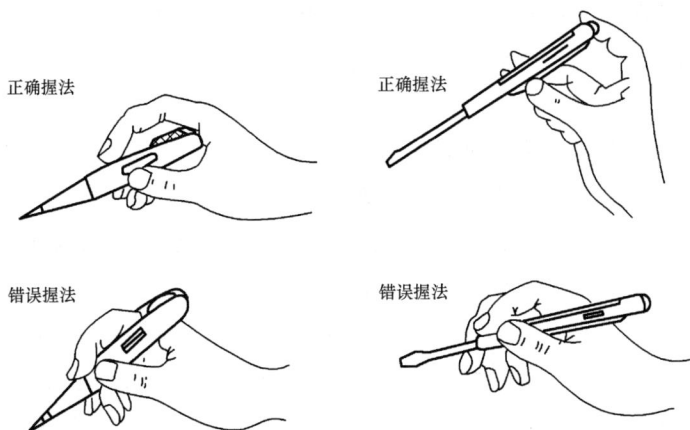

附图 C-2 低压氖泡式验电器使用方法

1）使用前，必须在有电的导体上对低压氖泡式验电器进行测试，检查低压氖泡式验电器是否正常发光，在明亮的光线下往往不容易看清氖泡的辉光，应注意避光。以证明该低压氖泡式验电器确实良好，方可使用。

2）验电时，应使低压氖泡式验电器逐渐靠近被测物体，直至氖管发亮，不可直接接触被测体。

3）验电时，手指必须触及低压氖泡式验电器尾部的金属体，否则带电体也会误判为非带电体。

4）验电时，要防止手指触及笔尖的金属部分，以免造成触电事故。

2. 感应数显式验电器

感应数显式验电器如附图 C-3 所示，感应数显式验电器适用于直接检测 12～250V 的交直流电压和间接检测交流电的零线、相线和断点，还可测量不带电导体的通断。

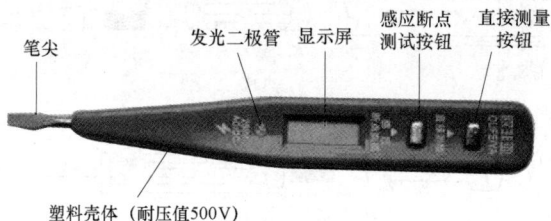

附图 C-3　感应数显式验电器

（1）按钮说明。

1）直接测量按钮（"DIRECT"离液晶屏较远），用感应数显式验电器的金属前端直接接触线路时，按此按钮。

2）感应/断点测量按钮（"INDUCTANCE"离液晶屏较近），用感应数显式验电器的金属前端感应（注意是感应，而不是直接接触）线路时，按此按钮。

（2）直接检测。

1）轻按直接测量（DIRECT）按钮，感应数显式验电器的金属前端直接接触被检测物。

a）最后显示的数字为所测电压值（本感应数显式验电器分 12、36、55、110、220V 五段电压值，通常≤36V 的不至于有生命危险）。

b）未到高段显示值 70% 时，显示低段值。

2）感应数显式验电器的金属前端直接接触到相线时，指示灯都会立刻亮起。

a）手没碰到任一测量键时，指示灯亮起，并显示 12V，此数值不准。

b）手碰到感应/断点测量键时，指示灯亮起，并显示 110V，此数值不准。

c）手碰到直接测量键时，指示灯亮起，并显示 220V，此数值准确。

3）手按下直接测量键时，感应数显式验电器的金属前端直接接触人体、相线、零线、地线、金属等导电物体时，指示灯都可能会亮起，此时实际电压以读数为准，若无读数则表明无电压。

4）手按下感应/断点测量键时，感应数显式验电器金属前端直接接触被检测物时，有如下两种情况。

a）指示灯亮起，并显示110V，就表明有交流电220V电压。

b）指示灯不亮，但出现"高压符号"，请参见间接检测。

（3）间接检测（又称感应检测）。

1）按下感应/断点测量（INDUCTANCE）键，感应数显式验电器金属前端靠近被检测物（注意是靠近，而不是直接接触），若显示屏出现"高压符号"，则表示被检测物内部带交流电。

2）测量有断点的电线时，按下感应/断点测量（INDUCTANCE）键，感应数显式验电器金属前端靠近该电线（注意是靠近，而不是直接接触）或者直接接触该电线的绝缘外层，若"高压符号"消失，则此处即为断点处。

二、螺丝刀操作技能

1. 螺丝刀分类

螺丝刀是一种用来拧转螺丝钉以迫使其就位的工具，通常有一个薄楔形头，可插入螺丝钉头的槽缝或凹口内。常用的螺丝刀（又称改锥）如附图C-4所示，它用来紧固或拆卸螺钉，一般分为一字形和十字形两种。

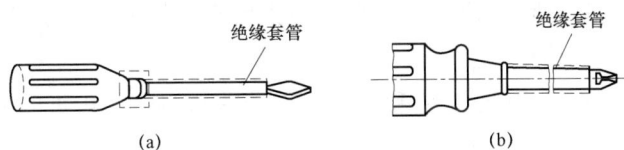

附图C-4 螺丝刀
（a）一字形螺丝刀；（b）十字形螺丝刀

（1）一字形螺丝刀。一字形螺丝刀的规格用柄部以外的长度表示，常用的有100、150、200、300、400mm等。

（2）十字形螺丝刀。十字形螺丝刀也称为梅花螺丝刀，一般分为四种型号，其中：Ⅰ号适用于直径为2～2.5mm的螺钉；Ⅱ、Ⅲ、Ⅳ号分别适用于直径为3～5mm、6～8mm、10～12mm的螺钉。

（3）多用螺丝刀。多用螺丝刀是一种组合式工具，既可作螺丝刀使用，又可作低压验电器使用，此外还可用来锥、钻、锯、扳等。它的柄部和螺钉旋具是可以拆卸的，并附有规格不同的螺钉旋具、三棱锥体、钻头、锯片、锉刀等附件。

质量上乘的螺丝刀的刀头是用硬度比较高的弹簧钢做的，好的螺丝刀应该做到硬而不脆，硬中有韧。当螺钉头开口变秃打滑时可以用锤敲击螺丝刀，把螺钉的槽剔的深一些，便于将螺钉拧下，螺丝刀要毫发无损。螺丝刀常常被用来撬东西，这就要求有一定的韧性不弯不折。总的来说希望螺丝刀头部的硬度大于HRC60，不易生锈。

2. 使用螺丝刀注意事项

将螺丝刀拥有特化形状的端头对准螺丝的顶部凹坑，固定，然后开始旋转手柄。根据规格标准，顺时针方向旋转为旋紧；逆时针方向旋转则为旋出（极少数情况下则相反）。

一字螺丝刀可以应用于十字螺丝。

螺丝刀的刀刃必须正确地磨削，刀刃的两边要尽量平行。如果刀刃成锥形，当转动螺丝刀时，刀刃极易滑出螺钉槽口。螺丝刀的头部不要磨得太薄，在砂轮上磨削螺丝刀时要特别小心，螺丝刀会因为过热，而使螺丝刀的锋口变软。在磨削时，要戴上护目镜。螺丝刀的使用方法如下。

（1）使用时，不可用螺丝刀当撬棒或凿子使用。

（2）在使用前应先擦净螺丝刀柄和刀口端的油污，以免工作时滑脱而发生意外，使用后也要擦拭干净。

（3）正确的方法是以右手握持螺丝刀，手心抵住柄端，让螺丝刀口端与螺钉槽口处于垂直吻合状态。

（4）当拧松螺钉时，应用力将螺丝刀压紧后再用手腕力扭转螺丝刀；当螺钉松动后，即可使手心轻压螺丝刀柄，用拇指、中指和食指快速转动螺丝刀。

（5）选用的螺丝刀口端应与螺钉上的槽口相吻合。如刀口端太薄易折断，太厚则不能完全嵌入槽内，易使刀口或螺钉槽口损坏。

在使用螺丝刀时应注意以下事项。

（1）螺丝刀较大时，除大拇指、食指和中指要夹住握柄外，手掌还要顶住柄的末端以防旋转时滑脱。

（2）螺丝刀较小时，用大拇指和中指夹着握柄，同时用食指顶住柄的末端用力旋动。

（3）螺丝刀较长时，用右手压紧手柄并转动，同时左手握住螺丝刀的中间部分（不可放在螺钉周围，以免将手划伤），以防止螺丝刀滑脱。

（4）带电作业时，手不可触及螺丝刀的金属杆（不应使用金属杆直通握柄顶部的螺丝刀），以免发生触电事故。为防止金属杆触到人体或邻近带电体，金属杆应套上绝缘管。

三、电工钳操作技能

1. 钢丝钳

钢丝钳是一种夹持或折断金属薄片、切断金属丝的工具，电工用钢丝钳的柄部套有绝缘套管（耐压 500V），其规格用钢丝钳全长的毫米数表示，常用的有 150、175、200mm等。钢丝钳的构造及应用如附图 C-5 所示。

钢丝钳在电工作业时，用途广泛。钳口可用来弯绞或钳夹导线线头；齿口可用来紧固或起松螺母；刀口可用来剪切导线或钳削导线绝缘层；侧口可用来铡切导线线芯、钢丝等较硬线材。钢丝钳各用途的使用方法如附图 C-5 所示。在使用钢丝钳时应注意以下事项。

（1）使用前，应检查钢丝钳绝缘是否良好，以免带电作业时造成触电事故。

（2）在带电剪切导线时，不得用刀口同时剪切不同电位的两根线（如相线与零线、相线与相线等），以免发生短路事故。

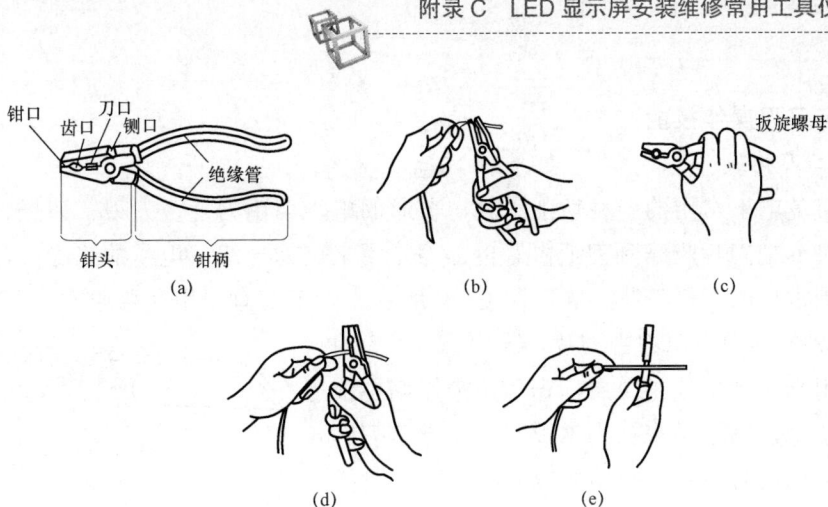

附图 C-5　钢丝钳的构造及应用

（a）构造；（b）弯绞导线；（c）紧固螺母；（d）剪切导线；（e）铡切钢丝

2. 尖嘴钳

尖嘴钳的头部尖细，如附图 C-6 所示，用法与钢丝钳相似，其特点是适用于在狭小的工作空间操作，能夹持较小的螺钉、垫圈、导线及电器元件。在安装控制线路时，尖嘴钳能将单股导线弯成接线端子（线鼻子），有刀口的尖嘴钳还可剪断截面较小的导线、剥削导线的绝缘层，也可用来对单股导线整形（如平直、弯曲等）。若使用尖嘴钳带电作业，应检查其绝缘是否良好，并在作业时金属部分不要触及人体或邻近的带电体。

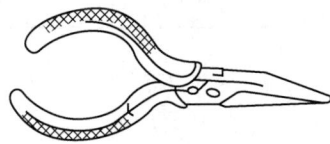

附图 C-6　尖嘴钳

3. 斜口钳

斜口钳头部"扁斜"，因此又叫扁嘴钳或剪线钳，如附图 C-7 所示。可用斜口钳剪断较粗的金属丝、线材及导线、电缆芯线等。对粗细不同、硬度不同材料的金属丝、导线、电缆芯线，应选用大小合适的斜口钳。斜口钳的柄部有铁柄、管柄、绝缘柄之分，绝缘柄耐压为 1000V。

4. 剥线钳

剥线钳是专用于剥削较细小导线绝缘层的工具，其外形如附图 C-8 所示。剥线钳的钳口部分设有几个刃口，用以剥落不同线径导线的绝缘层。其柄部是绝缘的，耐压为 500V。使用剥线钳剥削导线绝缘层时，先将要剥削的绝缘长度用标尺定好，然后将导线放入相应的刃口中（比导线直径稍大），再用手将钳柄一握，导线的绝缘层即被剥离。

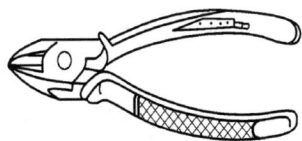

附图 C-7　斜口钳

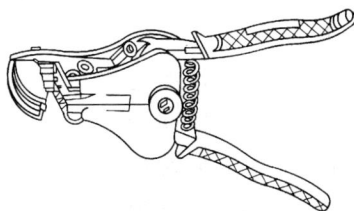

附图 C-8　剥线钳

四、电工刀操作技能

1. 电工刀构成

电工刀是电工常用的一种切削工具，普通的电工刀由刀片、刀刃、刀把、刀挂等构成。不用时，把刀片收缩到刀把内。电工刀是用来剖切导线、电缆的绝缘层，切割木台缺口，削制木枕的专用工具，如附图 C-9 所示。电工刀有一用（普通式）、两用及多用（三用）三种。多用电工刀由刀片、锯片、钻子等组成，刀片用来割削电线绝缘层，锯片用来锯削电线槽板和圆垫木，钻子用来钻削木板眼孔。电工刀的规格习惯上以型号表示，见附表 C-1。

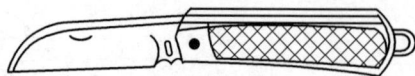

附图 C-9　电工刀

附表 C-1　　　　　　　　　　电 工 刀 规 格　　　　　　　　　　mm

名　称	1 号	2 号	3 号
刀柄长度	115	105	95
刃部厚度	0.7	0.7	0.6

2. 电工刀使用方法及注意事项

（1）电工刀使用方法。

1）电工刀的刀刃部分要磨得锋利才利于剥削电线的绝缘层，但不可太锋利，太锋利容易削伤线芯，磨得太钝，则无法剥削导线的绝缘层。磨刀刃一般采用磨刀石或油磨石，磨好后再把底部磨点倒角，即刃口略微圆一些利于对双芯护套线的外层绝缘的剥削，可以用刀刃对准两芯线的中间部位，把导线一剖为二。

2）芯线截面大于 $4mm^2$ 的塑料硬线须用电工刀剖削绝缘层，用电工刀剖削电线绝缘层时，刀以 45°角切入，接着以 25°角用力向线端推削，削去绝缘。用电工刀切剥时，刀口不能伤着芯线。常用的剥削方法有：级段剥削和斜削法剥削，用电工刀剖削电线绝缘层时，可把刀略微翘起一些，用刀刃的圆角抵住线芯。切忌把刀刃垂直对着导线切割绝缘层，因这样容易割伤电线线芯。

3）圆木与木槽板或塑料槽板的连接凹槽可采用电工刀在施工现场切削，通常用左手托住圆木，右手持刀切削。利用电工刀还可以削制木榫、竹榫等。

4）多功能电工刀除了刀片以外，有的还带有尺子、锯片、剪子、锥子和扩孔锥等。多功能电工刀的锯片，可用来锯割木条、竹条、制作木榫、竹榫。

5）在硬杂木上拧螺丝很费劲时，可先用多功能电工刀上的锥子锥个洞，这时拧螺丝便省力多了。

6）圆木上需要钻穿线孔，可先用多功能电工刀的锥子钻出小孔，然后用扩孔锥将小孔扩大，以利较粗的电线穿过。

7）电线、电缆的接头处常使用塑料或橡皮带等作加强绝缘，这种绝缘材料可用多功能电工刀的剪子将其剪断。

（2）在使用电工刀时应注意以下事项。

1）因为电工刀刀柄是无绝缘保护的，所以，绝不能在带电导线或电气设备上使用，以免触电。

2）应将刀口朝外剖削，并注意避免伤及手指。

3）剖削导线绝缘层时，应使刀面与导线成较小的锐角，以免割伤导线。

4）使用完毕，随即将刀身折进刀柄。

五、电烙铁操作技能

1. 电烙铁分类及结构

电烙铁主要用途是焊接元器件及导线，按机械结构可分为内热式电烙铁和外热式电烙铁，按功能可分为无吸锡电烙铁和吸锡式电烙铁，按电烙铁按功率分为大功率（75W 以上）和小功率（75W 以下），按烙铁头的结构分为园斜面、凿式等，如附图 C-10 所示。

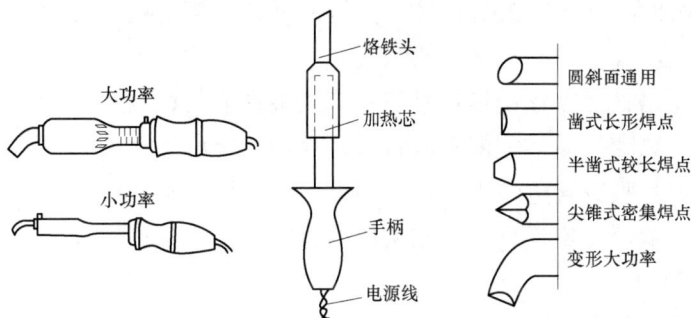

附图 C-10 电烙铁结构

（1）外热式电烙铁。外热式电烙铁由烙铁头、烙铁芯、外壳、木柄、电源引线、插头等部分组成，由于烙铁头安装在烙铁芯里面，故称为外热式电烙铁。烙铁芯是电烙铁的关键部件，它是将电热丝平行地绕制在一根空心瓷管上构成，中间的云母片起绝缘作用，并引出两根导线与 220V 交流电源连接。外热式电烙铁的规格很多，常用的有 25、45、75、100W 等，功率越大烙铁头的温度也就越高。

（2）内热式电烙铁。内热式电烙铁由手柄、连接杆、弹簧夹、烙铁芯、烙铁头组成，由于烙铁芯安装在烙铁头里面，故称为内热式电烙铁。内热式电烙铁发热快，发热效率较高，体积较小，价格便宜。内热式电烙铁的常用规格为 20、35、50W 几种，其中 35、50W 是最常用的。由于它的热效率高，20W 内热式电烙铁就相当于 40W 左右的外热式电烙铁。内热式电烙铁的后端是空心的，用于套接在连接杆上，并且用弹簧夹固定，当需要更换烙铁头时，必须先将弹簧夹退出，同时用钳子夹住烙铁头的前端，慢慢地拔出，切记不能用力过猛，以免损坏连接杆。

（3）恒温式电烙铁。恒温电烙铁的烙铁头内装有带磁铁式的温度控制器，控制通电时间而实现温控，即给电烙铁通电时，烙铁的温度上升，当达到预定的温度时，因强磁体传感器达到了居里点而磁性消失，从而使磁芯触点断开，停止向电烙铁供电；当温度低于强磁体传感器的居里点时，强磁体便恢复磁性，并吸动磁芯开关中的永久磁铁，使控制开关的触点接通，继续向电烙铁供电。如此循环往复，便达到了控制温度的目的。

采用 PTC 元件的恒温式电烙铁，其烙铁头不仅能恒温，而且可以防静电、防感应电，能直接焊 CMOS 器件。高档的恒温式电烙铁的控制装置上带有烙铁头温度的数字显示（简称数显）装置，显示温度最高达 400℃。

恒温电烙铁的烙铁头带有温度传感器，在控制器上可由人工改变焊接时的温度。若改变恒温点，烙铁头很快就可达到新的设置温度。

无绳式电烙铁是一种新型恒温式焊接工具，由无绳式电烙铁单元和红外线恒温焊台单元两部分组成，可将 220V 电源电能转换为热能无线传输。烙铁单元组件中有温度高低调节旋钮，由 160～400℃温度范围内连续可调，并有温度高低挡格指示。另外，还设计了自动恒温电子电路，可根据用户设置的使用温度自动恒温，误差范围为 3℃。

（4）双温式电烙铁。双温式电烙铁为手枪式结构，在电烙铁手柄上附有一个功率转换开关。开关分两位：一位是 20W；另一位是 80W。只要转换开关的位置即可改变电烙铁的发热量。

（5）吸锡式电烙铁。吸锡电烙铁是将活塞式吸锡器与电烙铁熔为一体的拆焊工具，它具有使用方便、灵活、适用范围宽等特点。这种吸锡电烙铁的不足之处是每次只能对一个焊点进行拆焊。吸锡式电烙铁自带电源，适合于拆卸整个集成电路，且速度要求不高的场合。其吸锡嘴、发热管、密封圈所用的材料，决定了烙铁头的耐用性。

2. 电烙铁选用

电烙铁的种类及规格有很多种，而且被焊工件的大小又有所不同，因而合理地选用电烙铁的功率及种类，对提高焊接质量和效率有直接的关系。

（1）焊接集成电路、晶体管及受热易损元器件时，应选用 20W 内热式或 25W 的外热式电烙铁。

（2）焊接导线及同轴电缆时，应先用 45～75W 外热式电烙铁，或 50W 内热式电烙铁。

（3）焊接较大的元器件时，如行输出变压器的引线脚、大电解电容器的引线脚，金属底盘接地焊片等，应选用 100W 以上的电烙铁。

3. 电烙铁使用方法及注意事项

用电烙铁焊接导线时，必须使用焊料和焊剂。焊料一般为丝状焊锡或纯锡，常见的焊剂有松香、焊膏等。焊接的焊点必须牢固，锡液必须充分渗透，焊点表面光滑有泽，应防止出现"虚焊"、"夹生焊"。产生"虚焊"的原因是：焊件表面未清除干净或焊剂太少，使得焊锡不能充分流动，造成焊件表面挂锡太少，焊件之间未能充分固定。造成"夹生焊"的原因是：烙铁温度低或焊接时烙铁停留时间太短，焊锡未能充分熔化。

电烙铁的握法没有统一的要求，以不易疲劳、操作方便为原则，一般有笔握法和拳握法两种，如附图 C-11 所示。对焊接的基本要求是：焊接前，一般要把元器件引脚或电路板的焊接部位的氧化层除去，并用焊剂进行上锡处理，使得烙铁头的前端经常保持一层薄锡，以防止氧化、减少能耗、导热良好。一般焊接有"刮"、"镀"、"测"三个步骤。

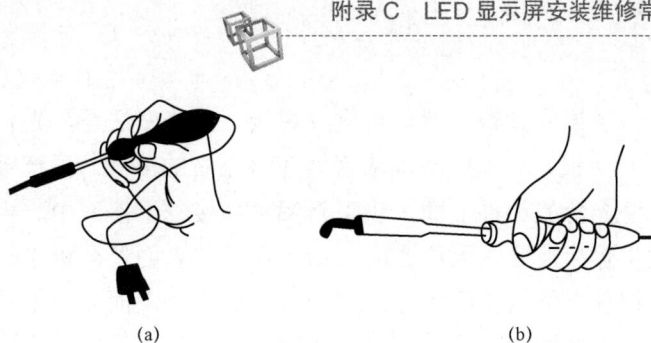

附图 C-11　电烙铁的握法

（a）笔握法；（b）拳握法

（1）刮。"刮"就是在焊接前做好焊接部位的清洁工作。一般采用的工具是小刀和细砂纸，对集成电路的引脚、印制电路板进行清理，保持引脚、印制电路板的焊接部位清洁。对于自制的印制电路板，应首先用细砂纸将铜箔表面擦亮，并清理印制电路板上的污垢，再涂上松香酒精溶液、助焊剂或"HP-1"，方可使用。对于镀金银的合金引出线，不能把镀层刮掉，可用橡皮擦去表面脏物。

"刮"完的元器件引线上应立即涂上少量的助焊剂，然后用电烙铁在引线上镀一层很薄的锡层，避免其表面重新氧化，以提高元器件的可焊性。

（2）镀。"镀"就是在刮净的元器件部位上镀锡。具体做法是蘸松香酒精溶液涂在刮净的元器件焊接部位上，再将带锡的热烙铁头压在其上，并转动元器件，使其均匀地镀上一层很薄的锡层。若是多股金属丝的导线，打光后应先拧在一起，然后再镀锡。

（3）测。"测"就是在"镀"之后，利用万用表检测所有镀锡的元器件是否质量可靠，若有质量不可靠或已损坏的元器件，应用同规格元器件替换。

做好焊前处理之后，就可正式进行焊接。不同的焊接对象，其需要的电烙铁工作温度也不相同。判断烙铁头的温度时，可将电烙铁碰触松香，若烙铁碰到松香时，有"吱吱"的声音，则说明温度合适；若没有声音，仅能使松香勉强熔化，则说明温度低；若烙铁头一碰上松香就大量冒烟，则说明温度太高。一般来讲，焊接的步骤主要有如下三步。

（1）烙铁头上先熔化少量的焊锡和松香，将烙铁头和焊锡丝同时对准焊点。

（2）在烙铁头上的助焊剂尚未挥发完时，将烙铁头和焊锡丝同时接触焊点，开始熔化焊锡。

（3）当焊锡浸润整个焊点后，待焊点饱满光亮之后再离开烙铁头和焊锡丝。

焊接过程一般以 2~3s 为宜，焊接集成电路时，要严格控制焊料和助焊剂的用量。为了避免因电烙铁绝缘不良或内部发热器对外壳感应电压损坏集成电路，在实际应用中可采用拔下电烙铁的电源插头趁热焊接的方法。

焊接时，应保证每个焊点焊接牢固、接触良好。锡点应光亮、圆滑无毛刺，锡量适中。锡和被焊物熔合牢固，不应有虚焊和假焊。虚焊是指焊点处只有少量锡焊住，造成接触不良，时通时断。假焊是指表面上好像焊住了，但实际上并没有焊上，有时用手一拔，引线就可以从焊点中拔出。

对于不易焊接的材料，应采用先镀后焊的方法，例如，对于不易焊接的铝质零件，可先给其表面镀上一层铜或者银，然后再进行焊接。具体做法是，先将一些 $CuSO_4$（硫酸铜）或 $AgNO_3$（硝酸银）加水配制成浓度为 20% 左右的溶液。再把吸有上述溶液的棉球置于用细砂纸打磨光滑的铝件上面，也可将铝件直接浸于溶液中。由于溶液里的铜离子或银离子与铝发生置换反应，大约 20min 后，在铝件表面便会析出一层薄薄的金属铜或者银。用海绵将铝件上的溶液吸干净，置于灯下烘烤至表面完全干燥。完成以上工作后，在其上涂上有松香的酒精溶液，便可直接焊接。

该法同样适用于铁件及某些不易焊接的合金，溶液用后应盖好并置于阴凉处保存。当溶液浓度随着使用次数的增加而不断下降时，应重新配制。溶液具有一定的腐蚀性，应尽量避免与皮肤或其他物品接触。

内热式和外热式电烙铁的烙铁头都是可以换的，可以多用几个烙铁头，把这些烙铁头磨成焊接所需的形状，要用什么形状的就装什么形状的，以方便焊接使用。烙铁头可以用砂轮磨，但磨时一定要把烙铁头从电烙铁上卸下来，不然有可能损坏电烙铁芯。

新烙铁在使用前，应用细砂纸将烙铁头打光亮，通电烧热，蘸上松香后用烙铁头刃面接触焊锡丝，使烙铁头上均匀地镀上一层锡。这样做，可以便于焊接和防止烙铁头表面氧化。旧的烙铁头如严重氧化而发黑，可用钢锉去表层氧化物，使其露出金属光泽后，重新镀锡，才能使用。

电烙铁插头最好使用三极插头，要使外壳妥善接地。使用前，应认真检查电源插头、电源线有无损坏。并检查烙铁头是否松动。电烙铁使用中，不能用力敲击。要防止跌落。烙铁头上焊锡过多时，可用布擦掉，不可乱甩，以防烫伤他人。在焊接过程中，烙铁不能到处乱放。不焊时，应放在烙铁架上。注意电源线不可搭在烙铁头上，以防烫坏绝缘层而发生事故。使用结束后，应及时切断电源，拔下电源插头。冷却后，再将电烙铁收回工具箱。

焊接电子元件时一般采用有松香芯的焊锡丝，焊锡丝使用约 60% 的锡和 40% 的铅合成，熔点较低，而且内含松香助焊剂，使用极为方便。常用的助焊剂是松香或松香水（将松香溶于酒精中）。使用助焊剂，可以帮助清除金属表面的氧化物，利于焊接，又可保护烙铁头。焊接较大元件或导线时，也可采用焊锡膏。但焊锡膏有一定腐蚀性，焊接后应及时清除残留物。

为了方便焊接操作常采用尖嘴钳、偏口钳、镊子和小刀等做为辅助工具，应学会正确使用这些工具的方法，焊接元器件或导线的方法如下。

（1）焊接前，电烙铁要充分预热。烙铁头刃面上要吃锡，即带上一定量焊锡。

（2）右手持电烙铁，左手用尖嘴钳或镊子夹持元器件或导线。

（3）将烙铁头刃面紧贴在焊点处。电烙铁与水平面大约成 60°，以便于熔化的锡从烙铁头上流到焊点上。

（4）烙铁头在焊点处停留的时间控制在 2~3s，抬开烙铁头，左手仍持元件不动。待焊点处的锡冷却凝固后，才可松开左手。

（5）用镊子转动引线，确认不松动，然后可用偏口钳剪去多余的引线。

在使用电烙铁时应注意以下事项。

（1）使用前应检查电源线是否良好，有无被烫伤。

（2）焊接电子类元件（特别是集成块）时，应采用防漏电等安全措施。

（3）焊接电子元件时，应选用低熔点焊锡丝，用 25%的松香溶解在 75%的酒精（质量比）中作为助焊剂。当焊头因氧化而不"吃锡"时，不可硬烧。

（4）电烙铁的烙铁头上锡具体方法是：将电烙铁烧热，待刚刚能熔化焊锡时，涂上助焊剂，再用焊锡均匀地涂在烙铁头上，使烙铁头均匀的吃上一层锡。当烙铁头上锡较多不便焊接时，不可甩锡、不可敲击，可用布擦掉。

（5）焊接较小元件时，时间不宜过长，以免因热损坏元件或绝缘，必要时可用镊子夹住管脚帮助散热。

（6）把焊盘和元件的引脚用细砂纸打磨干净，涂上助焊剂。用烙铁头沾取适量焊锡，接触焊点，待焊点上的焊锡全部熔化并浸没元件引线头后，将烙铁头沿着元器件的引脚轻轻往上一提离开焊点。焊点应呈正弦波峰形状，表面应光亮圆滑，无锡刺，锡量适中。

（7）焊接完成后，要用酒精把线路板上残余的助焊剂清洗干净，以防炭化后的助焊剂影响电路正常工作。

（8）集成电路应最后焊接，电烙铁要可靠接地，或断电后利用余热焊接。或者使用集成电路专用插座，焊好插座后再把集成电路插上去。

（9）焊接完毕，应拔去电源插头，将电烙铁置于金属支架上，防止烫伤或火灾的发生。

六、数字万用表操作及使用注意事项

DT830 是一种三位半数字式万用表，可用来测量直流和交流电压、电流、电阻和二极管、电容、晶体管的 h_{FE} 参数及对电路进行通断检查。DT830 型数字式万用表面板图如附图 C-12 所示。

1. DT-830 型数字式万用表技术性能

DT-830 型数字式万用表的 28 个基本挡技术性能如下。

（1）直流电压（DCV）分 5 挡：200mV、2、20、200、1000V，测量范围 0.1mV～1000V。

（2）交流电压（ACV）分 5 挡：200mV、2、20、200、750V，测量范围 0.1mV～750V。

（3）直流电流（DCA）分 5 挡：200μA、2、20、200mA、10A，测量范围 0.1mA～10A。

（4）交流电流（ACA）分 5 挡：200μA、2、20、200mA、10A，测量范围 0.1mA～10A。

（5）电阻（Ω）分 6 挡：200Ω、2、20、200kΩ、2、20MΩ。

（6）测量三极管的 h_{FE} 挡：测量 NPN 型晶

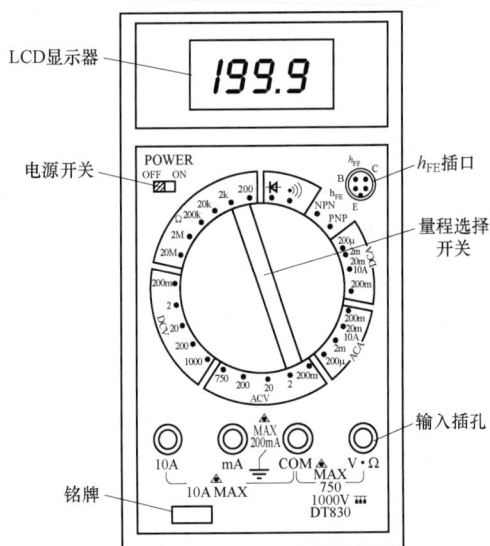

附图 C-12　DT830 型数字式万用表面板图

体三极管的 h_{FE}，测量范围 0～1000，测量条件：$U_{ce}=2.8V$，$I_B=10mA$。

测量 PNP 型晶体三极管的 h_{FE} 值，测量范围 0～1000，测量条件同 NPN。

（7）线路通断检查：被测电路电阻小于 20±10Ω 时蜂鸣器发声。

DT－830 型数字式万用表有 2 个附加挡：直流电流（DCA）：10A；交流电流（ACA）：10A；DT－830 型数字式万用表的时钟脉冲频率为 40kHz、测量周期：0.4s、测量速率：2.5 次/s、工作温度：0～40℃、相对湿度：≤80%，DT－830 型数字式万用表整机功耗约为 17.5～25mW。

2. DT－830 型数字式万用表的使用方法

由于 DT－830 型数字式万用表采用了大规模集成电路，使操作变得更简便，读数更精确，而且还具备了较完善的过压、过流等保护功能。DT－830 型数字式万用表面板上的布置如下。

（1）电源开关。测量完毕应立即关闭电源。若长期不用，则应取出电池，以免漏电。

（2）LCD 显示屏。最大显示 1999 或 -1999，有自动调零及极性自动显示功能。

（3）量程转换开关。开关周围用不同颜色和分界线标出各种不同测量种类和量程。

（4）输入插口。共有 10A、mA、COM、V.Ω 四个孔，黑表笔始终插在 COM 孔内；红表笔则根据具体测量对象插入不同的孔内。在使用各电阻挡、二极管挡、通断挡时，红表笔接"V.Ω"插孔（带正电），黑表笔接"COM"插孔。这与指针式万用表在各电阻挡时的表笔带电极性恰好相反，使用时应特别注意。

面板下方还有"10MAX"或"MAX200mA"和"MAX750V～1000V"的标记，前者表示在对应的插孔间所测量的电流值不能超过 10A 或 200mA；后者表示测交流电压不能超过 750V，测直流电压不能超过 1000V。

3. 基本使用方法

（1）测直流电压。将电源开关拨至"ON"，转换开关拨至"DCV"范围内的合适量程（应选到比估计值大的量程挡），如果预先无法估计被测电压的大小，则应先拨至最高量程挡测量一次，再视情况逐渐把量程减小到合适位置。将红表笔插入"V.Ω"孔内，黑表笔插入"COM"孔内，再把 DT－830 型数字式万用表与被测电路并联，即可进行测量。但量程不同，测量精度也不同。例如，测量一节 1.5V 的干电池，分别用"2V"、"20V"、"200V"、"1000V"挡测量，其测量值分别为 1.552、1.55、1.6、2V。所以不能用高量程挡去测量低电压。数值可以直接从显示屏上读取，若显示为"1."，则表明量程太小，那么就要加大量程后再测量。如果在数值左边出现"-"，则表明表笔极性与实际电源极性相反，此时红表笔接的是负极。

（2）测交流电压。转换开关拨至"ACV"范围内的合适位置，表笔插孔与测量直流电压时一样，要求被测电压频率为 45～500Hz（实测约为 20Hz～1kHz 范围）。交流电压无正负之分，测量方法与测量直流电压相同。无论测交流还是直流电压，都要注意人身安全，不要随便用手触摸表笔的金属部分。

（3）测直流电流。将转换开关拨至"DCA"范围内的合适挡。红表笔接"mA"孔

（＜200mA）或"10A"孔（＞200mA）。黑表笔接"COM"孔。若测量大于 200mA 的电流，则要将红表笔插入"10A"插孔，并将转换开关拨到直流"10A"挡；若测量小于 200mA 的电流，则将红表笔插入"200mA"插孔，将转换开关拨到直流 200mA 以内的合适量程。调整好后，就可以测量了。将万用表串进电路中，保持稳定，即可读数。若显示为"1."，那么就要加大量程；如果在数值左边出现"－"，则表明电流从黑表笔流进万用表。

（4）测交流电流。将转换开关拨至"ACA"范围内的合适挡，表笔接法同测量直流电流。

（5）测量电阻。转换开关拨至"Ω"范围内的合适挡。红表笔改接"V.Ω"孔。200Ω 挡的最大开路电压约为 1.5V，其余电阻挡约 0.75V。电阻挡的最大允许输入电压为 250V（DC 或 AC），这个 250V 指的是操作人员误用电阻挡测量电压时仪表的安全值，决不表示可以带电测量电阻。用表笔接在电阻两端金属部位，测量中可以用手接触电阻一端，但手不要同时接触电阻两端，这样会影响测量精确度。读数时，要保持表笔和电阻有良好的接触；在"200"挡时单位是"Ω"，在"2k"到"200k"挡时单位为"kΩ"，"2M"以上的单位是"MΩ"。

（6）测量二极管。用数字式万用表可以测量发光二极管、整流二极管。测量时，转换开关拨至标有二极管符号的位置。红表笔插入"V.Ω"孔，接二极管正极；黑表笔插入"COM"孔，接二极管负极。此时为正向测量，若二极管正常，测锗管时显示值为 0.150～0.300V，测硅管时显示值为 0.550～0.700V。进行反向测量时，二极管的接法与上相反，若二极管正常，将显示出"1"；若二极管已损坏，将显示"000"。

（7）测三极管的 h_{FE} 值。根据被测三极管的类型（PNP 或 NPN）的不同，把转换开关转至"PNP"或"NPN"处，再把被测管的三个脚插入相应的 e、b、c 孔内，此时，显示屏将显示出 h_{FE} 值的大小。

（8）判断三极管电极。表笔插位同测量二极管。先假定 A 脚为基极，用黑表笔与该脚相接，红表笔分别接触其他两脚；若两次读数均为 0.7V 左右，然后再用红笔接 A 脚，黑笔接触其他两脚，若均显示"1"，则 A 脚为基极，且此管为 PNP 管，否则需要重新测量。

集电极和发射极可以利用"h_{FE}"挡来判断：先将转换开关打到"h_{FE}"挡，h_{FE} 挡位旁有一排小插孔，分为 PNP 和 NPN 管的测量。前面已经判断出管型，将基极插入对应管型"b"孔，其余两脚分别插入"c""e"孔，此时可以读取数值，即 β 值；再固定基极，其余两脚对调；比较两次读数，读数较大的管脚插入位置与表面"c"，"e"相对应。

（9）MOS 场效应管的测量。N 沟道 MOS 场效应管有国产的 3D01、4D01、日产的 3SK 系列。G 极（栅极）的确定：利用万用表的二极管挡，若某脚与其他两脚间的正反压降均大于 2V，即显示"1"，此脚即为栅极 G。再交换表笔测量其余两脚，压降小的那次中，黑表笔接的是 D 极（漏极），红表笔接的是 S 极（源极）。

（10）检查线路的通、断。将转换开关拨至蜂鸣器挡，红、黑表笔分别接"V、Ω"

和"COM"。若被测线路电阻低于规定值（20±10Ω），蜂鸣器可发出声音，说明电路是通的。反之，则不通。由于操作中不需读出电阻值，仅凭听觉即可作出判断，所以利用蜂鸣器来检查线路，既迅速又方便。

4. 注意事项

（1）测量电压时，应将数字式万用表与被测电路并联。数字式万用表具有自动转换极性的功能，测直流电压时不必考虑正、负极性。但若误用交流电压挡去测量直流电压，或误用直流电压挡去测量交流电压，将显示"000"，或在低位上出现跳数。

（2）测量晶体管 h_{FE} 值时，由于工作电压仅为 2.8V，且未考虑 U_{be} 的影响，因此，测量值偏高，只能是一个近似值。

（3）测交流电压时，应当用黑表笔（接模拟地 COM）去接触被测电压的低电位端（例如信号发生器的公共地端或机壳），以消除仪表对地分布电容的影响，减少测量误差。

（4）数字式万用表的输入阻抗很高，当两支表笔开路时，外界干扰信号会从输入端窜入，显示出没有变化规律的数字。

（5）袖珍式 $3\frac{1}{2}$ 位数字式万用表的频率特性较差，按照规定 DT－830 型数字式万用表只能测 45～500Hz 的交流电压或交流电流。实际测出的工作频率范围是 20Hz～1kHz，说明该项指标在设计时留有一定余量。

（6）测量电流时，应把数字式万用表串联到被测电路中。如果电源内阻和负载电阻都很小，应尽量选择较大的电流量程，以降低分流电阻值，减小分流电阻上的压降，提高测量准确度。

（7）严禁在测高压（220V 以上）或大电流（0.5A 以上）时旋转转换开关，以防止产生电弧、烧毁开关触点。

（8）测量焊在线路上的元件时，应当考虑与之并联的其他电阻的影响。必要时可焊下被测元件的一端再进行测量，对于晶体三极管则需焊开两个极才能做全面检测。

（9）严禁在被测线路带电的情况下测量电阻，也不允许测量电池的内阻。在检查电器设备上的电解电容器时，应切断设备上的电源，并将电解电容上的正、负极短路一下，防止电容上积存的电荷经万用表泄放，损坏仪表。

（10）仪表的使用和存放应避免高温（＞400℃）、寒冷（＜0℃）、阳光直射、高湿度及强烈振动环境；测量完毕，应将转换开关拨到最高电压挡，并关闭电源。若长期不用，还应取出电池，以免电池漏液。

七、冲击钻安全操作技能

1. 冲击钻特性

冲击电钻由电动机、减速箱、冲击头、辅助手柄、开关、电源线、插头和钻头夹等组成。适用于在混凝土、预制板、瓷面砖、砖墙等建筑材料上进行钻孔或打洞。冲击钻依靠旋转和冲击来工作，单一的冲击是非常轻微的，但每分钟 40 000 多次的冲击频率可产生连续的力。冲击钻是利用内轴上的齿轮相互跳动来实现冲击效果，其冲击力远远不及电锤。在冲击钻的钻头夹处有个调节旋钮，可使其工作于普通手电钻或冲击钻方式，手持冲击钻如附图C-13所示。

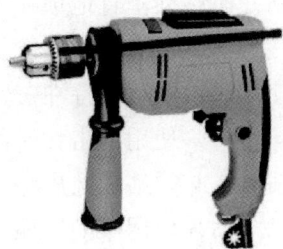

附图 C-13 手持冲击钻

冲击钻的冲击机构有犬牙式和滚珠式两种，滚珠式冲击钻由动盘、定盘、钢球等组成。动盘通过螺纹与主轴相连，并带有 12 个钢球；定盘利用销钉固定在机壳上，并带有 4 个钢球，在推力作用下，12 个钢球沿 4 个钢球滚动，使硬质合金钻头产生旋转冲击运动，能在砖、混凝土等脆性材料上钻孔。脱开销钉，使定盘随动盘一起转动，不产生冲击，可作普通电钻用。冲击钻为双重绝缘设计，操作安全可靠，使用时不需要采用保护接地（接零），使用时可以不戴绝缘手套或穿绝缘鞋。为使操作方便、灵活和有力，冲击钻上一般带有辅助手柄。由于冲击钻采用双重绝缘，没有接地（接零）保护，因此应特别注意保护橡套电缆。移动电钻时必须握住冲击钻手柄，不能拖拉橡套电缆，橡套电缆不能让车轮轧辗和足踏。

2. 冲击钻正确的使用方法

（1）操作前必须检查电源是否与冲击钻规定的额定电压相符，以免错接。

（2）使用冲击钻前应仔细检查机体绝缘防护、辅助手柄及深度尺调节等情况，有无螺丝松动现象。

（3）冲击钻必须按要求装入 $\phi6\sim\phi25$ 的合金钢冲击钻头或打孔通用钻头，严禁使用超越范围的钻头。钻孔时，应注意避开混凝土中的钢筋；打孔时将钻头抵在工作表面，然后开动，用力适度，避免晃动；转速若急剧下降，应减少用力，防止电动机过载，严禁用木杠加压。

（4）冲击钻的电源线要保护好，严禁满地乱拖被轧坏、割破，更不准把电线拖到油水中，防止油水腐蚀电线。

（5）使用冲击钻的电源插座必须配备漏电开关，并检查电源线有无破损现象。

（6）更换冲击钻钻头时，应拔下电源插头，用专用扳手及钻头锁紧钥匙，杜绝使用非专用工具敲打冲击钻。

（7）使用冲击钻时切记不可用力过猛或出现歪斜操作，并应装紧合适钻头并调节好冲击钻深度尺，垂直、平衡操作时要徐徐均匀的用力，不可强行使用超大钻头。

3. 冲击钻安全操作规程

（1）使用冲击钻时要佩戴防护眼镜，工作时务必要全神贯注，不但要保持头脑清醒，更要理性的操作冲击钻。

（2）检查冲击钻的开关是否灵敏可靠。

（3）检查冲击钻的绝缘是否完好。

（4）装夹钻头用力适当，使用前应空转几分钟，待转动正常后方可使用。

（5）钻孔时应使钻头缓慢接触工件，不得用力过猛，以免折断钻头，损坏电动机。

钻孔时必须垂直地顶在工件上，不得在钻孔时晃动冲击钻。

（6）注意工作时的站立姿势，操作冲击钻时要确保立足稳固，并要随时保持平衡。使用时用双手握持冲击钻（辅助把手）。

（7）使用冲击钻时严禁戴手套，以防止钻头绞住发生意外。在潮湿的地方使用冲击钻时，必须站在橡皮垫或干燥的木板上，以防触电。

（8）使用中如发现冲击钻漏电、振动、高温过热时，应立即停止使用。

（9）冲击钻未完全停止转动时，不能卸、换钻头，出现异常时其他任何人不得自行拆卸、装配，应交专人及时修理。

（10）如用力压冲击钻时，必须使冲击钻垂直，而且固定端要牢固可靠。

（11）中途更换新钻头，沿原孔洞进行钻孔时，不要突然用力，防止折断钻头发生意外。

（12）使用冲击钻登高或在防爆等危险区域内作业时，必须做好安全防护措施。

（13）停电、休息或离开工作地时，应立即切断电源。

（14）工作完毕时，冲击钻不许随便乱放，应存放到指定地方。

4. 冲击钻使用注意事项

（1）操作冲击钻的人员要穿好合适的工作服，不可穿过于宽松的工作服，更不要戴首饰或留长发，严禁戴手套及袖口不扣操作冲击钻。

（2）冲击钻一般情况下是不能用作电钻使用的，因为冲击钻在使用时方向不易把握，容易出现误操作，开孔偏大；钻头不锋利，使所开的孔不工整，出现毛刺或裂纹；即使上面有转换开关，也尽量不用来钻孔。

（3）冲击钻为 40%断续工作制，不得长时间连续使用。

（4）作业孔径在 25mm 以上时，应有稳固的作业平台，周围应设护栏。

5. 冲击钻的维护与保养

（1）由专业人员定期检查冲击钻各部件是否损坏，对损伤严重的部件要及时更换，定期检查电源线及触点部位的导电性能是否完好，定期检查冲击钻的碳刷及弹簧压力，若超出规定值应及时更换和调整。

（2）冲击钻机身应保证完好、清洁无污垢，以保证冲击钻运转正常。

（3）及时增补在作业中机身上丢失的机体螺钉紧固件。

（4）定期检查传动部分的轴承、齿轮及冷却风叶是否灵活完好，适时对转动部位加注润滑油，以延长冲击钻的使用寿命。

（5）使用完毕后要及时将冲击钻归还专职人员入库妥善保管。

八、手电钻安全操作技能

1. 手电钻特性

手电钻由电动机、电源开关、电缆、齿轮机构和钻头夹等组成。用钻头钥匙开启钻头锁，使钻夹头扩开或拧紧，使钻头松出或固牢。手电钻是以交流电源或直流电池为动力的钻孔手持电动工具，是手持电动工具的一种。手电钻外形示意图如附图 C-14 所示。

手电钻适用于在金属材料、木材、塑料等材质上钻孔，当装有正反转开关和电子调速装置后，可用来作电螺丝改锥。有的型号配有充电电池，可在一定时间内，在无外接电源的情况下正常工作。

附图 C-14　手电钻外形示意图

2. 手电钻使用注意事项

（1）不可以用手电钻在水泥和砖墙钻孔，否则，极易造成电动机过载，烧毁电动机。

（2）手电钻电源线的长度一般不宜超过 5m，中间不应有接头。当长度不够时可使用插座板，插座板的引线也不准有接头。临时使用时，当电源的电缆线不够长时，可以用胶质线、塑料电线连接，但接线头必须包缠好绝缘胶带，使用完毕必须及时拆除连接导线。手电钻的电源线切勿受水浸及乱拖乱踏，也不能触及热源和腐蚀性介质。

（3）手电钻的电源线必须使用橡皮电缆，不可使用胶质线（花线）、塑料电线。因为这类电线不耐热、不耐湿，抗拉抗磨强度差，在使用中很容易损坏绝缘，不安全。

（4）存放时间长久的电钻使用前应测试绝缘电阻，电阻值一般应不小于 0.5MΩ，最低不小于 0.25MΩ。

（5）手电钻使用的电源电压不得超过所规定额定电压的±10%。

（6）作业前要确认手电钻开关处于关断状态，防止插头插入电源插座时手电钻突然转动。

（7）使用前要认真检查电源线和插头是否完好，对于金属外壳的手电钻必须采取保护接地（接零）措施。通电后用试电笔检查外壳是否有电。如果不做保护接地（接零），在使用时要格外小心，必须戴绝缘手套、穿绝缘鞋或站在干燥的木板上操作，并与其他工作人员保持一定距离。在某些易发生触电故障的场所，需装设额定动作电流≤15mA、动作时间≤0.1s 的漏电保护器，以保护操作者安全。

（8）手电钻在使用前应先空转 0.5～1min，检查传动部分是否灵活，有无异常杂音，螺钉等有无松动，换向器火花是否正常。

（9）使用时切勿将电源线缠绕在手臂上，以防万一电源线破损或漏电造成触电事故。

（10）钻孔时不宜用力过猛，转速异常降低时应放松压力，以免电动机过载造成损坏。

（11）在往墙上、地板上、吊顶上钻孔时，事先应充分了解其内部的情况，搞清是否埋有电缆、管线、金属预埋件等，以免造成损失。

（12）不使用时应及时拔掉电源插头，手电钻应存放在干燥、清洁的环境。手电钻应定期维护与保养，保持整流子清洁，做到定期更换电刷和润滑油。

（13）使用电钻时要注意观察电刷火花的大小，若火花过大，手电钻过热，必须停止使用，进行检查，如清除污垢、更换磨损的电刷、调整电刷架弹簧压力等。

3. 手电钻安全操作规程

（1）使用的手电钻若属于Ⅰ类手持电动工具时，应配置漏电保护器及绝缘橡皮手套或配用隔变压器。若使用的手电钻若属于Ⅱ类手持电动工具，在潮湿环境、容器内或狭窄的金属壳体内工作时，应配置漏电保护器或配用隔离变压器。

（2）用手电钻钻不同直径的孔时，要选择相应规格的钻头。钻头必须锋利，钻孔时用力要适度，不要过猛。更换钻头时，应停电并拔下电源插头，要把钻头尾部完全放进钻头夹中，用夹头扳手把钻头完全拧紧。手电钻发生故障，应找专业人员检修，不得自行拆卸，装配。

（3）手电钻外壳要采取接零或接地保护措施，插上电源插头后，先要用试电笔测试，外壳不带电方可使用。在潮湿的地方使用手电钻，必须戴绝缘手套，穿绝缘鞋站在绝缘垫或干燥的木板上进行。

（4）使用的电源要符合手电钻铭牌规定，插接电源之前需检查开关是否切断，电气线路中间不应有接头。电源线严禁乱放、乱拖。

（5）手电钻未完全停止转动时，不能卸、换钻头。不使用时或维修前以及更换附件时必须拔下电源插头。停电、休息或离开工作地时，应立即切断电源。

（6）在用手电钻钻孔时，如需用力压手电钻，必须使用电钻垂直工件，而且固定端要特别牢固。

（7）不要戴有诸如棉纱、毛绒等织物构成的手套进行作业。工作完毕时，应将手电钻放到指定地方。

（8）在用手电钻钻孔时，在钻孔过程中或钻孔完毕后的瞬间，不要触及钻头。在使用过程中，当手电钻的转速突然降低或停止转动时，应赶快放松开关，切断电源，慢慢拔出钻头。当孔将要钻通时，应适当减轻手臂的压力。

（9）在有易燃、易爆气体的场合，不能使用手电钻。

（10）不得以拖动电缆的方法移动手电钻，也不得强行拉扯电线从电源插座拆除插头。

九、射钉枪安全操作技能

射钉枪的外形和原理都与手枪相似，如附图 C-15 所示。射钉枪是利用发射空包弹产生的火药燃气作为动力，将射钉打入建筑体的工具。发射射钉的空包弹与普通军用空包弹只是在大小上有所区别，对人同样有伤害作用。

射钉枪是一种采用射钉的现代紧固技术，与传统的预埋固定，打洞浇注，螺栓连接，焊接等方法相比，射钉枪具有许多优越性：自带能源，摆脱了对电源或风力的需求，便于现场和高空作业，能大大减轻工人劳动强度，甚至还能解决一些过去难于解决的施工难题；节约资金，降低施工成本。

附图 C-15　射钉枪

1. 射钉枪分类

射钉枪击发的射钉可直接打入钢铁、混凝土和砖砌体或岩石等基体中，不需要外带能源如电源、风管等，因为射钉弹自身含有可产生爆炸性推力的药品，把钢钉直接射出，从而将需要固定的构件，如门窗、保温板、隔音层、装饰物、管道、钢铁件、木制品等和基体牢固地连接在一起。射钉枪按照作用原理可分为直接作用射钉枪和间接作用射钉枪两大类。

（1）直接作用射钉枪。直接作用射钉枪是以火药气体直接作用于射钉，推动射钉运动。因此，射钉在飞离钉管时具有很高的速度（大约为 500m/s）和动能。

（2）间接作用射钉枪。间接作用射钉枪的火药气体不是直接作用于射钉，而是作用在射钉枪内的活塞上，能量通过活塞传给射钉。因而，射钉在离开钉管时的速度较低。直接和间接作用的射钉枪所发射的射钉的速度有很大的差别，若设射钉的质量为 m，高速射钉枪钉子的速度为 v_g，低速射钉枪钉子的速度为 v_d。活塞杆的质量为 M，则高、低速射钉枪的动能分别为

$$W_g = 1/2mv_g^2$$
$$W_d = 1/2(m + M)v_d^2$$

对相同条件进行固定时，可以认为

$$W_g = W_d$$

即

$$1/2mv_g^2 = 1/2(m + M)v_d^2$$

因活塞杆的质量 M 是射钉质量 m 的 5～15 倍，取 $M = 10m$

$$1/2mv_g^2 = 1/2(m + 10m)v_d^2$$
$$v_g/v_d = 3.32$$

由此可知，直接作用射钉枪射钉的速度是间接作用射钉枪射钉速度的 3 倍多，而且不难看出，对于间接作用射钉枪而言，击发射钉弹所产生的能量被分解成了射钉的能量和活塞杆的能量两部分（活塞杆的能量占绝大部分）。由于活塞杆只能在钉管中运动，其方向可由操作者通过射钉枪加以控制，且当射钉接触基体时，遭到阻力，速度下降，活塞杆将能量传给射钉，进行固定。如果选用射钉弹的威力过高，能量过大，射钉钻入过深，这时活塞杆就立即被钉管和止动环阻止，射钉和活塞就停止运动，则多余的能量全部消耗在射钉枪上。由于直接作用射钉枪和间接作用射钉枪在原理和结构上的差别，其使用效果也很不同，前者有着明显的弱点，在某些情况下，不但固定可靠性差，而且容易破坏基体结构，严重时可能造成人身安全事故。

因此，除特殊情况外，一般都不使用直接作用射钉枪，而用间接作用射钉枪。间接作用射钉枪可靠性和安全性远远优于直接作用射钉枪。从用途分，有的射钉枪只适用于冶金工业修补钢锭模、固定绝热板和挂标牌，故名专用射钉枪，而有的适用于各行各业，故又称为通用射钉枪。

2. 射钉枪安全性设计

为了保证射钉枪使用者和他人的安全，增加射击固定的可靠性，每种射钉枪都设计有严格的保险装置，其中最普遍采用的保险装置如下。

（1）直接压力保险。用手力将射钉枪的钉管压在基体上时，在钉管未压至与保护罩口齐平之前，射钉枪不能发火。

（2）击针簧保险。对于一些射钉枪，扣动扳机之前击针簧没有压缩，击针不起作用。

（3）落地走火保险。射钉枪不慎掉在地上也不至于发火。

（4）倾斜保险。如果把钉管压在基体平面上，若轴线偏离平面垂线大于某一角度时射钉枪击发不响。

（5）防护罩保险。多数射钉枪装有防护罩，这样就可以有效地防止射钉激起的碎屑伤人。

3. 射钉枪操作要求

（1）操作人员要经过培训，了解和掌握射钉枪的性能、作用、结构特点、使用方法和注意事项，并熟悉拆卸和组装工序。使用射钉枪作业时，必须坚决执行"一人作业，一人监护"的作业制度，监护人员必须由施工负责人亲自指派。

（2）作业前必须对射钉枪作全面检查，射钉枪外壳、手柄无裂缝、破损；各部防护罩齐全牢固，保护装置可靠。钉管内应保持清洁，不允许有杂质，各部件不允许有松动现象，如发现磨损、烧蚀或损坏等，应更换后再使用。

（3）装弹检查。把未装弹的射钉枪前端抵在施工面上，后再松开，垫圈夹应凸出坐标护罩 20mm，活动部分应灵活，管内不允许有障碍物，各螺丝不允松动。

（4）装弹。将前枪部扳开，管内空着，选用合适的射钉放入管内。装弹时一手握把手，一手握坐标护罩，枪管朝下。合上射钉枪前后部，其前后管应成一直线。

（5）射击作业。使用射钉枪作业时，操作人员必须握紧射钉枪手柄，精力集中，以防伤到操作人员及附近作业人员。将坐标护罩刻线对准事先画好的十字坐标线，枪管必须与施工面垂直抵紧。按下保险按钮，轻扣扳机，扣到一定位置即有扣不动之感时，再用力扣动扳机，保险跳出，即发火，完成作业。击发时，应将射钉枪垂直压紧在工作面上，当两次扣动扳机，子弹均不发射时，应保持原射击位置数秒钟后，再退出射钉弹。

（6）退弹壳。将前枪管垂直退出施工面，各工作结构复位，扳开压弹处弹壳会退出，如有退不出现象，可将前管口对施工面轻拍几下即可退出弹壳。

（7）射钉枪使用后应立即擦前后管，并加油少许，加油处有：管铣闩、放钉弹处、坐标护罩及管铣。射钉枪使用一周，需拆开所有部分，擦拭干净并注油，以保持良好性能，提高使用寿命。

4. 射钉枪操作注意事项

操作射钉枪应注意的事项如下。

（1）不建议使用射钉枪在软基体上进行操作，比如木质或松软的泥土，这样操作会损坏射钉枪的制动环，从而影响正常使用。

（2）对于质地松软、强度很低的被固物，如隔音板、绝热板、草纤维板等，如果按一般的射钉固定法，会损坏被固物，因此，应使用带金属垫片的钉子才能得到理想的固定效果。对软质（如木质）被固件或基体射击，选择射钉弹威力要适当，威力过大，将会打断活塞杆。

（3）严禁在有易燃易爆场所施工，切不可在大理石、花岗岩、铸铁及回火钢等易碎或坚硬的物体上作业。严禁在作业面后面有人的情况下射击。射入点距离建筑物边缘不要过近（不少于 10cm），以防墙构件裂碎伤人。

（4）装好射钉弹后，严禁用手直接推压钉管，不要把装好射钉弹的射钉枪对准他人。

（5）射击过程中，如遇射钉弹不发火，应静停 5s 以上，才能移动射钉枪。

（6）在射钉枪使用结束，应及时擦拭或清洗射钉枪各零部件，维修、保养前均应先取出射钉弹。射钉枪每天用完后，必须将枪用煤油浸泡，然后擦拭上油存放，以防锈蚀，射击 100 发后应清洗。

（7）射钉枪使用时间长了，应及时更换易损件（如活塞环），否则射击效果不理想（比如威力下降）。

（8）各种射钉枪均有说明书，使用前应阅读说明书，了解该射钉枪的原理、性能、结构、拆卸和装配方法，遵守规定的注意事项。

（9）在作业中发现异常应立即停止使用，进行全面检查。

（10）射钉枪及其附件（枪弹、射钉）必须分开，有专人负责保管。发料人员严格按领取料单数量准确发放，并收回剩余和用完的全部弹壳，发放和收回必须核对吻合。

（11）发现射钉枪操作不灵活时，必须及时取出钉、弹，排除故障，切不可随意敲击。装有钉、弹的射钉枪如果不用时，不要轻易解除保险。

参 考 文 献

[1] 周志敏，纪爱华. 漫步 LED 世界（基础篇）. 北京：国防工业出版社，2012.

[2] 诸昌铃. LED 显示屏系统原理及工程技术. 北京：电子科技大学出版社，2000.

[3] 孙永林，王贵恩等. LED 屏开发实训教程. 北京：国防工业出版社，2011.